유대인의 자녀교육 〈IQ는 아버지 EQ는 어머니 몫이다〉 총서 ①

현용수의
유대인을 모델로 한
인성교육
노하우 ①

- 인성의 원리를 알아야 교육의 성공이 보인다 -

제1권: 제1부~제2부 제2장

IQ·EQ 박사 **현용수** 지음
2008년

성공 집단 유대인의 자녀교육 분석,
한국인과 유대인 자녀의 인성교육 비교,
현대 교육의 근본 문제와 그 해결 방안 제시

IQ·EQ 박사 현용수의 유대인의 자녀교육
《IQ는 아버지 EQ는 어머니 몫이다》 총서 ① : 인성교육시리즈

현용수의 인성교육노하우 1

초판 1쇄(동아일보, 2008년 11월 3일)
초판 6쇄(동아일보, 2013년 4월 28일)
2판 1쇄(도서출판 쉐마, 2015년 8월 6일)
　　2쇄(도서출판 쉐마, 2017년 5월 16일)

지은이　현용수
펴낸이　현용수
펴낸곳　도서출판 쉐마
등록　　2004년 10월 27일
　　　　제315-2006-000033호
주소　　서울시 강서구 공항대로71길 54
　　　　(염창동, 태진한솔아파트 상가동 3층)
전화　　(02) 3662-6567
팩스　　(02) 2659-6567
이메일　shemaiqeq@naver.com
홈페이지 http://www.shemaiqeq.com
총판　　한국출판협동조합(일반) (070) 7116-1740
　　　　생명의말씀사 (02) 3159-7979

Copyright ⓒ 현용수(Yong Soo Hyun), 2008
본서에 실린 자료는 저자의 서면 허가 없이 복제를 금합니다.
Duplication of any forms can't be published without written permission.

ISBN 978-89-91663-66-4　04370
ISBN 978-89-91663-70-1　04370(세트)

값 22,000원

도서출판 쉐마는 무너진 교육을 세우기 위한 대안으로
인성교육과 쉐마교육의 원리와 실제를 연구하여 보급합니다.

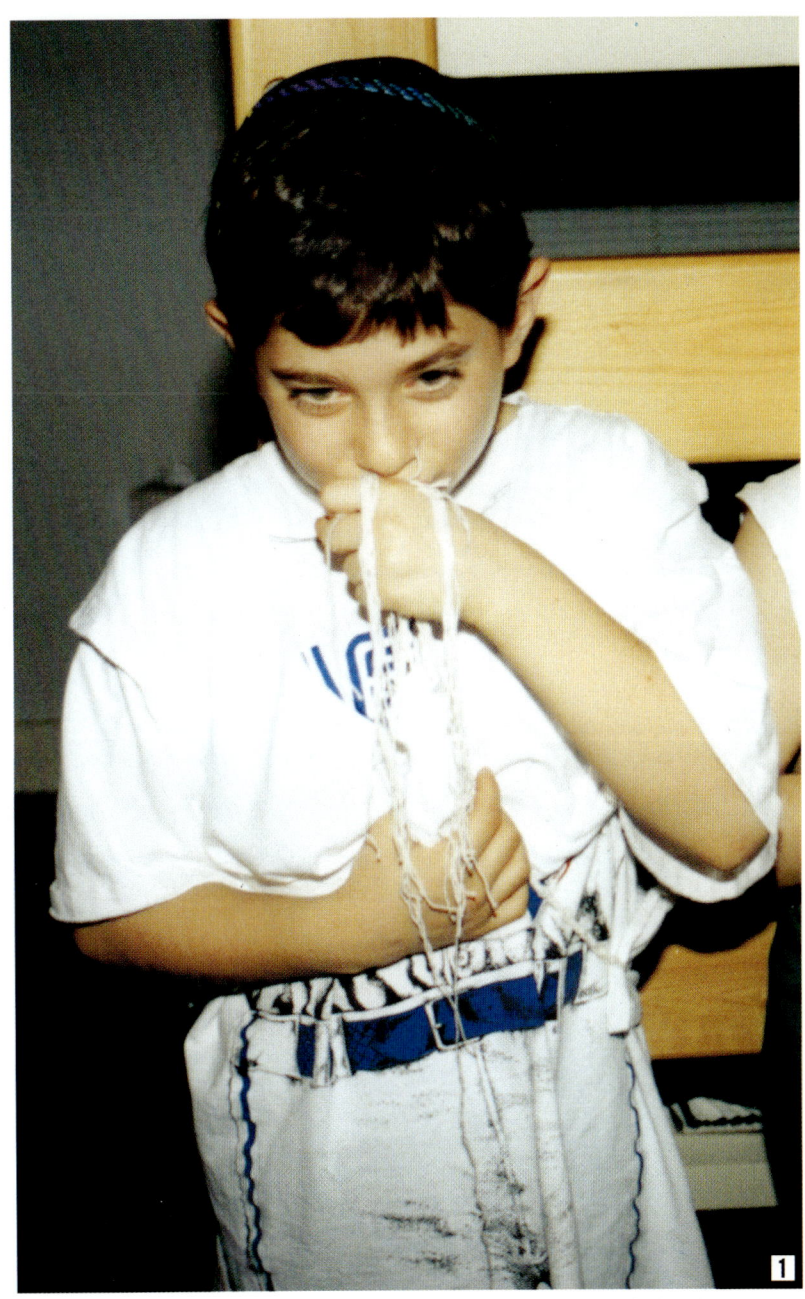

▲ 유대인의 인성교육의 기본은 종교교육에 있다.
사진은 유대인 소년이 잠자기 전 율법을 상징하는 찌찌를 입에 대고 쉐마 기도를 하는 모습.

▲ 유대인의 인성교육은 어릴 때부터 여호와의 율법에 따라 자신의 전통을 반복하여 지키도록 교육한다. 교육은 반복이고 반복은 습관을 낳는다.
사진은 유치원에서 안식일날 아버지와 어머니의 역할을 연습하는 어린이들. 아버지가 가정의 제사장으로 안식일에 먹는 빵을 꺼내는 모습이다.

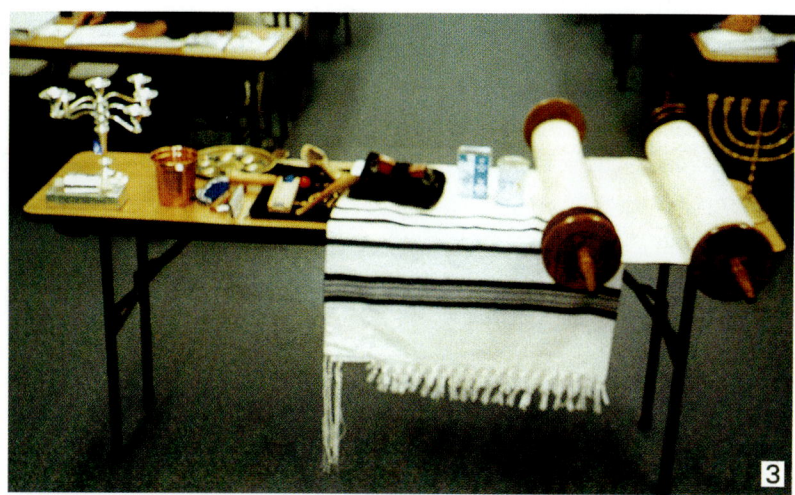

▲ 유대인은 어릴 때부터 자신의 전통을 지키도록 시각적인 상징물을 많이 만들어 머리와 가슴에 새기게 한다. 13세 이전에 두뇌와 가슴에 새긴 형상이나 감정은 평생토록 지워지지 않는다.
사진은 '쉐마지도자클리닉'에서 사용하는 시청각 자료. 촛대, 기도복, 경문, 두루마리 성경, 쩨다카 상자 등이 보인다.

▲ 구약 시대 하나님의 선민은 유대인이고 신약 시대 하나님의 선민은 기독교인이다. 따라서 유대인에게는 구원을 위해 복음이 필요하고 기독교인에게는 말씀 전수를 위해 쉐마(선민교육)가 필요하다.
사진은 정통파 유대인 3대가 세대차이 없이 이마와 팔에 경문(쉐마)을 매고 새벽기도를 준비하는 모습.

▲ 한국인은 특별히 모든 면에서 세대차이가 많다. 그러나 유대인은 그들의 가치관과 전통에 세대차이가 없다.
사진은 유대인 아버지와 아들들이 기도책을 보며 기도할 때 아버지가 허리를 굽히면 아들들도 굽히고, 아버지가 눈을 감으면 아들들도 눈을 감는 모습. 13세 이전에 반복된 습관은 커서도 그 길을 떠나지 않는다.

▲ 유대인 인성교육의 기본은 가정에서 이루어진다. 유대인은 자손 대대로 토라를 전수하는 데 성공한 민족이다.
  사진은 유대인 아버지가 두 아들에게 토라를 가르치는 모습.

▲ 유대인의 가정은 성전이기 때문에 항상 모든 면에서 청결을 우선으로 한다. 성결한 가정에서의 화기애애한 절기 식탁은 자녀들에게 하나님의 말씀을 전수하는 교육 장소이자 방법이다.
  사진은 유월절 잔치에 3대가 함께 모여 절기 식사를 나누는 모습.

▲ 유대인의 신본주의 사상은 성경에 근거한다.
사진은 '쉐마교사대학'에서 서기관 립비와 저자가 양피지에 쓴 두루마리 성경을 살피는 모습.

▲ 유대인 학교는 아침 7시에 1시간 동안 기도를 드린 후 하루 일과를 시작한다. 그리고 오전 내내 종교교육만 시킨다. 그래도 수많은 수재들이 배출된다.
사진은 정통파 유대인 중·고등학교 학생들이 아침기도를 준비하기 위해 쉐마 경문을 이마와 팔에 매는 모습.

▲ 정통파 유대인이 토라와 탈무드를 공부하는 '미드라쉬의 집(토라와 탈무드를 공부하는 교실)'에는 어른과 아이 구분 없이 밤낮으로 붐빈다. 그들의 성경 공부는 수평문화를 초월하게 하고 신본주의적 수직문화를 강하게 한다. 사진은 '미드라쉬의 집'에서 토론하는 유대인들.

◀ 유대인의 가정에는 각 문마다 메주사가 달려 있다. 유대인은 들고 날 때마다 이 메주사에 손을 대고 그 손을 입에 대어 키스한다. 여호와의 말씀이 꿀송이보다 더 달아 평생토록 빨아먹어야 한다는 뜻이다.

Modeling Orthodox Jews

The Essence and Principles of Character Development I

(Experience Success by Knowing
the Principles of Character Development)

Vol. One
Parts 1~2 Chapter 2

By
Dr. Yong Soo Hyun (Ph. D.)

**Presenting
Modern Educational Problems
and Their Solution**
2008 Edition

Shema Books
Seoul, Korea

차례

개정판 서문 인성교육 노하우 수정 증보판을 내며 · 12

저자 서문 인성교육 노하우 시리즈를 펴내면서
  – 무너진 교육을 세우는 혁명적 대안을 찾아서
- 잘못 가는 현대 교육: 왜 인성교육 없는 IQ교육은 독소인가 · 14
- 왜 수직문화는 인성교육의 본질과 원리인가 · 17
- 예수님 믿기 이전: 왜 인성교육은 Pre-Evangelism인가 · 18
- 왜 인성교육론이 'Know-Why'라면, 유대인 쉐마교육은 'Know-How' 인가 · 23

추천의 말
- 이영덕(전 국무총리) · 28
- 김의환(전 총신대학교 총장) · 31
- 고용수(전 장로회신학대학교 총장) · 34
- 〈L.A. 타임스〉 현용수 교수 특집 보도 · 37
- 마빈 하이어(로스앤젤레스 예시바 대학교 학장) · 38

제1부 서론

제1장 인성교육이란 무엇인가?

I. 인성·인성교육의 정의 · 43
  1. 왜 인성교육을 할 수 없는가 · 43
  2. 인성·인성교육의 정의 · 45

II. 바람직한 보편적 인성의 요소 · 48
  1. 보편적 인성의 요소: 바울 · 도닌 · 신언서판 · 48
  2. 보편적 인성의 내면적 요소와 외면적 요소 · 50

III. 바람직한 한국인의 문화적 인성의 요소 · 54
  보편적 인성과 문화적 인성의 차이

IV 인성교육을 시키는 방법 · 60
  1. 인성의 요소를 반복적으로 교육시켜라(유대인의 예) · 60
  2. 고품격 인성 = 깊은 생각 + 바른 행동 · 70

V. 이 책에서 다룰 인성교육에 관한 내용들 · 73

제2장 한국 자녀교육의 문제점과 유대인식 자녀교육의 필요성

I. 왜 한국은 국제화하기 힘든가 – 전인교육 측면 · 77

II. 현대 교육의 발전에도 불구하고 왜 인간은 더 타락하고 있는가
  – 도덕과 윤리적 측면 · 83
  1. 현대 교육은 점점 더 발전하는데 인간은 왜 점점 더 타락하고 있는가 · 83
    A. 수평문화가 과거 4천 년간 변한 것보다 1980년 이후 30년 간 변한 것이 훨씬 많다 · 83
    B. 세계를 경악케 한 수재 첸군 사건 · 86
  2. 부모가 어떻게 자녀에게 존경받을 수 있나 · 90

III. 왜 교회의 성장이 둔화되는가 – 신앙적 측면 · 92
   1. 왜 지난 2천 년 동안 기독교를 믿는 어느 민족도
      자녀에게 복음을 전수하는 데 성공하지 못했나 · 92
   2. 유대인은 어떻게 4200년 동안 신앙을 전수해 왔는가 · 96
   3. 왜 기독교인들이 유대인식 자녀교육을 배워야 하나 · 96
      A. 기독교인도 아브라함의 자손인 영적 유대인이다 · 97
      B. 기독교인의 구약에 대한 가장 큰 오해: 신약과 구약의 중심 주제가 다르다 · 98

IV. 자녀는 제1순위 선교지 – 선교학적 측면 · 101
   1. 한국이나 미주 2세의 경우 · 101
   2. 해외 선교사 2세의 경우 · 106

V. 한국의 전통문화는 종교성에 어떠한 영향을 주는가 · 110

VI. 역사 속에서 살아남은 민족의 특성 · 113

VII. 유대인 자녀교육을 연구하게 된 배경 · 120

제3장 유대인은 누구인가

I. 유대인의 우수성 · 125

II. 유대인은 누구인가 · 132
   1. 유대인의 3가지 명칭 · 132
      A. 히브리인(Hebrew) · 132
      B. 이스라엘(Israel) · 134
      C. 유대인(Jews) · 136

  2. 현대 유대인의 분류 · 137
     A. 정통파 유대인(Orthodox Jews) · 139
     B. 개혁파 유대인(Reformed Jews) · 142
     C. 보수파 유대인(Conservative Jews) · 145
     D. 재건파 유대인(Reconstructionist Jews) · 147
     E. 무종교주의 유대인(Non-Religious Jews) · 147
     F. 기타 · 148
     G. 정통파 유대인의 교육이론과 방법 참고 · 148

제4장 유대인의 선민교육

Ⅰ. 유대인의 선민사상 교육 · 155
  1. 유대인의 선민사상(the Chosen People Concept) · 155
  2. 유대인이 이방인과 섞이지 않는 3가지 이유 · 156

Ⅱ. 선민교육의 목적(Purpose of the Chosen People) · 162
  1. 하나님을 향한 구별된 삶(Set-Apart Person for Yahweh) · 163
  2. 거룩에 이르는 교육(Education in Holiness) · 165
  3. 순결(Purity) · 169

Ⅲ. 선민교육의 목표(Aims of the Chosen People) · 172
  1. 성품(Character) · 172
  2. 행위(Conduct) · 175
  3. 이웃 사랑(To Love Our Neighbor) · 178

제2부 인성교육의 본질과 원리: 수직문화와 수평문화

일러두기: 수직문화와 수평문화를 알아야 할 2가지 중요한 이유 · 184
       첫째, 인성교육의 본질과 원리를 찾을 수 있다
       둘째, 행동을 가능케 하는 사고의 구조를 분석할 수 있다(왜 자녀와 코드가 맞지 않을까)

제1장 인성교육과 세대차이: 세대차이는 교육의 적이다

Ⅰ. 한국인과 유대인의 세대차이 · 187
  1. 대조적인 두 문화의 세대차이 · 187
  2. 음식 문화에 관한 세대차이 · 191
  3. 내핍생활에 관한 세대차이 · 193

Ⅱ. 신앙문화와 세대차이 · 195

Ⅲ. 유대인은 얼마나 세대차이가 없나 · 197

Ⅳ. 세대차이를 조장하는 한국 교육, 유대인과 무엇이 다른가? · 201
   1. 왜 북미주 한인사회는 3·1절 행사를 중단하는데, 유대인의 절기는 계속 이어지는가 · 201
   2. 한국 교회는 가족끼리 만나기 힘들게 하고, 유대인 회당은 가족끼리 만나게 도와줘 · 203
   3. 북미주 한인 교회의 1세대와 2세대 예배 주보 광고의 차이 · 209

제2장 인성교육의 본질과 원리: 수직문화와 수평문화

Ⅰ. 수직문화와 수평문화란 무엇인가 · 217
   1. 수직문화(Vertical Culture) · 217
   2. 수평문화(Horizontal Culture) · 219

Ⅱ. 수직문화와 수평문화 분석 · 222
   1. 수직문화와 수평문화의 비유 · 222
      A. 수직문화는 전공과 신앙을 담는 그릇이다 · 222
         1) 수직문화는 깊은 뿌리문화, 수평문화는 표면문화다 · 222
         2) 수직문화는 하드웨어, 수평문화는 소프트웨어다 · 227
      B. 자녀를 깊이 생각하는 인간으로 키워라 · 231
   2. 현대 도시의 자녀들이 수평문화에 심취하는 이유 · 237
      A. 현대의 교육 환경이 수평문화다 · 237
      B. 고전교육보다 현대 학문에 더 치중하기 때문이다 · 243
   3. 수직문화와 수평문화의 3단계 차원 · 248
      A. 수직문화의 3단계 차원 · 248
      B. 수평문화의 3단계 차원 · 254

III. 수평문화가 아동의 인성교육에 해로운 이유
(왜 자녀와 코드가 맞지 않을까) · 258

1. 13세 이전 자녀의 백지 같은 두뇌에 그리는 그림의 영향 · 258

2. 자녀들은 얼마나 위험한 수평문화에 노출되어 있나
   (왜 1970년대 이전보다 2000년대에 자녀교육이 더 힘든가) · 263

IV. 자녀들이 수평문화에 노출된 결과 · 274

1. 수평문화에 물든 사람의 특성:
   깊은 생각 대신 얕은 생각, 인내보다는 충동적 · 274

2. 비속어나 욕설(수평문화적 언어)의 범람 · 278
   A. 한국 청소년이 사용하는 비속어와 욕설 · 278
   B. 한국과 미국 교육정책의 차이 · 280

3. 폭력적 모방범죄가 급증한다 · 283
   A. 성폭행 사건의 피해 급증 · 285
   B. 총기 난사 사건의 피해 급증 · 292
   C. 미국 최악의 조승희 총기 참사 분석 · 293
      1) 사건 개요 · 293
      2) 사건 분석 · 294
      3) 학교 공부만 잘하면 모범생인가? · 296
      4) 왜 한국은 미국보다 총기 난사 사건이 적은가? · 297

4. TV가 학업 성적에 미치는 부정적 영향 · 301
5. 정신장애에 미치는 부정적 영향 · 309
6. 수평문화로 붕괴되는 가정의 비극 · 311

부록 1 쉐마교육 체험기 및 실천기 · 322
부록 2 미주 한인의 전통적 혹은 미국에 동화된 한국인의 60가지 문화 가치 문항 · 352
부록 3 국악 찬양 · 362
참고자료 · 364

현용수의 인성교육 노하우 2권의 내용

제2부 인성교육의 본질과 원리: 수직문화와 수평문화

제3장 대안 제시: 유대인이 수평문화를 차단하고 수직문화를 입력하는 방법

제4장 심리학적 측면에서 본 수직문화와 수평문화

제5장 수평문화를 이루는 4대 요소

제6장 한국인은 왜 세대차이가 많이 나는가

제3부 인성을 해치는 현대 교육:
현대 교육과 유대인 자녀교육의 차이점

제1장 현대 교육과 유대인 자녀교육 무엇이 다른가
 – 인성교육 측면

제2장 인성교육과 공교육: 무너진 한국 공교육의 원인 분석과 대안 제시

― 현용수의 인성교육 노하우 3권의 내용 ―

제4부 인성교육과 EQ(감성지수):
IQ보다 EQ가 더 중요하다

제1장 EQ(감성지수)란 무엇인가
제2장 EQ의 양을 늘리는 4가지 방법
제3장 한국인 EQ의 장단점 분석
제4장 결론

제5부 온전한 인간교육의 순서

제1장 왜 인성교육에 종교교육이 필요한가
제2장 인성의 기본은 사상: 인간은 빵만으로 살 수 없다
제3장 결론: 한국인의 바람직한 자녀교육

제6부 인성교육과 예절교육
동양과 유대인 인성교육의 내용과 형식

제1장 인성교육에 예절이 필요한 이유:
　　　인성교육에는 내용과 형식이 있다

―― 현용수의 인성교육 노하우 4권의 내용 ――

제6부 인성교육과 예절교육
동양과 유대인 인성교육의 내용과 형식

제2장 추상적 언어와 구체적 언어의 차이
제3장 전인교육적 측면에서 본 바울 연구

제7부 한국인의 세계관: 다문화 속의 인성교육
(해외동포의 바른 자녀교육법)

제1장 문제 제기: 지구촌에서 더불어 살아야 하는 한국인
제2장 다문화 속의 인성교육:
       한국인의 세계화 원리와 다문화권에서 동화의 원리
제3장 코리안 디아스포라 2세의 인성교육
제4장 한국인 기독교인은 예수님을 안 믿는 동족보다
       예수님을 믿는 타인종을 더 사랑해야 하는가
제5장 대한민국 국민의 민족관과 국가관 그리고 세계화
제6장 결론

제8부 4권의 인성교육을 마치며

개정판 서문

인성교육 노하우
수정 증보판을 내며

부족한 종이 '인성교육'이란 학문의 영역을 개척한다는 것은 꿈에도 생각하지 못했다. 그러나 하나님께서 주신 지혜로 박사학위 논문에서 '인성교육의 본질'에 관한 수직문화와 수평문화를 개발한 것이 그 단초가 되었다. 박사학위 논문은 이미 《문화와 종교》라는 책으로 나왔다.

이 연구 결과를 바탕으로 계속 인성교육을 연구하게 되었다. 처음 1996년 《IQ는 아버지 EQ는 어머니 몫이다》(전2권)(국민일보)라는 책 1~2부에 발표했을 때 독자들의 폭발적인 관심에 놀랐다. 당시 1년에 17쇄를 찍을 정도였다. 그 뒤 1999년 조선일보에서 3권으로 수정·증보한 책이 나왔다. 다시 2005년에 대폭 수정·증보하여 《유대인의 인성교육 노하우》(쉐마)라는 제목으로 3권 분량의 책이 나오게 되었다.

'인성교육'이라는 제목으로 책이 나오자 더 많은 분들이 관심을 갖기 시작했다. 주로 교육계나 학계 및 목회자들이었다. 이때 한국이 얼마나 '인성교육'이라는 교육의 원리 그리고 인성교육의 내용과 방법에 목말라했는지 알게 되었다. 인성교육을 강조하지만 인성교육에 대한 학문적 논리가 빈곤했던 까닭이다.

저자는 이에 더욱 힘을 입어 각 학계의 질문들을 수집하고, 조언을 받아들여 이번에 드디어 다시 미진한 부분들을 대폭 수정·증보한 4권의 《현용수의 인성교육 노하우》를 집대성하게 되었다. 《문화와 종교교육》까지 합치면 총 5권이 된다.

부족한 종이 '인성교육'이란 새로운 학문적 영역을 개발하게 된 것은 결코 남보다 탁월해서가 아니라 온전히 하나님의 은혜로 된 것이다. 독자 여러분에게 도움이 된다면 온전히 살아계신 하나님 아버지에게 감사와 찬송과 영광을 돌린다.

또 늘 부족한 남편을 위해 쉼없이 기도하는 아내 현(황)복희와 승진, 재진, 상진, 호진 4형제에게도 감사한다. 아울러 이번에 특별히 이 책을 정성스럽게 일일이 읽고 조언과 함께 편집을 해 준 동아일보사 출판팀 여러분들께 감사를 드린다.

2008년 8월 18일 쉐마교육연구실에서
현용수

서문

인성교육 노하우 시리즈를 펴내면서
무너진 교육을 세우는 혁명적 대안을 찾아서

현용수의 인성교육 노하우(전 4권)

제1권 인성교육 노하우 I (부제: 인성의 원리를 알아야 교육의 성공이 보인다)
제2권 인성교육 노하우 II (부제: 한국·미국·유대인 교육의 차이를 알면 교육의 지혜를 얻는다)
제3권 인성교육 노하우 III (부제: EQ의 원리를 알아야 IQ교육을 살릴 수 있다)
제4권 인성교육 노하우 IV (부제: 세계화의 원리를 알아야 성공이 보인다)

잘못 가는 현대 교육: 왜 인성교육 없는 IQ교육은 독소인가

인성의 토양이 점점 더 황폐화되고 있습니다. 이런 토양 속에서는 훌륭한 민주 시민은 물론 훌륭한 학자도 경제인도 종교인도 기대하기 힘듭니다. 공교육이 무너진 지 오래입니다. 선생님이 더 이상 학생들을 지도하기 힘든 상태에 있습니다. 직업윤리를 생각하기보다는 돈이 되는 일이면 무엇이든지 하는 세상입니다. 여기에 주부들도 끼어들고 있습니다. 정말로 속수무책입니다. 더 이상 방관자일 수는 없습니다. 정말로 대안은 없을까요?

한국의 모 대학 인성교육 담당 주임 교수님의 초청으로 그 대학 강당에서 700여 명의 학생들에게 강연을 했습니다(2000년 5월). 강연이 끝나고 교수님이 식사를 하면서 제게 물었습니다.

"인성교육이 무엇입니까? 솔직히 저는 모르겠습니다."

"모르면서 어떻게 인성교육을 시킵니까?"

저자가 되물었습니다.

"그냥 이름 있는 분들을 초청하여 학생들에게 좋은 말씀을 듣게 해주죠."

그의 답이었습니다. 그 교수님은 아예 솔직하기라도 하지만 대부분은 그냥 넘깁니다. 미국을 방문한 한 초등학교 교장 선생님은 인성교육이 무엇이냐고 묻는 말에 '회초리'라고 대답했습니다. 회초리가 없어지면서 인성이 파괴되었답니다. 어느 초등학교 정문에 '깊은 생각, 바른 행동'이란 큰 표어가 있었습니다. 그런데도 대부분 학생들은 '얕은 생각, 제멋대로 행동'입니다.

실제로 한국은 유치원에서 대학까지 인성을 앞세우지 않는 학교가 없습니다. 그런데도 왜 인성이 점점 더 엉망이 되어 갑니까? 가장 큰 이유는 인성교육에 대해 말은 많이 하지만 인성교육의 원리는 물론 그 내용이 무엇인지, 그것을 어디에서 누가 어떻게 가르쳐야 하는지 모르기 때문입니다.

막연히 《명심보감》이나 성경 혹은 효도나 예절을 가르치면 되는 줄 알고 있습니다. 물론 이것도 중요합니다. 그러나 인성의 본질과 원리에 대한 논리적인 체계를 모르기 때문에 인성교육을 위한 균형 잡힌

커리큘럼을 만들 수가 없습니다. 이는 한국이나 미국이나 전 세계가 동일하게 겪고 있는 문제입니다.

학교에서는 아이들의 환심을 끌기 위해 컴퓨터를 이용한 영상교육만 점점 더 고급화시키고 있습니다. 그것이 왜, 얼마나 큰 독소인지도 모른 채 서로 경쟁하고 있습니다.

정통파 유대인 교실에는 아예 영상 기구가 없습니다. 그런데도 그들의 교육은 성공합니다. 열린 교육이 실패라고만 얘기하지 왜 잘못되었고, 그 보완책이 무엇인지 제시하지 못하고 있습니다.

대학 주위가 온통 타락하고 있습니다. 맹모삼천지교(孟母三遷之敎)란 고어가 이제 적용이 안 됩니다. 왜냐하면 대학 주변으로 이사를 가면 온통 술집에다 모텔촌이어서 자녀들의 교육에 해롭기 때문입니다.

국제사회에서 어떻게 경쟁력을 갖추면서도 인성교육에 성공할 수 있겠습니까? 한국만큼 교육에 열심이면서도 문제가 많은 나라도 드뭅니다. 왜 현대 교육은 점점 더 발달하는데 인간은 더 타락합니까?

저자는 이 명제를 풀기 위해 박사학위 과정에서 현대 교육의 근본 문제를 연구하던 차에 현대 교육의 철학적, 교육학적, 문화인류학적 그리고 신학적인 문제점을 발견하고 그 해결 방안을 유대인의 성경적 자녀교육에서 발견하였습니다. 유대인의 성공적인 천재교육(IQ)과 감성교육(EQ)의 비밀은 가정에서 가르치는 특수한 전통적인 인성교육의 내용과 방법, 그리고 성경과 탈무드의 가치에 기초한 삶에 있었습니다.

세속 사람들이 무조건 의존하는 학교에서 가르치는 현대 교육이나 현대 과학에 있지 않았습니다. 그리고 한국이 인성교육 없는 현대 학교교육(IQ)에만 투자하는 현실을 보면서 한국의 장래를 심히 걱정하지 않을 수 없습니다. 그래서 이번에 새롭게 인성교육론을 쓰기로 마음먹었습니다.

논문이 발표된지 14년, 성경적 유대인의 자녀교육《IQ는 아버지 EQ는 어머니 몫이다》(국민일보, 1996; 조선일보, 1999)라는 책을 펴낸 지 8년만의 결실입니다.

왜 수직문화는 인성교육의 본질과 원리인가

왜 자녀교육이 1970년대 이전보다 힘듭니까? 왜 자녀들의 행동양식이 거칠어지며 기성세대와 다릅니까? 왜 부모와 자녀 사이에 코드(code)가 맞지 않아 대화가 안 됩니까? 그 원인은 무엇이고 대안은 무엇입니까? 유대인은 어떻게 수천 년 동안 자녀와 코드를 맞추는 교육에 성공했습니까?

한 걸음 더 나아가, 왜 각 민족의 행동양식이 동일한 예수님을 믿은 이후에도 다르게 나타납니까? 영국인 기독교인과 한국인 기독교인은 각각 다른 음식을 먹고 예절 등 다른 행동양식을 보입니다. 아프리카 케냐에서 온 기독교인도 한국인 기독교인과 다릅니다. 성격도 다릅니다. 그 이유가 무엇일까요?

위와 같은 질문들에 이 책이 답을 줍니다. 인류학자 히버트(Hiebert)는 한 인간 혹은 한 민족의 행동을 가능케 하는 사고의 틀(Thinking System or Structure)이 다름을 발견했습니다(1985). 저자의 연구에 의하면 그것이 바로 13세 이전에 형성된 문화라는 것입니다.

저자는 이에 앞서 한국 교회가 서구 문화를 어떻게 해석하고 한국의 전통문화와 가치를 어떻게 해석할 것인가에 대한 물음에 답하기 위해 한국의 전통문화와 가치가 인간의 종교성과 영적 만족감에 어떠한 영향을 미치는지를 실험적으로 연구(Empirical Research)한 바 있습니다[기독교교육학 박사(Ph.D.) 학위 논문: Biola University, Talbot Graduate School of Theology, 1990].

이로써 "왜(Why) 한국인에게 한국 전통문화와 가치를 가르쳐야 하는가?"의 이유를 찾았고, 이를 토대로 《문화와 종교교육》(쿰란출판사, 1993; 쉐마, 2007)이란 책을 발간하여 '2세 종교교육의 방향'을 학문적으로 제시했습니다. 그리고 이 연구에서 한국인의 수직문화가 한국인 인성교육의 본질과 원리라는 확신을 얻었습니다.

이때 왜 한국의 자녀들이 서구화되어 가는지 원인을 발견했습니다. 우리 자녀들에게 서양의 가치관 교육과 서양 학문만 가르쳤기 때문입니다. 이 책은 한국인에게 맞는 인성교육의 논리와 방법을 제공해 줍니다.

예수님 믿기 이전: 왜 인성교육은 Pre-Evangelism인가

많은 기독교인들이 예수님만 믿으면 모든 인성교육이 잘 되는 줄 알고 있습니다. 그러나 반드시 그런 것은 아닙니다. 왜 유교교육을 받은 가정의 어린이들이 기독교교육을 받은 어린이들보다 더 예의 바르고 효자가 많습니까? 왜 예수님을 믿는다고 하면서 사람의 근본은 잘 변하지 않습니까? 예수님을 믿고 성령의 은사가 많았던 고린도 교회는 왜 데살로니가 교회보다 도덕적으로 문제가 더 많았습니까? 왜 성령 충만한 바울도 실라와 다투었습니까? 왜 현대(2000년대)에는 1970년대 이전보다 복음을 전하기가 더 힘듭니까? 아마 생각 있는 교육자라면 모두가 이런 고민을 안고 살았을 것입니다.

힌트를 드리겠습니다. 옛말에 "양반이 예수님을 믿으면 양반 기독

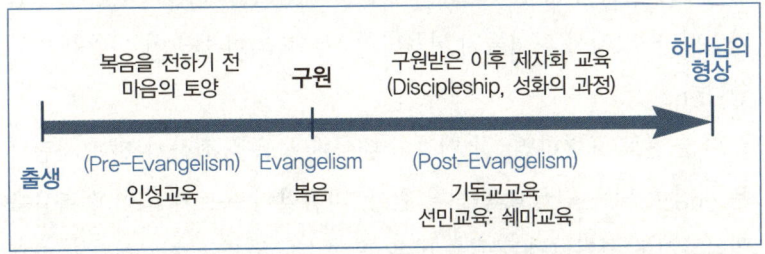

자세한 내용은 2권 2부 제4장 II. 2 기독교교육의 새로운 영역: 종교성 토양교육 151쪽 참조.

교인이 되고, 상놈이 예수님을 믿으면 상놈 기독교인이 된다."고 했습니다. 여기에서 저자는 오랜 연구 끝에 온전한 인간교육을 위해 크게 2가지가 필요하다는 사실을 깨달았습니다.

진정한 기독교적 자녀교육의 원리는 보편적인 인성교육을 바탕으로 성경적 기독교교육(쉐마교육)을 해야 한다는 것입니다.

따라서 기독교교육을 2가지 주제로 나누어 설명해야 합니다. 예수님을 믿기 이전에는 보편적 인성교육을, 예수님을 믿은 후에는 쉐마교육을 시켜야 합니다. 그래서 유대인 자녀교육 총서 'IQ는 아버지 EQ는 어머니 몫이다'는 인성교육편과 쉐마교육편으로 나누어 정리했습니다.

예수님 믿기 이전 인성교육의 필요성을 성경에서 발견했습니다. 예수님께서 '씨 뿌리는 자의 비유'에서 말씀하신 4가지 종교성 토양(길가, 돌밭, 가시떨기, 옥토)입니다(마 13:3-7, 18-23; 막 4:1-25; 눅 8:4-15).

현대인에게는 전도하기도 힘들거니와 기독교인이 된 후에도 헌신도가 매우 약하다는 것을 발견했습니다. 부모가 자녀에게 올바른 인성교육을 시키지 않고 수평문화에 물들게 방치하고 IQ교육만 시킨 결과입니다. 그래서 자녀들의 마음밭이 황폐화되어 돌밭이 되었기 때문입니다.

다른 말로 표현하면, 한 인간이 태어나 복음을 접하기 전에 사람다운 사람이 되는 인성교육을 잘 받아, 마음밭이 옥토가 되어야 복음을 영접하기도 쉽거니와 구원을 받은 후 예수님을 닮는 제자화도 쉽다는 말입니다.

이것은 어린 자녀들에게 예수님을 믿기 전에 인생의 의미를 깊이 생각하게 하고, 바른 행동을 할 수 있게 하는 인성교육을 시키는 것이 그만큼 중요하다는 뜻입니다. 13세 이전의 인성교육이 평생을 좌우합니다. 이를 'Pre-Evangelism'(예수님을 믿기 이전의 복음적 토양교육)이라 이름했습니다.

왜 수많은 한국 기독교인 중에서도 주기철 목사님, 손양원 목사님, 박윤선 박사님, 한경직 목사님, 안창호 선생님이 더 존경을 받았습니까? 물론 기독교의 영향도 있었겠지만 그들이 복음을 받아들이기 전에 한국의 양반 수직문화 교육, 즉 한국인다운 한국인의 인성교육을 잘 받았기 때문입니다.

그렇다면 현대에도 그들과 같은 지도자들을 배출할 수 있습니까? 물론 있습니다. 위의 분들이 받으셨던 20세기 초 한국의 양반 수직문화, 즉 한국인다운 한국인의 인성교육을 잘 시키고, 그 후에 복음을 전하면 '인격적인 한국인 기독교인'이 될 수 있습니다. 만약 미국식이나 인도식 수직문화 교육을 시킨 후 복음을 전하면 '인격적인 미국인 기독교인'이나 '인격적인 인도인 기독교인'이 될 것입니다.

그렇다면 인성교육의 본질은 무엇입니까? 인성의 원리와 실제는 무엇입니까? 더 나아가 보편적 인성교육과 한국인의 인성교육의 차이는 무엇입니까? 어떻게 이상적인 한국인의 인성교육을 잘 시킬 수 있겠습니까? 그리고 어떻게 인격적인 한국인 기독교인을 배출할 수 있겠습니까? 다문화권에서 한국인 2세에게는 어떻게 인성교육과 세계화 교육을 시켜야 합니까? 이 책에 답이 있습니다.

객관적 학문에 근거한 인성교육의 본질과 원리를 연구하다 보니 양질의 인성교육은 특별히 기독교교육에만 적용되는 것이 아님을 발견했습니다. 비록 복음이 없어 구원은 받지 못한다 해도 다른 종교인의 종교교육에도 적용될 수 있습니다. 또한 엔지니어, 의사, 변호사, 경영인 및 농부 등과 같은 직업인에게도 동일하게 적용됩니다. 즉, 그들이 평생 도덕적으로 타락하지 않고 꾸준히 남에게 유익을 주며 성공적인 삶을 사는 데도 적용된다는 의미입니다.

히버트가 먼저 '한 민족의 행동을 가능케 하는 사고의 구조(Thinking System or Structure)가 있음'을 발견했다면, 저는 '그 사고의 구조를 어떻게 형성해야 하는가?'를 인성교육의 측면에서 연구했습니다. 그것이 바로 수직문화입니다. 특히 유대인을 모델로 인격적인 한국인 기독교인을 어떻게 배출할 수 있을까에 초점을 맞추었지만 이 원리는 각 개인이나 민족에게 모두 적용될 수 있습니다. 조직적이고도 반복적인 수직문화 교육 없이는 육(肉)을 따라 제멋대로 사는 수평문화를 막을 길이 없습니다.

결론적으로 인성교육 노하우 전 4권은 다음 18가지 질문에 대한 대안을 제시합니다.

교육학적 측면

첫째, 왜 현대 교육은 점점 더 발달하는데 인간은 점점 더 타락하나요?

둘째, 왜 자녀들이 부모나 어른들에게 예절이 없나요?

셋째, 왜 한국인은 한국인에게 맞는 인성교육을 시켜야 하나요? 그 방법은?

넷째, 왜 미주 한인 2세가 일류대학을 졸업하고도 대부분 미국 주류사회 진출에 실패하나요?

다섯째, 똑똑한 우리 자녀, 어떻게 국제적인 인물로 키울 수 있을까요?

여섯째, 한국인은 자녀를 그렇게 공부에 혹사시키는데 왜 영재는 잘 안 나오나요?

일곱째, 유대인은 어떻게 아브라함 때부터 현재까지 4200년 동안 성결교육을 시키는 데 성공했나요?

여덟째, 유대인은 IQ교육의 성공을 위해 어떤 인성교육을 시키나요?

아홉째, 무너진 공교육을 세우는 최상의 대안은 무엇인가요?

열 번째, 왜 한국에는 진보와 좌파세력이 늘어나나요? (올바른 한국인의 국가관은?)

교회 성장학적 측면

첫째, 왜 교회의 성장이 멈추고 새롭게 전도하기가 힘든가요?

둘째, 왜 기독교인에게 (다른 종교도 동일함) Pre-Evangelism(예수님을 믿기 이전 복음적 토양 교육) 교육이 필요한가요?

셋째, 왜 현대인은 복음을 받아들인 이후에도 제자화 하기가 힘든가요? (왜 헌신도가 약한가요?)

넷째, 왜 한국과 미국에서 2세들이 대학을 졸업하면 90% 이상 교회를 떠나나요? 즉, 왜 교회학교 교육이 천문학적 투자에도 불구하고 90% 이상 실패하나요?

다섯째, 미주 한인 2세 기독교인이 10% 정도 남는다고 해도, 왜 그들은 1세 교회를 떠나나요?

여섯째, 왜 신약 교회들은 2천 년간 다른 나라에 선교하는 데는 성공했는데 자손 대대로 하나님의 말씀을 전수하는 데는 실패했나요? 그런데 유대인은 어떻게 아브라함 때부터 현재까지 4200년간 말씀을 전수하는 데 성공했나요?

일곱째, 왜 한국의 선교사들이 해외에서 50% 이상 실패하나요? (문화인류학적 측면)

여덟째, 왜 선교지의 원주민에게 복음을 전할 수는 있어도 그들을 성화하기가 힘드나요?

왜 인성교육론이 'Know-Why' 라면, 유대인의 쉐마교육은 'Know-How' 인가

유대인 자녀교육의 우수성은 이미 역사를 거듭하면서 증명되었습니다. 그러나 2가지 의문이 아직까지 남아 있습니다. 첫째, 그것이 왜 우수한지에 대한 교육학적, 심리학적 및 철학적 이유를 설명하지는 못했습니다. 둘째, 왜 유대인 자녀교육이 기독교교육에 필요한지 그 이유를 설명할 수 있는 확실한 교육신학적 해답을 제공하는 데 미흡했습니다. 따라서 비기독교인이든 기독교인이든 그들의 교육이 좋다는 것은 알면서도 그 교육을 자신에게 적용하는 데에는 문제가 많았습니다.

이 문제를 해결하기 위한 전자의 답이 '인성교육 노하우' 라면, 후자의 답은 '성경적 유대인의 쉐마교육' 입니다. 왜 유대인 자녀교육이 한국인에게 필요한지를 교육학적, 심리학적 및 철학적으로 분석하고 그 이유를 설명한 책, '인성교육 노하우' 가 'Know-Why' 라고 한다면, 성경적 유대인 자녀교육(쉐마교육)은 'Know-How' 가 될 것입니다.

원인을 밝히고 당위성을 설명하는 'Know-Why' 가 있기에 성경적 유대인 자녀교육인 'Know-How' 가 더 파워풀합니다. 그리고 확신을 갖고 자신과 자신의 가정 그리고 교회에서 적용할 수 있습니다.

물론 성경적 유대인 자녀교육 속에도 2가지, 성경적 자녀교육의 원리와 방법이 소개되어 있습니다. 그러나 그것은 기독교교육학적 측면에서 예수님을 믿은 후, 즉 하나님의 선민이 된 후의 교육입니다. 따라서 자녀교육의 원리에는 2가지가 있습니다. 예수님을 믿기 이전에는 보편적 인성교육을, 예수님을 믿은 후에는 성경적 기독교교육을 시켜야 한다는 사실입니다.

물론 예수님을 믿은 후에도 성령님의 능력으로 13세 이전에 형성된 잘못된 인성, 즉 기질을 어느 정도 다스릴 수 있습니다. 완전히 없앨 수는 없지만(Impossible to remove bad personality or character) 상대적으로나마 바른 길로 훈련(Discipline)을 시킬 수는 있습니다. 그러나 그 결과는 본인의 의지와 훈련의 정도에 따라 변화의 양이 달라집니다. 즉 하나님의 말씀과 성령님은 인성의 교정에 크게 도움이 될 수 있다는 뜻입니다. 하지만 그럴지라도 먼저 좋은 마음의 옥토를 가꿀 수 있는 13세 이전의 인성교육도 무엇보다 중요합니다.

이번에 IQ-EQ시리즈로 출간되는 책들은 일반 학문과 성경 신학으로 구분될 수 있습니다. 저자의 '인성교육 노하우' 는 교육학적, 심리학적, 철학적 및 문화인류학적 인성교육에 관한 원리라면, '성경적 유대인 자녀교육론(쉐마교육)'은 성경에 기초한 가정교육의 원리라고 요약할 수 있습니다. 물론 전자와 후자 모두에는 원리뿐 아니라 방법도 포함되어 있습니다.

현재까지 천문학적 헌금을 교육에 투자하고도 교육의 열매가 바람직하지 못한 것은 교육의 참 원리를 발견하지 못했기 때문입니다. 원리를 알아야 참 자녀교육이 보이는 법입니다. 모쪼록 이 책을 읽고 더 이상 자녀교육을 위한 시간과 물질의 낭비가 없기를 간절히 소원합니다.

이 책을 집필하는 데 많은 정통파 유대인 학자들의 특별한 도움을 받았습니다. 정통파 탈무드 학교인 예시바 대학(Yeshiva University)의 학장이시며 사이먼 위센탈 센터(Simon Wiesenthal Center) 국제본부장이신 랍비 마빈 하이어(Marvin Hier)와 랍비 쿠퍼(Cooper) 부학장님, 그리고 특별히 저자에게 탈무드를 가르쳐 주고 절기 때마다 자신의 집에 초대하여 탈무드의 삶을 연구하게 도와 준 예시바 대학의 탈무드 교수이며 로욜라 대학 법대 교수인 랍비 애들러스테인(Adlerstein) 부부와 그 가정, 서기관 랍비 그래프트(Kraft) 씨 부부와 그 가정에 심심한 사의를 표합니다. 에이쉬 하 토라(Aish Ha Torah) 회당의 랍비 코헨(Cohen) 씨 가정과 그외 많은 정통파, 핫시딤파 랍비들, 보수파, 개혁파 랍비들 및 유대인 친구들에게 감사드립니다.

이들의 특별한 도움이 없었으면 저자의 연구는 완성될 수 없었습니다. 정통파 유대인의 생활 모습을 카메라에 담을 수도 없었습니다. 그리고 계속적인 쉐마교사대학의 현장실습도 할 수 없었을 것입니다.

저의 논문 지도교수이셨던 바이올라(Biola) 대학교 탈봇(Talbot) 신학대학원의 기독교교육학 윌슨 박사님과 이제 고인이 되신 저자의 선교학(Ph.D.) 지도교수이셨던 풀러(Fuller) 선교신학대학원의 유대교(Judaism) 교수이신 글래서(Glasser) 박사님에게 특별히 감사드립니다. 그리고 저자를 물심양면으로 도와 주신 이영덕 전 총리님, 김의환 총장님과 고용수 전 총장님 및 국내외 많은 교계 어른들과 쉐마교육 동역자님들께 감사드립니다.

저를 키워 주신 어머님과 형님 내외분께 감사드립니다. 지금도 내조를 아끼지 않는 아내 황(현)복희, 그리고 원고 정리 작업을 도와 준 내일의 희망인 네 아들들 승진(Stephen), 재진(Phillip), 상진(Peter), 호진(Andrew)에게 감사드립니다.

이 책은 방향 없이 혼란스런 교육의 시대에 참교육을 갈구하는 독자들에게 뚜렷하고 확실한 대안을 제시할 수 있다고 확신합니다. 이 연구는 분명히 하나님의 지혜로 하나님이 하셨습니다. 세세토록 영광 받으실 오직 우리 주 예수님께만 감사와 찬송과 영광을 드립니다.

2003년 10월 3~13일
로쉬 하샤나와 욤키퍼(유대인의 신년과 대속죄일) 절기에
미국 웨스트 L.A. 쉐마교육연구실에서
저자 현용수

> 중국의 고전에 다음과 같은 말이 있습니다.
>
> "일년지계(一年之計 · 한 해의 계획)로는 농사를 짓고, 십년지계(十年之計)로는 나무를 심으며, 종신지계(終身之計) 또는 백년대계(百年大計)로는 사람을 키운다."
>
> **사람을 키우는 일이 그만큼 가정이나 국가에 중요하다는 뜻입니다.**

추천의
말씀 1

무너진 교육을 바로 세우는 최선의 대안

 한국처럼 인성교육을 강조하면서 인성 발달이 잘 되지 않는 나라도 드물 것이다. 공교육이 무너진 지 오래다. 특히 인성교육에 관한 심증은 있었으나 뚜렷한 이론이 없었다. 그런데 이번에 현용수 교수가 성공집단 유대인을 모델로 이렇게 논리 정연한 인성교육의 본질과 원리는 물론 그 방법까지 제시했으니 그 노고를 치하하지 않을 수 없다. 제4권에서는 국제사회에서 인간관계와 경쟁에 취약한 한국인의 인성을 어떻게 양육해야 할지를 유대인을 모델로 이론과 실제를 정립했다. 그야말로 무너진 교육을 바로 세울 수 있는 최상의 교육 대안이다.
 뿐만 아니라 현용수 교수가 성경적 유대인 자녀교육에 관한 《IQ는 아버지 EQ는 어머니 몫이다》란 책을 펴낸 지 8년 만에 유대인의 쉐마교육을 집대성한다니 기뻐하지 않을 수 없다. 쉐마교육은 성경적 유대인 자녀교육을 한민족 자녀교육의 방법으로 접목시킨 새로운 교육의 패러다임이다. 될 수 있는 한 많은 사람들이 꼭 읽고 연구하여 실제 자녀교육에 적용해 보도록 추천하는 바이다.
 현용수 교수의 저서를 이와 같이 추천하는 데에는 몇 가지 이유가 있다.

첫째, 내가 한때 총장으로 있었던 대학에서 화학공학을 전공하고 미국에 가서 여유 있는 삶의 터전을 잡았던 그가, 신학을 공부하고 이어서 기독교교육을 연구했다는 점에서 그의 튼튼한 학문적 기초에 대해서 신뢰감을 갖는다.

둘째, 문헌 연구나 탐문에서 얻은 지식의 전달이기보다는 유대인들의 교육 현장인 탈무드 학교와 정통파 유대인 가정에서 그들과 같이 생활하면서 그들의 교육을 탐구해 얻은 지식을 토대로 한 책을 만들어 냈다는 점에서 존경이 간다.

셋째, 현대 교육이 발전했다고는 하지만 참으로 인간다운 인간을 길러내는 데는 계속 실패하고 있다는 것은 현대 교육이 대표하는 세속 교육의 한계를 드러내는 것이다. 그러한 효능 없는 세속 교육을 보완해 주거나 혹은 대체할 수 있는 새로운 교육의 대안을 찾고 있던 차에 강력한 시사점을 내포하는 유대인의 가정교육을 종합적으로 정리해서 우리들에게 제시해 준 점에서 현 교수의 저서를 높이 평가하는 바이다.

넷째, 부모를 공경하고 자녀를 노엽게 하지 말아야 하는 가정이 하나님의 법과 축복에서 멀어져만 가고 있는 오늘날, 우리에게 도움을 주는 성공 사례들이 애타게 요구되고 있는데, 현 교수께서 근거를 갖춘 많은 사례들을 제시해 주고 있으니 이 어찌 반갑지 않겠는가?

  끝으로 인격 형성을 위한 교육은 학교에서보다는 가정에서, 그리고 사회의 모든 삶의 현장 속에서 이루어진다는 사실을 학교교육에만 매달리다시피 하는 한국의 부모들에게 이해시키고, 그들의 자녀교육에 대한 시야를 넓히는 기회가 된다는 믿음으로 이 책을 모든 부모와 교사들에게 권하고 싶다.

전 국무총리
이영덕

이영덕

추천의
말씀 2

기독교 2천 년 만에 발견한
개혁주의 교육의 획기적 쾌거

한 민족의 역사는 교육에 의하여 흥하고 망한다. 신약 시대 교회사의 흐름도 기독교교육의 방향과 그 교육의 내용에 따라 흥하기도 하고 쇠하기도 했다. 유대인의 성공적인 삶 역시 그들의 교육에 있음은 주지의 사실이다. 그러나 구약 성경과 탈무드에 의한 유대인의 생존과 천재교육의 비밀은 아직도 우리에게 충분히 알려지지 않았다. 그러던 차에 수년 전 현용수 교수의 《IQ는 아버지 EQ는 어머니 몫이다 (부제: 성경적 유대인 자녀교육)》을 접하게 되었다.

그리고 이번에 새로 출간된 《현용수의 인성교육 노하우》는 한국인과 유대인의 자녀교육을 비교 분석하면서 '현재 우리가 당면하고 있는 인간교육의 문제는 무엇이고, 그 해결책은 무엇이며, 그 교육의 방법은 무엇인가'란 질문에 명쾌한 답을 주고 있다.

예수님을 믿기 이전에 받은 인성교육이 마음을 옥토로 가꾸게 하므로 예수님을 믿은 후에 기독교교육을 시키는 데 지대한 영향을 미친다는 새 발견은 대단히 중요하다. 현 박사는 그것을 '복음적 마음의 토양교육(Pre-Evangelism)'이라고 명명했다. 이것은 그동안 복음(Evangelism)과 제자화 교육(Post Evangelism)만 강조해 왔던 2천 년

간 기독교의 약점을 보완하는 개혁주의 교육의 획기적 쾌거다. 이로써 그간의 의문점들, 왜 예수님을 믿는데도 근본 인간은 변하지 않는가, 왜 지구촌은 점점 현대화되는데 복음을 전하기는 점점 더 힘들어지는가에 대한 이유를 알고 그 대안을 찾게 됐다.

본인이 가까이서 아끼던 현용수 교수는 신학교를 졸업하고 기독교교육학을 전공한 후 랍비 신학교에서 수학하면서 유대인 자녀교육을 학문적으로 폭넓고 깊게 연구했을 뿐만 아니라 정통파 유대인의 탈무드 학교와 정통파 유대인 가정에서 그들과 함께 생활하면서 그들 교육의 비밀을 캐는 데 오랜 세월을 투자했다. 그리고 교육학적인 측면에서 새롭게 '유대인의 자녀교육'이란 주제를 학문적으로 정리했다. 따라서 이 저서는 이론과 실제를 겸한 기독교교육학의 새로운 패러다임을 구축한 방대한 연구의 결실이다.

뿐만 아니라 현 박사는 연구를 거듭한 결과 성경적 유대인 자녀교육도 해를 거듭할수록 완성도가 높아지고 있다. 천재적인 유대인 자녀교육 자체가 바로 토라 말씀이고, 말씀 속에 그들의 생존 비밀이 있음을 확인시켜 주고 있다. 저자는 개혁주의 신학이 '오직 성경(Sola

Scriptura)'인 것처럼 기독교교육도 "성경으로 돌아가라."고 외친다. 따라서 이 저서는 자유주의 신학이 승하는 이때에 개혁주의 교육에 크게 공헌하리라 믿는다.

  나는 개인적으로도 미국 '나성 한인교회'를 섬길 때 현용수 교수를 초청하여 교육 세미나를 개최해 크게 도전받은 바 있다. 목회자 및 신학생들에게는 물론 일반 평신도들에게도 이 저서를 꼭 권하고 싶다.

전 총신대학교 총장
김의환

추천의 말씀 3

기독교교육의 블라인드 스팟(Blind Spot)을 발견한 역사적 쾌거

오늘 우리 사회가 겪고 있는 가치관의 혼돈과 도덕적 무질서는 사회의 기본 단위인 가정의 뿌리가 크게 흔들리는 데서 비롯된다. 전래의 대가족 제도가 무너진 자리에 핵가족화가 박차를 가하면서 가정의 기본 체제가 혼란을 겪고 있다. 이러한 시대적 요청과 때를 같이 해서 미국에서 2세 교육에 깊은 관심을 갖고 연구해 오신 현용수 박사가 성경적 유대인 자녀교육에 관한 책을 출판하게 된 것을 매우 환영한다. '자녀교육을 어떻게 할 것인가'를 생각하면서 성경적 모델을 찾을 때, 우리는 구약의 쉐마(신 6:4-9)에 기초한 이스라엘 가정의 자녀교육에 주목하게 된다.

특히 이번에는 현 박사가 계속 연구해 오던 수직문화와 수평문화를 더 연구 개발하여 인성교육의 원리와 실제를 4권(《문화와 종교교육》 포함 인성교육 시리즈 전 5권)으로 정리했다. 이 책은 기독교 2천 년 동안 예수님을 믿은 이후의 기독교교육에만 관심을 가졌던 학계에 예수님을 믿기 이전의 인성교육(Pre-Evangelism)도 대단히 중요하다는 새로운 영역을 발견하고 이에 대한 이론을 개발했다.

현 박사에 의하면, 예수님께서 말씀하신 어려서부터 양육한 마음의 옥토가 복음을 받아들이는 것은 물론 그 이후 예수님의 제자화에도 지대한 영향을 준다는 논리다. 따라서 예수님을 믿기 이전에 인격적인 한국인 기독교인이 되기 위한 교육을 시켜야 한다는 것이다. 그리고 이에 대한 인성교육의 내용과 방법을 제시했다.

　이것은 기독교교육의 블라인드 스팟(Blind Spot)을 발견한 역사적 쾌거다. 인성교육의 중요성은 강조했지만 인성교육의 원리를 몰라 인성이 파괴되는 현대 교육에 너무나 절실한 대안이다.

　유대인들이 세계 역사상 최악의 조건에도 불구하고 가장 우수한 민족으로 생존해 온 그 배후에는 유대인 부모들의 헌신과 열정이 자리하고 있음을 우리는 본다. 그들은 토라와 탈무드에 기초한 신본주의의 절대 가치를 그들 문화의 중심에 두고 자녀들에게 철저한 사상교육을 행했다.

　이 책의 저자 현용수 박사는 미국 동포 자녀들의 2세 교육에 특별한 관심을 가지고 유대인의 자녀교육에 관한 연구를 위해 랍비 신학교와 탈무드 학교에서 다년간 수학했다. 그리고 정통 유대인의 가정에서 생활하면서 얻은 경험과 함께 방대한 자료를 수집해서 신학대학교와 교회들을 순방하면서 유대인의 자녀교육을 강의한 적도 있고,

지상에 많은 글을 연재하기도 했다.

저자의 확신은 신앙(사상)이 없는 민족은 일시적으로는 흥할 수 있지만 곧 망하고 만다는 역사적 교훈을 바탕으로 한 것이며, 유대인의 교육철학 속에 자리한 성경적 자녀교육 원리가 오늘의 흔들리는 기독교 가정의 자녀교육의 실제 지침이 될 수 있다는 것이다. 따라서 이 저서의 내용은 한국 교육의 근본 문제를 정확히 지적하고 그 해결 방법을 제시한 책이다.

부모 되기는 쉬우나 부모 노릇 하기는 참으로 어려운 시대에 살면서 자녀교육을 어떻게 할까 고민하는 기독교 가정의 부모들에게 이 책은 좋은 지침서가 될 수 있다고 믿고 이에 적극 추천한다.

전 장로회신학대학교 총장
고용수

Los Angeles Times

SATURDAY, JULY 13, 2002 — Religion

'We have to learn the secrets of the Jews.'
The Rev. Yong-Soo Hyun

The Rev. Yong-Soo Hyun, left, who has immersed himself in the study of Orthodox Judaism, meets with Rabbi Yitzchok Adlerstein at a Shabbat meal.

Taking a Cue From Jews' Survival

Culture: Minister studies Orthodox Judaism to teach Korean Americans how to educate children, help churches thrive.

By TERESA WATANABE
TIMES STAFF WRITER

The Rev. Yong-Soo Hyun says God called him to abandon a well-paying engineering career 20 years ago in favor of Christian ministry.

So what is he doing shepherding a group of Korean visitors around Southern California to attend a Shabbat dinner, an Orthodox Jewish temple and a lecture by a Jewish rabbi on how to keep children holy?

Hyun, 53, may be the biggest booster of traditional Jewish education in all of Korean America.

It is, he tells you, the antidote to the loss of cultural identity and religious grounding he sees in successive generations of Koreans here.

So the minister now writes books, conducts tours and has even opened the Shema Education Institute to teach Koreans the Jewish "secrets of survival."

"For Korean churches to survive in America, we have to successfully pass down the word of God from generation to generation, just as Jews have done since the time of Moses," said Hyun, a short, dynamic man with an easy grin. "We have to learn the secrets of the Jews."

Hyun, who immigrated to the United States in 1975 at age 28, says he sees several parallels between Korea and Israel.

Both, he says, are small nations surrounded by large and sometimes menacing neighbors.

Both, he says, prospered when their people honored God and became imperiled when they did not. The Israeli captivity in Babylonia, he says, mirrors the Korean colonization by Japan.

His fascination with traditional Judaism was sparked 12 years ago, when he was a doctoral student at Biola University. He was studying the philosophy of Christian education and wrote a term paper comparing secular education with traditional Jewish education.

What struck him, he says, was the way Jewish education seemed to produce children who were intellectually excellent, honed through hours of Torah training and Socratic-style questioning, as well as religiously pious and morally grounded.

Traditional Jews also seemed to keep family ties strong, with fewer generation gaps than he says he found in his own community, and low divorce rates.

Persistence Pays Off

Trying to learn more about Jewish religious education, however, wasn't easy. He called the Orthodox Yeshiva University in Los Angeles but says he was told it was not open to non-Jews. He called again and was told the same thing. The third time, he said he began to argue with the rabbi on the other end:

"Why do you want to hide? God gave the Torah not just for you but also to shine for all nations. If you teach me the secrets of survival, how to keep your children holy, I will teach this to the Koreans. This will be good for you and good for God!" Hyun said he told the rabbi.

There was a pause. Then the rabbi gave him the name and number of Rabbi Yitzchok Adlerstein, a professor of Jewish law at Loyola University and prominent member of the Orthodox community known for reaching out to non-Jews.

Hyun called Adlerstein, who immediately invited him to his home for Shabbat dinner. Even better, Hyun said, Adlerstein agreed to guide his research into Jewish education.

"He allowed me to attend his Talmudic teachings," Hyun said. "He invited me to all of the ritual meals—the Passover Seder, Sukkot, Rosh Hashana. I asked so many questions and he answered them all."

The Shabbat meal, in particular, left a lasting impression, Hyun says. He was moved by the way the family sang a ritual song of praise to Adlerstein's wife—a contrast, he says, with an old Korean saying that the "three dumb things" a man must not do are praise his wife, his children or himself. He was touched by the way Adlerstein blessed each of his children.

And he was impressed at the way Adlerstein taught his children the Torah, quizzing them on passages, never spoon-feeding answers but asking more questions to stimulate their critical thinking skills and creative intellects.

For his part, Adlerstein said he initially thought the idea of a Korean Christian minister wanting to learn about Orthodox Judaism seemed "a little odd."

Although traditional Jews don't believe Judaism was meant for the world—they do not proselytize and often discourage would-be converts—Adlerstein was willing to guide Hyun.

"Our attitude generally as a community is that when you're enthusiastic about God and his teachings, you have a gift that you want to share with any well-intentioned person," he said.

Armed with his experiences, Hyun was ready to try the techniques on his four sons at home. He announced that, like Adlerstein, he would no longer allow them to watch TV. Instead, three evenings a week he would teach them the Bible.

The reaction? "They rejected it all," Hyun said, laughing.

After too many nights of arguments, Hyun got them interested in Bible studies by asking them to take turns preaching. But more than the intellectual training, Hyun said, it was his mimicry of Jewish expressions of family love that seemed to bring the most dramatic results.

Praise for His Wife

For the first time, Hyun says, he began praising his wife as he had seen his Jewish mentor do. He took her to Malibu at night, and strolled around the waterfront. He began washing the dishes and taking his wife on his travels. Before, he said, their marriage was characterized by "no romance—just orders" to her from him.

For the first time, he gathered his sons around to bless them. He asked God to bless them with wisdom, prosperity, leadership and the light of the gospel. "I cried, and they cried," he said.

From then on, he says, his family life dramatically improved. "Judaism showed me patience and how to lead children by wisdom and not authoritarianism. Now our family friendship has recovered."

Eager to share his experiences with other Koreans, Hyun has written a book on Jewish religious education that has sold more than 120,000 copies.

Hyun writes that Jewish fathers develop a child's IQ through Talmudic teachings, while mothers nurture their "EQ," or emotional quotient, with their maternal love—a thesis Adlerstein himself rejects in favor of viewing both parents as responsible for nurturing both aspects.

Experiencing Judaism

Hyun also figures he's reached 300,000 other Koreans in lectures on Jewish education at various seminars and conferences around the world.

And he says he has brought at least 150 people to Los Angeles to experience traditional Judaism firsthand in visits to synagogues and Friday night Shabbat dinners.

During one recent tour, Hyun led a group into the Beth Jacob congregation on Olympic Boulevard, wearing a traditional Korean jacket and a Jewish yarmulke.

After Sabbath prayers, Rabbi Shimon Kraft fielded a stream of lively questions: Why do you wear a head covering? Why do you wear a beard? Why kiss the door? Why do men shake when they pray? Why do you have two pulpits? Do you evangelize?

Finally, someone asked: "We've learned about Jews, but what do you think about Koreans?"

Kraft gave the crowd a broad smile.

"They are bright, hard-working, studious—just like Jewish people," he said. "We seem to share a lot of the same values."

추천의 말씀 4

유대인 생존의 비밀을 밝히다

많은 학자들이 유대인 생존의 비밀에 관해 관심을 가져왔습니다. 수천 년의 박해와 유랑에도 불구하고 살아난 유대인의 생존에 관한 학설들은 수없이 많습니다. 현용수 박사가 비유대인으로 유대인의 생존의 비밀을 정확히 지적한 사실은 의외이며, 이를 축하합니다. 현 박사는 유대인에게는 토라—그들의 가장 신성한 율법서—에 대한 충성심이 생존의 도구였고, 죄악이 만연하는 바다를 표류하는 동안 성결을 지키게 한 결정체란 것을 확신하고 있습니다. 그는 3천 년 이상 유대인을 다른 민족과 구별되게 한 교육의 기법, 부모가 자녀에게 자자손손 끊어지지 않는 연결 고리로 유대주의의 메시지를 전한 구전의 방법에 주목하고 있습니다. 그는 이러한 방법의 핵심을 빌려 그가 속한 한국 민족이 그들의 전통과 가치를 보존할 수 있는 힘을 찾으려 합니다.

현 박사는 수년간 정통파 유대인 공동체에서 열심히 연구했습니다. 그는 유대인의 교육이론을 연구해 왔고, 철저한 관찰을 통해 실제적인 유대인의 생활방식을 조사했습니다. 우리는 그가 우리의 로스앤젤레스 예시바의 학자들과 접촉하고 특별히 그의 연구를 지도하기 위해 탈무드와 유대학 교수인 랍비 애들러스테인과 만나게 된 것을 기쁘게 생각합니다.

우리는 그가 지구촌의 많은 사람에게 2가지, 도덕과 관용을 전파하려는 노력에 성공하기를 기원합니다.

로스앤젤레스 예시바 대학교 학장
진실한 랍비 마빈 하이어

ב״ה

yeshiva of los angeles

Rabbi Marvin Hier
Dean
Rabbi Sholom Tendler
Rosh Hayeshiva
Director, Academic Programs
Rabbi Meyer H. May
Executive Director
Rabbi Nachum Sauer
Rosh Kollel
Mr. Paul S. Glasser
Director
Rabbi Yitzchok Adlerstein
Director,
Jewish Studies Institute
Rabbi Harry Greenspan
Coordinator,
Beit Midrash Programs

April 2, 1996

To whom it may concern:

Many scholars have been intrigued by the longevity of the Jewish people. Theories concerning the survival of the Jews despite millennia of persecution and exile fill volumes.

Dr. Yong-Soo Hyun should be congratulated for pointing to a factor that is unusual for a non-Jew to note. Dr. Hyun believes that the faithfulness of the Jews to the Torah - their corpus of Divine Law - conferred upon them the tools for survival, and the resolve to keep holiness afloat in a sea of unholy influences. He is intrigued with the educational technique that has distinguished the Jewish people for over three millennia - the method of oral transmission that passes on the message of Judaism from parent to child, from one generation to the next in an unbroken chain. He is attempting to distill some of these tools in a way that may help his own Korean people find the strength to preserve elements of their tradition and values.

Dr. Hyun has spent a few years of hard research studying the Orthodox Jewish community from the inside. He has studied Jewish educational theory, and investigated practical Jewish lifestyle by thorough observation. We are pleased that he has turned to the scholars associated with our own Yeshiva of Los Angeles, particularly Rabbi Yitzchok Adlerstein, a member of our Talmud and Jewish Studies faculty, for guidance in his research.

We wish him success in his endeavors to spread both morality and tolerance to large populations of the globe.

Sincerely,

Rabbi Marvin Hier
Dean

9760 West Pico Boulevard, Los Angeles, CA 90035/(310) 553-4478

제1부

서론

제1장
인성교육이란 무엇인가

제2장
한국 자녀교육의 문제점과 유대인식 자녀교육의 필요성

제3장
유대인은 누구인가

제4장
유대인의 선민교육

제1장

인성교육이란 무엇인가

I. 인성·인성교육의 정의
II. 바람직한 보편적 인성의 요소
III. 바람직한 한국인의 문화적 인성의 요소
    – 보편적 인성과 문화적 인성의 차이
IV. 인성교육을 시키는 방법
v. 이 책에서 다룰 인성교육에 관한 내용들

I. 인성·인성교육의 정의

1. 왜 인성교육을 할 수 없는가

　　　　　현대는 사람은 많으나 쓸 만한 사람은 찾기 힘든 시대라고 말한다. 인성교육을 무시한 채 지식교육(이하 독자들의 이해를 돕기 위해 'IQ교육'으로 표기)만 시키기 때문이다. 인성교육이란 말은 알아도 그 뜻을 제대로 아는 사람은 드물다. 막연히 '사람을 만드는 교육이거니……' 라고 생각하는 정도이다.

　심증은 있으나 논리가 없고, 논리가 있다 해도 빈약하다. 그러니 인성교육의 내용이나 방법은 더욱 모를 수밖에 없다. 그나마 전통적인 인성교육의 내용과 형식은 점점 사라지고 있다. 그것을 가르치면 시대에 뒤떨어진 것으로 취급당하고 전통을 외면한 결과, 인성교육의 부재는 심각한 상황에 이르렀다.

　인성교육은 투철한 사상의 기초에서 시작해야 한다. 왜 인간에게 투철한 사상이 필요한가? 투철한 사상이 없으면 실천, 즉 행위가 올바로 될 수 없기 때문이다. 사상은 다이내믹한 행동을 하게 하는 동기를 부여해 준다.

　논리화된 이론은 실천을 뒷받침해 주는 강한 사상의 구조다. 강한 사상의 구조를 이루는 정리된 논리(혹은 신학)가 있을 때 신앙을 가져도 강한 신앙인이 된다. 그리고 율례와 법도에 맞는 행위를 실천할 수 있다. 그렇지 못할 때는 설령 성령을 받았다 해도 믿음을 계속 유지하기가 힘들다. 특히 성령의 강도가 약해지면 실천이 곧 와해되기 쉽다.

아무리 좋은 사상이라 해도 그것을 설명하는 정확하고 조직적이며 합리적인 논리가 없으면 그 사상은 강해질 수 없다. 그러한 사상은 심증만 있기 때문에 설득력도 약할 뿐 아니라 강한 힘을 발휘할 수 없다.

논리는 사고의 구조(Thinking System, Thinking Structure or Infra)를 설명하는 도구다. 논리는 곧 사상의 내용이 얼마나 깊고 넓은가를 조직적이며 합리적으로 설명하는 도구다. 따라서 사상과 논리의 관계는 떼어 놓을 수 없다. 유대인이 투철한 사상을 갖고 있는 이유도 자신들의 신본주의 사상에 근거하여 정리된 논리가 강하기 때문이다.

그렇다면, 논리에 강한 사람이 모두 사상이 강한가? 모두 그런 건 아니다. 예를 들어 현대 교육을 받은 사람들 중에 철학적 사상은 없으면서도 어떤 사물을 잘 분석하고 비판하는 강한 논리의 기술을 가진 이들도 있을 수 있다. 그런 사람들은 논리의 기술을 갖고 있을지는 모르나 사상가는 아니다. 소위 논리적으로 말을 잘하거나 글을 잘 써서 논쟁을 일삼는 이들과, 논리에 강한 사상가는 구별되어야 한다.

따라서 어떤 사상에 기초한 논리화된 인성교육의 내용은 인성교육의 당위성을 합리화하고 인성교육을 왜, 무엇을, 언제, 어디에서, 어떻게 시켜야 하나를 결정짓는 중요한 반석과 같은 것이다.

왜 가정에서나 학교에서 인성교육을 시키기 힘든가? 가장 큰 이유는 어떤 사상에 근거하여 논리화된 인성교육의 내용이 학문적으로 거의 정리되어 있지 않기 때문이다.

> 가정이나 학교에서 인성교육을 시키기 힘든 이유는
> 어떤 사상에 근거하여 논리화된 인성교육의 내용이
> 학문적으로 거의 정리되어 있지 않기 때문이다.

2. 인성·인성교육의 정의

우선 인성교육에 대한 정의부터 내려 보자. 인성교육이란 무엇인가? '인성'을 나타내는 2가지 영어 단어가 있다. 미국 심리학계에서는 1920년대에 시작한 인성 연구에서 'character(성품)'와 'personality(인격, 성격 혹은 개성)'란 용어를 함께 사용해 오다가, 요즘은 주로 'personality'를 사용한다. 'character'가 도덕이나 윤리적 용어라면, 'personality'는 개성을 강조한 학문적 용어로 자리 잡았다.

한국의 국어사전에, 인성(人性)은 사람의 '성품(character)'을 가리킨다라고 했다(동아 메이트 국어사전, 2002, p. 1168). 여기서는 인성을 '성품'의 의미로 보고 있다.

'성품'이란 무슨 뜻인가? 2가지 정의, 사전적 정의와 학문적 정의를 찾아보자. 성품의 사전적 정의는, 정신적 도덕적 본성(mental or moral nature)이나 한 개인과 사회 및 종족 등을 만드는 도덕적 질을 말한다. [moral qualities that make one person, community, race, etc.(Oxford Advanced Learner's Dictionary of Current English as Hornby, 1987, p. 242)]. 이나 도덕적 탁월성과 강점[moral excellence and strength(Webster New Twentieth Century Dictionary. 2nd ed., 1983, p. 164)] 을 말한다. 따라서 '인성'이란 '도덕적 인격을 형성하는 내면적 성품, 성질 또는 성격 및 강한 의지' 라고 하겠다.

많은 학자들이 성품에 대해 정의하고 연구해 왔다. 인간의 성품(인격) 또는 개성 연구의 아버지로 불리는 앨포트(Gorden W. Allport)는, 인격의 요소로 사람마다 갖고 있는 특성(trait)과 환경, 문화 및 행위의 스타일에 관심을 가졌다. 프로이트(Freud)는 모든 행위는 무의식적 동기들, 또는 알지 못하는 가운데 일어난 동기들의 개념(concept of motives)이 자연스럽게 수반하며 동기유발된 것이라고 주장했다. 에릭슨(Erikson, 1950, 1963)은 자아 정체성(ego identity)의 개념을 개발하여 사람들의 내면적 자아 센스와 그들이 외부에서 받는 사회적 정의(social definition)를 일치화했다(Pervin and John, Handbook of Personality, 1999, pp. 9-20).

이와 같은 연구 결과를 토대로 학자들이 내린 성품에 대한 정의는 다음과 같다. 위디거, 버히울과 브링크는 성품을 "인격은 인간이 생각하고, 느끼고, 행동하고 타인과 관계하는 독특한 방식이다."(Widiger, Verheul and Brink, Personality and Psychopathology, 1999, p. 347)라고 했고, 크로스와 마커스는 인격을 "개인의 삶에 방향과 모형(일관성)을 주는 지식과 감성과 행동의 복합적인 조직이다."(Cross and Markus,

The Cultural Constitution of Personality, 1999, p. 382)라고 했다.

  이 책의 목적은 한 인간의 행동을 심리학적, 정신의학적 및 문화인류학적으로 연구하여 분석하고, 이를 논리화 내지 체계화하는 것이 아니다. 우리 자녀들을 어떻게 바람직한 인간, 즉 인성이 잘 형성된 인격적인 사람으로 양육할 수 있느냐에 대한 교육의 원리와 내용을 제공하고자 한다.

  여기서는 사전의 정의에 따라 '인성'이란 "도덕적 인격을 형성하는 내면적 성품, 성질 또는 성격 및 강한 의지"로 정하고, 이를 목표로 서술한다. 그리고 '인성교육'이란 "도덕적 인격을 형성하는 내면적 성품, 성질 혹은 성격 및 강한 의지를 계발하고, 이를 외면적 착한 행실로 나타나게 하는 교육이다."라고 정의한다.

  이런 바탕 위에 우리는 인성교육을 잘 받은 사람을 '인격자' 또는 '인품이 좋은 사람'이라고 하는 것이다.

**'인성교육'이란
도덕적 인격을 형성하는 내면적 성품, 성질
혹은 성격 및 강한 의지를 계발하고
이를 외면적 착한 행실로 나타나게 하는 교육이다.**

II. 바람직한 보편적 인성의 요소

1. 보편적 인성의 요소: 바울 · 도닌 · 신언서판

왜 인성교육이 필요한가? 한 인간의 인성은 그의 삶과 그의 주변 공동체에 죽을 때까지 좋게 혹은 나쁘게 영향을 주기 때문이다. 작은 인물은 자기 가족이나 직장 혹은 마을에만 영향을 미치지만, 큰 인물은 세계 모든 이들에게까지 영향을 미친다.

인성을 색깔로 말하면 기본색이다. 어떤 그림을 그린다 해도 반드시 들어가는 기본색이 있는 것처럼, 인성은 가족관계, 학교생활, 결혼생활, 직장생활, 교회생활 그리고 그의 직업들(상업인, 교사, 예술인, 정치인, 과학자, 농업인 등) 어디에나 모두 나타나는 것이다. 따라서 인성교육은 그만큼 중요하기 때문에 반드시 시켜야 한다.

인성교육의 목적은 무엇인가? 이는 '경건한 자손을 얻고자 함이다.' (말 2:15) 어떤 사람이 인성교육을 잘 받은 사람인가? 인성교육을 잘 받은 사람은 어떤 열매를 맺는가? 바람직한 인성의 요소는 무엇인가?

여기서 '경건한 자손'이란 말의 의미를, 신약의 바울과 뉴욕 예시바대학 교수인 정통파 유대인 랍비 도닌의 견해 동양의 4가지 덕목(四德)인 신언서판(身言書判)으로 소개한다. 마지막으로 이를 종합하여 저자

옳고 반듯한 내적, 외적 인성은 하나님의 말씀에 따른 끊임없는 반복 행위가 습관화되어 형성된다. 사진은 유월절 절기 전 정장을 한 유대인 소년들.

의 견해를 내면적 성품과 외면적 성품으로 나누어 정리하여 소개한다.

첫째, 신약 성경에 나타난 9가지 성품, 즉 성령의 열매(갈 5:22-23)
① 사랑(love)　　② 희락(joy)
③ 화평(peace)　　④ 오래 참음(patience)
⑤ 자비(kindness)　⑥ 양선(goodness)
⑦ 충성(faithfulness)　⑧ 온유(gentleness)
⑨ 절제(self-control)

둘째, 도닌이 말하는 유대인이 가져야 할 12가지 성품의 요소

(Donin, 1977, p. 51)

① 예의바름(courtesy)　　　② 정직(honesty)
③ 완전(혹은 정직, integrity)　④ 진실(truthfulness)
⑤ 침착성 유지(even-temperedness)
⑥ 깔끔한 언행(clean speech)　⑦ 용기(courage)
⑧ 친절(kindness)　　　　　　⑨ 인내(patience)
⑩ 수양(修養, self-discipline)　⑪ 겸손(modesty)
⑫ 책임감(a sense of responsibility)

2. 보편적 인성의 내면적 요소와 외면적 요소

바울이나 도닌은 모두 유대인이기 때문에 바람직한 성품에 대해 성경에서 말하는 가치를 요약했다. 그런데도 두 사람의 시각에는 다소 차이가 있다. 그 차이는 신약과 구약의 차이다.

바울은 성령을 받은 이후의 내면적 열매인 ① 사랑, ② 희락, ③ 화평을 우선으로 꼽는다. 이에 비하여 도닌은 현실의 삶에 적용되는 외면적 열매를 많이 들었다. ① 예의바름, ⑥ 깔끔한 언행, ⑦ 용기, ⑩ 수양, ⑫ 책임감 등이다.*

성경에는 인간을 하나님의 말씀으로 양육했을 때 나타나는 2가지 가치의 열매가 있다고 말한다. 첫째는 내면적 열매이고, 둘째는 외면

---

* 더 자세한 내용은 이 책 제1부 제4장 Ⅲ. 1. '유대인의 성품' 참조.

적 열매다. 물론 순서로 보아 내면적 열매가 우선이고 외면적 열매는 내면적 열매가 밖으로 나타난 행동을 가리킨다. 이 2가지는 한쪽에 치우치지 않고 균형과 조화를 이룰 때 이상적인 인성이 나타난다. 그러므로 기독교인은 하나님의 말씀을 읽고 성령님의 도움으로 내면적 열매를 맺었다면 그만큼 삶의 변화가 나타나 외면적 열매로 타인에게 보여야 한다(마 5:16; 벧전 2:12).

> 이같이 너희 빛을 사람 앞에 비취게 하여 저희로 너희 착한 행실을 보고 하늘에 계신 너희 아버지께 영광을 돌리게 하라. (마 5:16)

> 너희가 이방인 중에서 행실을 선하게 가져 너희를 악행한다고 비방하는 자들로 하여금 너희 선한 일을 보고 권고하시는 날에 하나님께 영광을 돌리게 하려 함이라. (벧전 2:12)

> 이것이 신의 성품에 참여한 자의 임무다(벧후 1:4)*.

인성의 요소를 더 구체적으로 정리해 보자. 어떤 사람이 인성교육을 잘 받은 사람인가? 바람직한 인성의 요소는 무엇인가? 여기서 신약의 바울이 열거한 9가지 성령의 열매(갈 5:22-23)와 뉴욕 예시바 대학 교수인 정통파 유대인 랍비 도닌이 제시한 12가지 성품의 요소를

---

* 더 자세한 내용은 이 책 제3권 제6부 제1장 '인성교육에 예절이 필요한 이유' 참조.

성경에 나타나는 2가지 인성

- 신의 성품에 참여한 자(벧후 1: 4) -

첫째 **내면적 열매** + 둘째 **외면적 열매**

종합하여 바람직한 인성의 요소를 내면적 성품의 요소 14가지와 외면적 행동의 요소 14가지, 도합 28가지로 정리하면 다음과 같다(일부는 중복).

첫째, 내면적 성품(14가지)

① 사랑의 마음(love)　　② 희락의 마음(joy)

③ 화평의 마음(peace)　　④ 오래 참음(patience)

⑤ 자비의 마음(kindness)　　⑥ 양선의 마음(goodness)

⑦ 충성심(faithfulness)　　⑧ 온유한 마음(gentleness)

⑨ 진실성(truthfulness)　　⑩ 겸손(modesty)

⑪ 절제력(self-control)　　⑫ 수양(修養, self-discipline)

⑬ 용기(courage)　　⑭ 강한 의지력(strong volition, will)

둘째, 외면적 열매: 바른 행동으로 나타나는 외면적 행동(14가지)

① 경청(hearing, shema)　　② 예의바름(courtesy)

③ 정직한 생활(honesty)　　④ 완전(혹은 정직, integrity)

⑤ 청결한 생활(clean and neat life style)

⑥ 근면 정신(hard work)   ⑦ 질서 의식(keep order)
⑧ 남을 돕는 생활(helping neighbor)
⑨ 인내의 생활(patience)   ⑩ 친절한 행동(kindness)
⑪ 침착성 유지(even-temperedness)
⑫ 내핍 생활(thrifty life)
⑬ 책임감(a sense of responsibility)
⑭ 깔끔한 언행(clean speech)

여기에서 한국어로 번역할 때 혼동되는 단어가 있다. 정직(honesty)과 완전(혹은 정직, integrity)이다. 둘 다 한국어로는 '정직'이다. 그 차이는 무엇인가? 정직(honesty)은 사실 그대로를 말하고 남을 속이지 않는 것을 말한다. 그러나 완전(혹은 정직, integrity)은 선과 악을 구별하여 옳은 것은 옳고, 그른 것은 그르다고 말할 수 있는 정직을 말한다. 예를 들면, 청렴결백한 삶을 말한다. 미국에서는 honesty도 중요한 가치로 여기지만 integrity(a man of integrity, 고결한 사람)를 더 귀한 가치로 여긴다. 미국의 빌 클린턴 대통령이 성희롱 문제로 곤욕을 치를 때 민주당에서는 도덕성을 회복하기 위해 코네티컷 주의 민주당 상원의원 리버만(Joseph Lieberman)을 고결한 사람(a man of integrity)으로 내세웠다. 그는 정통파 유대인이다.

인간은 누구나 부족한 점이 있게 마련이다. 그러므로 각 인성의 요소들을 하나씩 음미하면서 어느 것이 특별히 부족한지 그것을 찾아 보충하려고 노력한다면 훌륭한 인격자가 될 수 있다. 물론 각 인성의 요소를 생각하면서 자녀를 양육한다면 큰 도움이 될 것이다.

III. 바람직한 한국인의 문화적 인성의 요소
- 보편적 인성과 문화적 인성의 차이

한국은 이제 엄청난 인성교육의 문제에 봉착해 있다. 가장 큰 원인은 20세기 후반부터 한국의 자녀들이 너무나 무분별하게 서구화되었기 때문이다. 대부분 한국인 가정에서 부모들이 한국식 인성교육을 시키지 않는다. 학교에서도 마찬가지다.

따라서 한국인의 고유 예절을 잃어버리고 버릇이 없어진다. 왜 이렇게 되었는가? 그것은 서양의 교육이 한국에 소개되면서 서양식 교육만 시켰기 때문이다.

위에서 언급한 인성의 요소들이 서양 사람들에게만 있었는가? 아니다. 한국인에게도 선비사상이란 것이 있었다. 너무나 귀한 양반교육의 내용이다. 그 안에도 내면적 가치들과 외면적 행동 방법들이 있었다.*

옛날 한국인 선비들도 서양 사람들처럼 어떠한 환경에서도 경거망동(輕擧妄動)을 하지 않았다. 용기가 있었다. 오래 참았다. 겸손했다. 충성심이 대단했다. 거짓을 말하지 않았다. 이를 위해 목숨을 버린 사람들도 많았다. 그리고 겉으로 드러나는 예의범절이 뛰어났다. 그래

---

* 외면적 행동 방법들에 대해서는 제3권 제6부 '인성교육과 예절교육(동양과 유대인 인성교육의 내용과 형식)' 참조.

서 한국을 동방예의지국(東方禮義之國)이라 일컬었다.

그렇다면 현재 한국인의 인성교육은 무엇이 잘못되었는가? 그것은 인성교육에 2가지 주제, 즉 보편적 인성교육(Universal Character Development)과 문화적 인성교육(Cultural Character Development)이 있다는 사실을 몰랐기 때문이다.

보편적 인성은 모든 인류에게 보편적으로 적용되는 인간의 생명 존중이나 자연 보호 같은 가치들을 말한다. 그리고 문화적 인성은 넓게는 어느 특정한 종족이나 나라의 문화적 가치들을 말하고, 좁게는 어느 지방이나 종교가 갖고 있는 문화적 가치들을 말한다. 좁은 예를 들면, 동일한 한국인이라도 유교인이나 불교인 그리고 기독교인의 문화가 각각 다르고, 지방별로는 경상도 문화와 전라도 문화가 각각 다르다.

위에서 언급한 인성의 요소 28가지(내면적 성품의 요소: 14가지 + 외면적 행동의 요소 14가지)가 보편적 인성의 요소라면, 이 책 제2부에서 소개하는 '수직문화와 수평문화' 중 수직문화는 문화적 인성에 보편적 인성을 더한 내용이다.

왜냐하면 어느 민족이든지 그들의 수직문화 속에는 상대적이나마 두 가지 인성교육이 함께 포함되어 있기 때문이다. 즉 각 민족의 수직문화는 그 민족만의 독특한 문화적 가치들을 말하는데, 그 속에는 이미 대부분의 보편적 인성교육의 내용도 많이 포함되어 있다. 예를 들어 한국의 수직문화인 선비사상에도 보편적 인성교육의 내용이 포함되어 있다.

물론 각 민족의 전통과 종교에 따라 보편적 인성교육의 내용이 얼마나 구체적으로 잘 정리되어 있고, 그것을 잘 가르치느냐 하는 것은 민족마다 다를 수 있다. 이것은 보편적 인성교육의 내용에도 상대적으로 급수가 있다는 말이다. 이상적인 최상의 것을 최상으로 가르치는 민족이 있는가 하면, 그렇지 않은 민족도 있다는 것이다.

따라서 어느 민족이든지 이 책에 소개된 28가지 보편적 인성교육의 요소들을 읽고 부족한 점이 있다고 생각된다면, 더 나은 인성교육을 시키기 위해 자신들의 수직문화적 가치에다 그것을 보충하면 된다.

수직문화는 한 인간이 가져야 할 포괄적인 인성교육의 본질과 원리다. 인성교육의 우선순위로 본다면, 문화적 인성교육(수직문화)이 먼저이고, 그 다음 이상적인 보편적 인성교육의 내용 중 부족한 부분을 채우는 것이 될 것이다.

토털 인성교육의 2가지 요소

토털 인성 = 문화적 인성 + 보편적 인성

어느 민족이든지 그들의 수직문화 속에는
상대적이나마 2가지 인성이 함께 포함되어 있다.

한국인은 문화적인 면에서 서양인 기독교인을 만드는 데 필요한 인성교육을 시키는 것이 아니고, 한국인의 문화가 가미된 성경적 기독교인을 만드는 인성교육을 시켜야 한다.

예를 들면, 같은 인사를 해도 한국인은 고개를 숙여서 공손하게 "안녕하세요?"라고 말하며 인사하도록 교육을 하고, 미국인은 서서 손을 흔들며 "좋은 아침입니다(Good Morning)"라고 말하며 인사하도록 교

---

* 자세한 내용은 이 책 제4권 제7부 제3장 Ⅰ. 1. '먼저 한국인으로 키워라: 문화는 신앙을 담는 그릇이다' 참조.

육 한다. 이것은 다른 민족에게도 해당된다. 인성교육 중 문화적 측면에서 한국인은 한국인 기독교인을 만들어야 하고, 아프리카 케냐인은 케냐인 기독교인을 만들어야 하고, 미국인은 미국인 기독교인을 만들어야 한다.*

한국인 기독교인의 인성교육은 어떻게 시켜야 하는가? 이를 알기 위해서 동양의 인성교육을 받은 사람은 어떤 사람인가를 알아보자. 인성교육이 잘된 동양인이라면 삼강오륜(三綱五倫)을 잘 지키고, 4가지 덕목(四德)인 신언서판(身言書判)을 갖추어야 한다. 간단히 소개하면 다음과 같다.

첫째 덕목, 신(身)은 몸가짐, 즉 예(禮)를 말한다. 이를 '마음씨'라고도 한다.
둘째 덕목, 언(言)은 말을 통하여 믿음을 주는 신(信), 즉 신용을 쌓는 데 필요한 덕목이다. 이를 '말씨'라고도 한다.
셋째 덕목, 서(書)는 책을 많이 읽고 글을 쓸 줄 아는 지(智), 즉 '글씨'를 말한다. 여기에서 말하는 책은 수직문화에 속하는 고전을 말한다.
넷째 덕목, 판(判)은 선악을 옳게 구별하여 의로운 판단을 함으로 어진(仁) 사람이 될 수 있는 자질을 말한다. 이를 '마음씨'라고 한다.
동양의 인성 덕목도 성경과 비슷하나 다른 방법으로 표현했다. 앞으로 하나씩 자세히 살펴 나가자.**

** 자세한 내용은 이 책 제3권 제6부 제1장 III. '동양인 예절의 근거: 삼강오륜(三綱五倫)과 신언서판(身言書判)' 참조.

서론 57

미국에서 가장 돈 되는 말은 'I am sorry' 부자가 빈곤층보다 2배나 더 자주 사용

미국의 여론조사 전문기관인 조그비 인터내셔널이 최근 7590명을 온라인 인터뷰 방식으로 조사한 결과(오차범위 ±1.1%), 연봉이 10만 달러 이상인 고소득자가 연간 2만 5천 달러 이하의 소득을 올리는 빈곤층보다 2배 정도 '사과(I'm sorry)'의 말을 많이 하는 것으로 드러났다고 한다.

'자신이 잘못했다고 느꼈을 때 사과하느냐'는 질문에 연봉을 기준으로 10만 달러 이상인 가운데 92%가 '그렇다'고 답변한 반면 7만 5천~10만 달러 소득자는 89%, 5만~7만 5천 달러 소득자는 84%, 3만 5천~5만 달러 소득자는 72%, 2만 5천~3만 5천 달러 소득자는 76%, 2만5천 달러 이하 소득자는 52%만이 '그렇다'고 답변했다. 또 '자신이 잘못한 게 없다고 생각했을 때도 사과하느냐'는 질문에 대해 10만 달러 이상 소득자 가운데 22%가 '그렇다'고 답변한 반면, 2만 5천 달러 이하 소득자는 단지 13%만이 '그렇다'고 답변했다.

_중앙일보 미주판, 2007년 8월 29일

토막 상식

저자 주 이것은 무엇을 뜻하는가? 남을 배려하는 인성교육을 많이 받은 사람일수록 상류층일 가능성이 그만큼 높다는 것이다. 미국인은 자녀의 인성교육을 위해 어려서부터 습관적으로 다음 5가지 표현을 가르친다

미국인 부모가 자녀에게 가르치는
5가지 언어 예절

- Thank you. (조그만 일에도 상대방에게 '감사'를 표현한다.)
- Please. (조그만 일을 부탁할 때라도 이 단어를 정중하게 사용한다).
- Excuse me. (옷을 약간이라도 스쳤을 때, 혹은 잘못 알아들어 다시 듣고 싶을 때 이 말을 사용한다).
- I am sorry. (미안합니다).
- You're welcome. (천만에요).

IV. 인성교육을 시키는 방법

앞에서 내면적 인성의 요소와 외면적 인성의 요소를 정리했다. 그러나 여기에도 고민은 있다. 각 인성의 요소가 갖는 가치는 상대적이라는 것이다. 예를 들어, 인성의 요소 중 하나인 '인내력'이나 '예의바름'도 낮은 사람이 있고 높은 사람이 있다. 그렇다면 어떻게 자녀를 한 인간이 갖추어야 할 인성의 요소마다 최고급의 가치를 갖도록 양육할 수 있을까? 이것은 인성의 요소의 질(質)과 양(量)에 달려 있다. 이 문제의 해결 방법은 다음과 같다.

1. 인성의 요소를 반복적으로 교육시켜라(유대인의 예)

가장 현실적인 방법은 각 인성의 요소를 형성시키는 가치관 교육을, 부모가 자녀에게 반복적으로 교육하는 것이다. 여기에서도 유대인의 인성교육 노하우를 주목해야 한다.

유대인은 왜 인성의 각 요소가 중요한지 그 이유를 먼저 하나하나 설명해 준다. 그래야 행동이 바뀔 명분이 생긴다. 명분이 생기면 행동이 쉬워지고, 행동이 반복될 때 당연한 습관으로 자리 잡게 된다. 이렇게 될 때 자신이 행하는 행동에 자긍심이 높아져 내면적 자신감이 생긴다. 유대인이 다른 민족보다 자긍심이 높은 이유가 여기에 있다.

다시 말하면, 유대인 교육의 우수성은 인성의 각 요소마다 그 요소를 왜, 언제, 어디에서, 누가, 어떻게 교육시켜야 하는지 그 논리적 근거와 교육 방법이 준비되어 있다는 데 있다. 그 논리적 근거는 무엇인가? 그들이 믿는 성경의 율법(말씀)이다. 즉 성경의 율법(말씀) 교육으로 선악을 구별하는 가치관을 형성하게 하고, 그 가치관에 의해 인성의 각 요소들이 성숙해진다는 점이다. 그리고 이를 대를 이어 실천한다.

실례를 들어 보자. 여섯 살 된 아들(이름은 다윗)이 옆집을 지나다가 그 집의 장미를 꺾었다. 이때 유대인 아버지는 아들에게 어떻게 교육을 시킬까. 유대인은 주입식이 아니라 질문식으로 가르친다. 그리고 유대인 부모는 답을 빨리 주지 않는다. 답을 찾을 때까지 끊임없이 질문을 한다. 그래서 유대인은 세계에서 가장 말이 많은 민족이다. 세 사람이 모이면 5가지 의견이 나올 정도다. 다음은 유대인 아버지가 아들에게 인성교육을 시키는 구체적인 방법을 사례를 들어 설명한 것이다.

1. 아버지가 아들에게 묻는다.
"다윗아. 왜 장미를 꺾었니?"
아들은 장미가 예뻐서 집에 갖고 가고 싶어 꺾었다고 대답했다고 가정하자.

2. "그 장미는 누구의 소유이지?"

"네 것이냐, 아니면 옆집 주인의 것이냐?"
아들은 "옆집 주인의 것이요."라고 답한다.

3. "왜 남의 집 소유의 장미를 꺾으면 안 되는지 아니?"
"내 것이 아니니까요."
"왜 네 것이 아니면 꺾으면 안 되니?"

4. 아들이 머뭇거릴 때 유대인 아버지는 성경에서 그 근거를 찾는다.
"남의 장미를 꺾는 행위는 하나님이 주신 십계명 중 어느 계명을 어겼는지 아니?"
"제5계명 '도둑질 하지 말라' 지요." (십계명은 이미 아버지가 세 살 때부터 가르쳐 주었다)
"맞아, 그렇지."
성경은 그들의 절대적인 삶의 기준이다. 따라서 인성교육에 종교의 계율은 그들의 가치관을 정립하는데 필수 내용이다.

5. 이제 아버지는 아들에게 왜 제5계명을 어기면 죄인지를 묻고, 아들의 답을 들어본다. 답이 틀렸을 경우 그 이유를 설명해 준다. 왜 하나님이 유대인에게 율법을 주셨는가를 설명한다. 하나님이 유대인에게 율법을 주신 목적은 하나님이 창조하신 생명을 보호하기 위함이다. 즉 강자로부터 약자를 보호하기 위함이다. 율법이 없으면 힘 있는 강자가 약자를 해쳐 약자가 억울함을 당하고 마침내 멸종되기 쉽기 때문이다.

6. 그렇다면 아들은 엉뚱하게 또 이런 질문을 할 수 있다.
"왜 하나님은 남의 생명을 보호하시기를 원하시는가요?"
아버지는 이렇게 설명해 준다.
"그 이유는 하나님은 자신이 창조하신 모든 생명들을 너무나 사랑하시기 때문이지."
좀 어렵지만 아버지는 아들에게 율법의 정신은 하나님의 생명 사랑의 정신에서 나왔음을 설명해 준다. 그래서 하나님은 남의 생명을 살인하지 못하도록 제6계명 '살인하지 말라'를 주셨다고 설명한다.

7. 아들은 또 이렇게 질문한다. "왜 하나님은 인간을 사랑하시지요?"
아버지의 답변. "참 좋은 질문이구나. 하나님이 자신의 형상대로 창조하셨기 때문이야."
"마치 어머니가 자신이 낳은 자녀를 사랑하듯이 말이야."

8. 아버지는 아들에게 다시 원점으로 돌아가서 질문한다.
"아버지가 남의 생명을 해치면 안 되는 이유를 설명했는데, 남의 집 장미를 꺾으면 왜 안 되는지 설명해 볼래?"
곧이어 "남의 집 장미는 그 집 주인의 생명과 어떤 관계가 있을까?"
아버지는 아들의 답을 들은 후 다음의 내용을 설명해 준다.
"남의 집 장미는 그 집 주인의 재산에 속하지. 그 집 주인의 모든 재산은 그 집 주인의 생명에 속해 있기 때문에 그의 재산을 빼앗거나 해치는 것은 그의 생명을 간접적으로 해치는 것이야. 이것을 막기 위해 하나님은 '도둑질하지 말라'란 제5계명을 주셨지. 따라서 남의 집 장미를 꺾는 행위는 남의 재산을 해치는 것이고, 이것은 남의 생명을 해치는 것이야."

9. 그렇다면 어린 아들이 이런 질문을 할 수도 있다.
"왜 사람은 죄를 지으면 안 되나요? 조그만 죄는 지어도 괜찮지 않나요?"
이럴 때 아버지는 참 좋은 질문이라고 칭찬을 해 준다. 그리고 죄를 지으면 왜 안 되는지를 설명해 준다.
첫째, "네가 죄를 짓게 되면 하나님의 형상으로 지음 받은 누군가가 그만큼 손해를 보고 아픔을 당하겠지. 누군가 네 것을 훔쳐가서 너도 그런 피해를 받으면 좋겠니?" "피해를 당한 사람은 가만히 있겠니? 또 보복을 하려고 한다면 평화가 깨지겠지?"
둘째, "그래서 하나님은 사람이 사는 공동체의 평화와 번영을 위하여 지켜야 할 율법을 주셨단다. 그 율법을 안 지키는 자는 하나님이 벌하신단다. 너는 그런 벌을 받고 싶니 안 받고 싶니?"
셋째, "그리고 왜 조그만 죄도 지으면 안 되는지 아니?"
"죄는 큰 죄나 조그만 죄나 모두 하나님이 기억하신단다. 만약 음식에 조그만 독약이 있어도 사람이 그것을 먹으면 죽는 것처럼 하나님은 조그만 죄도 결코 용납하지 않으신단다."

10. 그리고 아버지는 아들에게 남의 생명과 재산을 해치는 것이 왜 그를 창조하신 창조주 하나님을 해치는 것인지를 설명해 준다.
"남의 생명과 재산을 해치는 것은 바로 하나님을 해치는 것이야. 왜 그런 줄 아니?"

아들이 반응할 기회를 준다. 그 다음 설명해 준다.

"하나님은 자신의 형상대로 지으신 인간을 누군가 해치면 바로 하나님을 해치는 것으로 간주하시지. 그래서 벌하시는 거야."

"반면에 가난하고 불쌍한 사람을 도와주면 하나님은 어떻게 하시겠니?" "하나님을 도와주시는 것으로 간주하시고 그 사람을 축복해 주신단다."

11. 마지막으로 묻는다.

"이제 너는 꺾은 장미를 어떻게 처리해야 되겠니?" (아들의 의견을 충분히 들은 다음 이렇게 얘기해 준다.)

"꺾은 장미를 들고 주인을 찾아가서 너의 잘못을 빌고, 그 장미를 주인에게 돌려주어라. 만약 주인이 그것을 받지 않을 때에는 주인이 요구하는 장미 값을 대신 계산해 주어라. 아버지가 그 돈을 줄게. 그리고 하나님에게 용서를 빌고 죄사함을 받아라."

12. 모든 것이 끝났을 때 아버지는 아들을 껴안고 이렇게 기도해 준다.

"하늘에 계신 하나님. 다윗이 무의식적으로 남의 집 꽃을 꺾었습니다. 이제 그 집 주인이 용서해 주신 것처럼, 하나님도 용서해 주신 줄 믿습니다. 이번 계기로 다윗이 더 정직하고 남을 배려하는 사랑스러운 아들로 성장할 것을 믿고 감사드립니다. 아멘."

이것은 하나의 예에 불과하다. 이런 교육을 받으면 자녀는 어떻게 변하겠는가?

첫째, 인성교육이 저절로 된다. 남을 배려하는 마음이 생긴다. 인간의 존엄성을 깨닫는다. 왜냐하면 모든 인간은 하나님의 형상대로 지음을 받았기 때문에 신분 고하를 막론하고, 잘생긴 사람이나 못생긴 사람이나 귀중한 존재임을 깨닫게 된다. 그리고 하나님이 창조하신 생명을 보호하기 위해 법을 주셨다는 사실을 깨닫고, 성경의 법뿐만 아니라 일반 사회공동체를 위한 법도 잘 지켜야 한다는 준법정신이 투철해진다. 이에 더하여 인간의 근원을 생각하는 철학적 사고가 싹트기 시작한다.

둘째, 유대인 부모가 자녀를 가르칠 때 사용하는 질문식 교육은 자녀의 IQ계발에 유익하다. 질문식 교육은 자녀들의 사고를 깊게 하고, 분석적인 사고와 창의력 및 통합력을 키워 준다. 그리고 선과 악을 분별하게 하고 그 토론의 내용을 기억하는 데도 도움을 준다. 유대인 아버지는 평상시에도 자녀들과 율법에 대해 이것보다 더 자세하게 토론하며 까다롭게 가르친다. 바로 유대인의 질문식 영재교육 방법이다.

이런 교육을 받은 자녀는 다음부터 이런 잘못을 반복하지 않을 것이다. 만약 이런 일이 다시 일어난다면 부모는 인내를 갖고 똑같이 반복하여 가르친다. 교육은 반복이다. 반복은 습관을 낳는다. 그리고 습관은 경건한 자손을 만든다.

> 망령되고 허탄한 신화를 버리고 오직 경건에 이르기를 연습하라. (딤전 4:7)

이런 교육은 어떤 인성의 요소에 영향을 주는가? 사랑, 진실성, 절제력, 수양(修養, self-discipline), 예의바름, 정직한 생활, 완전(혹은 정직, integrity), 질서 의식, 남을 돕는 생활, 친절한 행동, 책임감 등에 영향을 준다.

그런데 한국의 인성교육은 이런 논리적 근거가 너무나 빈약하다. 먼저 선악의 기준이 명확하지 않다. 선과 악을 구별해 주는 종교교육을 시키지 않기 때문이다. 무조건 "안 된다"는 말 한 마디로 밀어붙이기 일쑤다. 이런 방법은 설득력이 약하다.

그나마 한국인이 지켜왔던 도덕의 근거인 유교적 교훈도 더 이상 옛것이라고 하면서 가르치지 않는다. 그러니 어떤 방법으로 자녀들에게 인성교육을 시킬 것인가? 참으로 답답한 노릇이다.

**유대인 교육의 우수성은
인성의 각 요소마다 그 요소를 왜, 언제, 어디에서,
누가, 어떻게 교육시켜야 하는지
그 논리적 근거와 교육 방법이 준비되어 있다는 점이다.
그러나 한국인은 도덕의 근거인 유교적 교훈도
옛것이라고 하면서 가르치지 않는 데 문제가 있다.**

토막 상식

반복은 습관을 낳는다

우리나라 말에 습관(習慣)이란 단어가 있다. 이 단어를 한자풀이로 알아보면 더 이해가 잘 간다. 습관은 '익힐 습(習)' 과 '버릇 관(慣)' 의 합성어다. '習(습)' 은 '羽(깃 우)' 와 '白(흰 백)' 의 합성어다. '羽(깃 우)' 는 새의 날개를 뜻한다. '白' 은 百(백)에서 위의 '一(일)' 을 뺀 99라는 뜻을 갖고 있다.

이 말의 뜻은 어린 새가 두 날개를 99번 퍼덕이면서 연습을 해야 비로소 창공을 날 수 있다는 뜻이다. 즉 새는 날 때부터 창공을 나는 것이 아니다. 부단한 날갯짓을 반복적으로 연습해야 날 수 있다. 그 반복이 버릇(慣: 버릇 관)이 된 것이 습관이다. 자녀교육도 마찬가지다. 어려서부터 인간의 도리를 율례와 법도에 맞게 반복적으로 연습을 시켜 경건한 자손(말 2:15)으로 키워야 한다.

쉐마지도자클리닉에 참석했던 어느 목사가 유대인 랍비 애들러스테인 씨에게 이렇게 물었다.

"율법을 행하는 것이 너무 힘들지 않습니까?"

그는 이렇게 답변했다.

"자전거를 배울 때 처음에는 몇 번 넘어지지만, 반복해서 연습하다 보면 쉽게 달릴 수 있는 것처럼, 율법도 처음에는 거북스럽지만 어려서부터 계속 반복하여 가르치다 보면 자기도 모르게 습관이 되어 힘들지 않고 기쁨으로 행할 수 있습니다."

"교육은 반복이다."
  어린이의 인성교육도 이렇게 인성의 각 요소들을 반복적으로 연습하게 해야 버릇이 되어 길들여지고, 이것이 습관이 되어야 어른이 된 뒤에도 계속 인격자의 모습을 보여줄 수 있다.

옳은 교육의 논리를 반복해 가르치면 사상을 형성하고,
그 사상은 생각(성품)을 바꾼다.
생각이 바뀌면 행동이 바뀐다.
행동이 반복되면 습관이 된다.
옳은 습관은 경건한 자손을 만든다.

교육의 시작과 완성
— 경건한 자손을 만드는 방법 —

교육의 논리 ⇒ 반복 교육 ⇒ 사상 ⇒
생각(성품)을 바꾼다 ⇒ 옳은 행동 ⇒
행동을 반복 실천 ⇒ 습관 ⇒ **경건한 자손**

토론 자기 스스로 반복적으로 하는 행동이 무엇인지 적어 보시오.

2. 고품격 인성 = 깊은 생각 + 바른 행동

위와 같은 구체적인 교육도 중요하지만 선행돼야 할 것이 있다. 근본적인 인성교육은 깊이 생각하는 사람으로 키우는 것이다. 깊이 생각하는 사람은 뿌리가 깊은 나무와 같다. 외풍에 쓰러지지 않는다. 이것은 인성의 요소의 질(質)적인 문제다.

이런 인성을 가진 사람은 행동에서도 품격이 있고 어긋남이 없다. 분명한 사실은 '깊이 생각하는 사람'이 인성의 각 요소를 느끼고 실천하는 것과 '얕게 생각하는 사람'이 느끼고 행동하는 것은 다르다는 점이다.

성경에서 '예수 그리스도를 깊이 생각하라'(히 3:1)고 했다. 어떤 사람이 예수님을 깊이 생각할 수 있을까? 깊이 생각하게 하는 수직문화 교육을 받은 사람이다. 수평문화에 물들어 얕게 생각하는 사람은 예수님을 믿어도 얕게 생각할 수밖에 없다.

예를 들어보자. 인성의 요소 중 '희락'도 깊이 생각하는 사람과 얕게 생각하는 사람이 갖는 것이 각각 다르다. 깊이 생각하는 사람의 희락은 영혼의 더 깊은 곳에서 나올 뿐만 아니라 그 기쁨을 더 오래 간직한다. 그것을 표현할 때도 선이 굵고 연속성이 강하고 길다. 즉 희락과 절망의 굴곡이 심하지 않다.

반면, 얕게 생각하는 사람이 갖는 희락은 얕은 곳에서 나올 뿐만 아니라 오래 머물지 않는다. 그리고 그것을 표현할 때도 선이 가늘고 연속성이 짧다. 즉 희락과 절망의 굴곡이 심하다. 선이 굵은 모세나 바울과, 회개를 자주 하는 베드로의 차이다.

'예의바름'도 깊이 생각하는 사람이 행하는 것과 얕은 생각을 하는 사람이 행하는 것이 각각 다르다. 특히 오래 참음, 충성심, 겸손, 절제력, 수양(修養), 강한 의지력, 예의바름, 근면 정신, 침착성 유지, 깔끔한 언행 등은 깊이 생각하는 사람이 훨씬 더 수준 높게 잘 행할 수 있다.

> 의인의 마음은 대답할 말을 깊이 생각하여도 악인의 입은 악을 쏟느니라. (잠 15:28)

요약하면, 인성교육은 자녀들을 '깊이 생각하게 하고 이에 근거한 바른 행동을 하게 하는 교육'이다. 즉 내면적으로는 깊이 생각하고, 밖으로는 바른 행동을 하게 하는 것이다. 이런 기본적 틀(Structure 또

이상적인 인성교육의 2가지 요소

고품격 인성 = 깊은 생각 + 바른 행동
내면적 사고(열매)   외면적 행동(열매)

잘못된 인성 = 얕은 생각 + 제멋대로 행동

예) 선이 굵은 모세나 바울 vs. 회개를 자주 하는 베드로

인성교육에 실패하는 이유는 다음 2가지를 구체적으로 모르기 때문이다.

Q1. 어떻게 자녀들을 깊이 생각하게 하는 교육을 시킬 수 있는가?
Q2. 어떻게 자녀들을 바른 행동을 하게 할 수 있는가?

이 책은 이 2가지 질문에 교육학적, 철학적 및 문화인류학적으로 답변한다.

는 Infra)을 마련하면서 인성의 각 요소들을 하나씩 구체적으로 행하여 지킬 수 있도록 교육시켜야 한다.

따라서 위에서 정리한 이상적인 인성의 요소를 다음과 같이 구체적으로 표현할 수 있다.

"이상적인 인성의 요소는 인간의 내면적 열매로 나타난 깊이 생각하는 사람이 갖는 내면적 성품(14가지)을 말하며, 인간의 외면적 열매로 나타난 인성은 내면적 성품이 외면적으로 표현된 바른 행동(14가지)들을 말한다."

현대 교육을 받은 자녀들에게 나타나는 공통적인 문제가 '얕은 생각, 제멋대로 행동' 이다. 현대 교육이 다음 2가지를 어떻게 해야 하는지를 구체적으로 모르기 때문이다.

Q1. 어떻게 자녀들을 깊이 생각하게 하는 교육을 시킬 수 있는가?
Q2. 어떻게 자녀들을 바른 행동을 하게 할 수 있는가?

이 책은 이 2가지 질문에 교육학적, 철학적, 문화인류학적으로 답변하고자 한다(이 책 제2장 참조).

종말로 형제들아 무엇에든지 참되며 무엇에든지 경건하며 무엇에든지 옳으며 무엇에든지 정결하며 무엇에든지 사랑할 만하며 무엇에든지 칭찬할 만하며 무슨 덕이 있든지 무슨 기림이 있든지 이것들을 생각하라. (빌 4 : 8)

V. 이 책에서 다룰 인성교육에 관한 내용들

유대인은 4200년의 역사 속에서 어떻게 인성교육과 IQ교육 모두 성공했는가? 전 세계를 유랑하면서도 어떻게 인성교육의 본질을 세대차이 없이 자자손손 전수하는 데 성공했는가?

유대인이 세계 노벨상의 30%를 휩쓴 이면에는 IQ교육 이전에 그들만의 뿌리 깊은 인성교육의 노하우가 있었다. 그 노하우의 비밀은 무엇인가? 왜 그 비밀이 교육학적, 철학적 및 문화인류학적 가치가 있는가? 이 책에서 유대인들의 인성교육 노하우를 교육학적, 철학적 및 문화인류학적으로 분석하여 그들의 교육이 성공한 원인을 학문적으로 증명하고 인성교육의 원리를 소개하고자 한다.

그 후편으로 유대인의 인성교육과 IQ교육의 노하우를 구체적으로 정리할 것이다. 이 연구를 시도하기 위해서 그동안 발간한 유대인의 자녀교육서 《IQ는 아버지 EQ는 어머니 몫이다》(조선일보사, 1999년, 전 3권) 및 《부모여 자녀를 제자 삼아라》(아름다운세상, 2002; 쉐마, 2005)의 내용을 수정 증보하고 재편집하여 전인교육 총서로 발간하고자 한다.

이 책은 총서의 제1~4권에 해당하는 《현용수의 인성교육 노하우》다. 이 책의 내용은 다음의 질문에 답하고 있다.

- 인성·인성교육이란 무엇인가? 인성교육의 요소는 무엇인가?
- 어떻게 깊은 생각을 하고 바른 행동을 하는 인간으로 양육할 수 있을까?
- 현대 교육의 문제점은 무엇인가? 왜 이런 문제점이 생기는가?
- 왜 인성교육에 세대차이가 나는가?
- 왜 부모와 자녀 사이에 코드가 맞지 않는가? 어떻게 맞출 수 있는가?
- 인성교육의 본질과 원리는 무엇인가? 수직문화와 수평문화는 무엇인가?
- 인성교육의 내용은 무엇인가? 왜 현대 교육은 인성을 해치는가?
- 한국인과 유대인의 인성교육의 내용은 무엇이 같고 무엇이 다른가?
- 무너진 한국 공교육의 대안은 무엇인가? - 인성교육 측면
- 현대 교육과 유대인 교육의 차이점은 무엇인가?
- 인성교육과 EQ의 상관관계는 어떠한가?
- 전인교육의 영역에서 인성교육의 위치는 어디에 있는가?
- 왜 교육의 내용에는 교육의 형식(예절교육)이 따라야 하는가?
- 한국인의 세계화 원리와 다문화 속에서 동화의 원리는 무엇인가? 등이다.
- 대한민국 국민의 올바른 국가관과 세계관은 무엇인가?

총서의 제5권은 저자의 박사학위 논문을 교과서 형식으로 편집한 《문화와 종교교육》이다. 《현용수의 인성교육 노하우》 4권이 나오게 된 학문적 뿌리가 바로 이 실험 연구다. 제6권부터는 구체적으로 성

경적 유대인 자녀교육인 쉐마를 예로 들면서 그들은 인성교육의 어떤 내용을, 누가, 어디에서, 언제, 어떻게 가르치나를 다음의 제목으로 정리하고자 한다.

- 왜 가정은 성전인가?
- 성경적인 자녀의 개념은 무엇인가?
- 교육의 내용은 무엇인가?
- 쉐마란 무엇인가? 하나님은 왜 여호와의 토라(율법, 말씀)를 그토록 강조하시는가?
- 왜 아버지는 가정의 제사장인가? 가정의 제사장으로서 아버지의 의무는 무엇인가?
- 왜 어머니는 남편을 돕는 배필인가? 무엇을 도와야 하는가?
- 왜 자녀를 말씀의 제자로 삼는 데 효도교육이 중요한가?
- 왜 인성교육에 고난의 역사 교육이 중요한가? 왜 하나님은 그토록 사랑하시는 이스라엘 백성에게 고난의 광야 길을 걷게 하셨는가?

위의 주제들은 모두 원론적으로 신구약 성경에 근거한다. 특히 구약 성경에 많이 근거한다. 그리고 그 인성교육의 모형은 오늘날에도 남아 있는데, 이를 정통파 유대인에게서 찾을 수 있다. 즉, 그들의 교육 현장이 바로 성경적 인성교육의 현장이다.

따라서 이 책에서는 유대인의 사례를 많이 들었다. 이 책이 인성교육이란 주제 아래 새롭게 시도하는 학문이니만큼 여러 학계의 관심과 격려와 토론이 필요하다. 바른 교육을 세우는 일에 다 함께 연구하는 자세로 동참해 주기를 기대한다.

제2장
한국 자녀교육의 문제점과 유대인식 자녀교육의 필요성

I. 왜 한국은 국제화하기 힘든가 – 전인교육 측면
II. 현대 교육의 발전에도 불구하고 왜 인간은 더 타락하고 있는가
　　– 도덕과 윤리적 측면
III. 왜 교회의 성장이 둔화되는가 – 신앙적 측면
IV. 자녀는 제1순위 선교지이다 – 선교학적 측면
V. 한국의 전통문화는 종교성에 어떠한 영향을 주는가
VI. 역사 속에서 살아남은 민족의 특성
VII. 유대인 자녀교육을 연구하게 된 배경

I. 왜 한국은 국제화하기 힘든가
   －전인교육 측면

　　　　　　한국 언론사의 미주판 신문 기사에 따르면 재미 교포 1.5세와 2세들 중 70% 이상이 미국 주류사회 진출에 어려움을 겪고 있다는 조사 결과가 나왔다. 재미동포 대학생들의 취업률은 미국 학생들의 절반 수준이다(한국일보 미주판, 교포 대학생 취업률 미국 대학생의 절반 수준, 1996년 6월 17일).

　사실 우리 주변에는 미국의 명문대 하버드, 예일, 스탠포드, MIT 등을 졸업한 재미 동포 1.5세나 2세들이 꽤 있다. 그러나 그들은 그들의 부모나 미주 한인 사회의 기대만큼 미국 주류 사회에 진출하여 두각을 나타내지 못하고 있는 실정이다. 설사 진출에 성공했다 해도 몇 년을 못 넘기고 실업자가 되거나 자신의 전공을 계속 살리지 못하고 소규모 자영업을 하는 부모를 돕는 신세가 되고 만다. 얼마나 딱한 일인가.

　반면 유대인들은 어떠한가. 다수의 유대인들이 미국의 핵심 분야에 진출해 영향력을 행사하고 있다. 유대인은 서양인과 비슷하기 때문에 동양인인 한국인보다 미국 사회에서 차별 대우를 덜 받기 때문이라고 말하는 이들도 있다. 그렇지 않다. 한때 아시아계보다 유대계에 대한 백인의 인종차별이 더 심했다.

1960년 이전에는 미국에 만연한 반유대주의 때문에 미국 대부분 명문대학들이 아무리 우수해도 유대인을 교수로 채용하기를 꺼렸다. 또 유대인들은 의과대학에 입학하기가 힘들었던 때도 있었다. 그래서 그들이 의대를 따로 만들었다. 그 학교가 뉴욕의 명문 '아인슈타인 메디컬 스쿨'이다.

그러한 차별은 근대까지도 이어졌다. 뉴욕의 한 증언자는 이렇게 말했다.

"1942년 뉴햄프셔에 있는 해군에서 근무하는 아들을 찾아간 유대인 어머니가 호텔에 들어가려고 했는데 호텔 앞에 'No Jews, or dogs allowed'라는 간판이 있었습니다."

그렇다면 한국인과 유대인의 교육에서 근본적인 차이는 무엇인가? 오늘날 한국의 교육은 명문대학 진학을 위해 존재하는 것처럼 보인다. 다양한 과외 활동과 종교 생활까지 희생시키면서 아이들은 학교, 학원, 집을 오가며 오로지 공부 잘하는 우등생으로 키워진다.

그러나 이렇게 만들어진 우등생은 남과 잘 어울리지 못하는 편협한 성격이 될 가능성이 높다. 그러니 국제무대에서 타민족과의 관계나 자기와 생각이 다른 상대와의 관계를 원만히 이끌어내는 데 어려움을 겪는다.

미국의 주류사회는 능력 더하기 알파(@)가 있는 전인적인 인간을 요구한다. 알파란 인간관계를 위한 훌륭한 인격과 성품이다. 이것은 태아기부터 조직적이고도 반복적인 인성교육을 통해 이루어진다. 전인교육은 리더십을 키우는 데에도 필수적이다.

그렇다면 전인교육은 어떻게 가능한가? 한 인간에게 전인교육을 시키기 위해서는 교육의 3가지 영역-가정, 학교, 사회-이 모두가 역할

분담을 해야 한다(Towns, 1984).

첫째, 가정에서는 도덕과 윤리의 가치관을 교육시킨다. 이것은 자녀를 인간다운 인간으로 키우기 위한 '도덕 발달 교육(Moral development education)'이다. 이는 인간의 감성지수(EQ) 발달 교육의 영역에 속한다. 그러면 도덕과 윤리교육의 내용과 기준은 무엇인가?

이는 부모가 자녀에게 하는 종교교육이 담당해야 한다. 왜냐하면 한 인간의 도덕적 가치관은 부모의 종교에서 연유하기 때문이다. 인간의 EQ교육은 각 가정의 종교교육 몫으로 보아야 한다.

예를 들어 보자. 인도인들의 종교는 힌두교이다. 그들은 소를 우상화하기 때문에 쇠고기를 먹으면 중벌을 받는다. 그들과 기독교인의 도덕적, 윤리적 가치관은 공통점도 있지만 서로 다른 면이 많다. 그렇기 때문에 미국처럼 다인종이 모여 사는 나라에서는 학교에서 획일적인 도덕과 윤리의 가치관 교육을 시키지 않는다.

가령 학교에서 어느 학생이 도덕에 관한 질문을 할 경우 교사는 학생에게 "집에 가서 어머니에게 물어 보라."고 권한다. 옳고 그르다는 답을 함으로써 자칫 당할 수도 있는 법적 책임을 지고 싶지 않기 때문이다.

종교가 인간의 도덕성에 미치는 영향을 분석한 학자들도 무신론자들의 주장에 오류가 있음을 밝혀냈다. 가령 2007년 〈심리과학(Psychological Science)〉 9월호에 실린 연구논문에서 심리학자인 캐나다 브리티시컬럼비아 대학의 아짐 샤리프 교수는, 종교적인 개념이 종교를 믿지 않는 사람들에게도 도덕적으로 행동하게끔 영향을 미치는 것으로 확인되었다고 발표했다. 영국 주간지 〈뉴 사이언티스트〉 9월 1일자 커버 스토리도 종교와 도덕성의 관계를 매우 중요하게 다루었다. 뉴욕 주립대학의 진화생물학자인 데이비드 슬론 윌슨 교수는 집단의 응

집력을 높이기 위해 종교와 도덕성이 함께 진화했다고 말한다. 버지니아 대학의 심리학자인 조나단 하이트 교수도 인류가 도덕적 본성을 진화시키는 데 있어 종교가 중요한 역할을 했음을 인정한다. 요컨대 이들은 종교를 도덕적 행위의 유일한 근원으로 보지 않고, 종교와 도덕 둘 다 인간의 뿌리 깊은 본성이라고 믿고 있는 것이다. 따라서 인간은 도덕적인 삶을 살기 위해 반드시 종교가 필요한 것은 아니지만, 종교가 없이는 도덕성이 결코 진화할 수 없었다는 결론에 도달하게 된다고 보았다(조선일보, 이인식의 '멋진 과학', 종교는 왜 존재하는가, 2007년 10월 5일).

둘째, 학교에서는 자녀에게 세상을 살아 나가는 데 필요한 '지식 발달 교육(Cognitive development education)'을 시킨다.

우리가 흔히 말하는 IQ 위주의 영재교육이다. 개인이 갖고 있는 재능을 극대화시켜 능력 있는 사람으로 발전시킨다. 이는 학교 등 전문기관에서 가르친다.

셋째, 사회는 자녀가 원만한 인간 관계의 방법을 배우는 학습의 장(Human relationship or Leadership training)을 만들어 준다.

한 인간은 여러 사람과 접촉하면서 자신의 부족함을 깨닫고 자신의 약점을 보완한다. 그리고 상대방과 마찰을 피해 가는 지혜도 터득한다. 포용력도 넓어진다. 남에게 존경받을 수 있는 능력은 자신이 속한 사회에서 지도자가 되기 위한 무형의 자산이다.

물론 여기에서 말하는 사회는 두 사람 이상의 집단이기 때문에 가족끼리의 인간관계, 학교에서의 스포츠 및 클럽 활동, 교회 그리고 일반 사회 등 모든 인간관계의 범위를 뜻한다. 인간관계에 대한 훈련은 어려서부터 시켜야 효과적이다. 더 넓은 세계관을 가지려면 풍부한 인간관계와 이중문화의 경험, 즉 타 인종과 껴안아 보기도 해야 가능하다.

한국인 수재가 왜 미국 주류사회 진출에 성공하지 못하고 국제화에도 뒤지고 있는가? 인간관계의 성숙도가 낮기 때문이다. 이는 대부분의 한국인이 위에서 언급한 3가지 교육 중 두 번째에 속하는 학교교육 위주의 영재교육에만 치중하는 우를 범하고 있기 때문이다. 위에 언급한 가정에서의 종교교육과 사회에서의 인간관계 교육을 소홀히 한 결과이다.

가정에서 가치관 교육을 제대로 받지 못하면 타인과의 원만한 인간관계도 기대하기 힘들다. 이는 사법고시나 행정고시로 되는 것이 아니다. 도덕적 가치관 교육이 결핍되어 있고 인간관계가 서툴다면 자녀가 학교에서 아무리 전부 A학점을 받고 일류 대학을 졸업했더라도 미국 주류사회나 국제사회에서는 열등생이 될 수밖에 없다.

우리의 귀한 자녀들이 어렵게 받은 대학 졸업장이 미국 주류사회에서 더 이상 쓸모없게 되지 않게 하려면 먼저 전인교육에 투자해야 한다. 대학을 졸업한 이후에는 이미 늦는다.

한국도 인재 양성의 패턴이 변하지 않으면 불원간 더 큰 혼란이 일어날 것이다. 머리 좋은 사람들은 많은데 도덕적 윤리적 가치관이 상실된 사회, 목적(purpose)을 위해서라면 과정(process)의 성실성과 진실성을 외면하는 사회, 자기밖에 모르는 이기주의의 사회가 될 것이다. 인간은 심은 대로 거둔다. 교육의 후유증은 당장 나타나는 것이 아니다. 20년, 30년 후에 나타나기 때문에 더 위험하다. 또한 한국의 국제화를 위해서도 교육의 패턴이 바뀌어야 한다.

유대인은 위의 3가지 교육을 골고루 시키되 그 중에서도 특히 가정의 종교교육이 중심을 이룬다. 그들이 사용하는 가정교육의 교과서는 무엇인가? 토라(모세오경)를 중심으로 한 탈무드이다. 이것이 유대인 영재교육의 비결이다. 기독교인이라면 마땅히 신구약 성경이 가정교육의 교과서가 되어야 한다. 그리고 자녀의 교사는 교회 목사나 학교 교사이기 이전에 마땅히 부모가 되어야 한다.

한국인에게는 약점만 있는가? 물론 아니다. 다른 민족보다 뛰어난 장점도 많다. 가산을 정리해서라도 자녀를 교육시키겠다는 높은 교육열, 목표를 향한 강한 투지, 다양한 재주, 이는 우리 민족이 갖고 있는 무형의 값비싼 자산이다. 이 자산이 어떻게 국제무대에서 유대인들처럼 빛을 볼 수 있을까?

이를 위해서 먼저 성경적 가치관이 정립된 인간교육을 해야 한다. 이는 오직 가정의 종교교육으로만 가능하다. 그리고 인간관계가 원만한 인재 양성에 힘써야 한다. 이를 위해서는 그에 상응하는 교육 프로그램을 개발해야 한다. 이러한 인간교육의 바탕 위에 한국인의 교육적 장점을 개발해야 한다. 이렇게 될 때에 머지않아 세계에 우뚝 선 자랑스런 민족이 되지 않겠는가?

**왜 대다수 한국인 수재가 미국 주류사회 진출에
성공하지 못하고 국제화에도 뒤지고 있는가?
빈약한 인성교육, 즉 인간관계의 성숙도가 낮기 때문이다.**

II. 현대 교육의 발전에도 불구하고 왜 인간은 더 타락하고 있는가 – 도덕과 윤리적 측면

> 자녀들의 마음이 왜 타락하고 있는가?
> 오늘날 자녀교육에는 무슨 문제가 있으며, 왜 유대인식 자녀교육이 필요한가?
> 2가지 이유를 살펴보자.

1. 현대 교육은 점점 더 발전하는데 인간은 왜 점점 더 타락하고 있는가

A. 수평문화가 과거 4천 년간 변한 것보다 1980년 이후 30년간 변한 것이 훨씬 많다

인류는 달을 정복했으나 사람의 마음을 정복하는 데는 실패했다. 오히려 청소년들은 점점 더 거칠어지고 있다. 현대 교육의 한계가 아닐 수 없다. 어떤 사람들은 이를 대수롭지 않게 여긴다. 어느 세대나 자녀들을 버릇없는 세대로 간주했다며 흔히 이런 예를 든다.

이집트에서 출토된 3천 년 전 고대 비문에도 "요즘 아이들은 버릇이 없다."고 적혀 있었다는 것이다(이진, 중앙일보, 2004년 12월 18일).

2천 년 전 철학자 소크라테스가 한 얘기도 자주 예로 든다. "요즘 아이들은 사치를 좋아한다. 버릇이 나쁘고 권위를 경멸한다. 윗세대를 무시하며 훈련 대신 잡담을 즐긴다. 요즘 아이들은 폭군이다."(박수현, 중앙일보, 2006년 6월 3일).

이런 모습은 시대를 불문하고 청소년기의 보편적인 특성이라고 봐야 한다.

그러나 현대는 다르다. 우려되는 것은 1960년대 이전까지와 그 이후 세대가 확연히 다르다는 것을 보여주는 지표들이다. 전 미국 교육부 장관인 윌리엄 베넷이 발표한 '문화 측정 지수'에서, 교사가 지적한 학생들의 문제점은 1960년대와 1990년대에 각각 다음과 같았다.

1960년대
- 자기 차례가 아닌데 나서서 말하기
- 껌 씹기
- 떠들기
- 복도에서 뛰어다니기
- 차례 안 지키기
- 규칙에 어긋나는 복장, 쓰레기를 아무 데나 버리기

1990년대
- 마약
- 술
- 임신
- 자살
- 강간
- 도둑질
- 총기 상해(크리스천 투데이, 1998년 2월 20일)

1960년대와 1999년도 자녀 품행 대조표

구분	1960년대	1990년대
내용의 차이	- 자기 차례가 아닌데 나서서 말하기 - 껌 씹기 - 떠들기 - 복도에서 뛰어다니기 - 차례 안 지키기 - 규칙에 어긋나는 복장, 쓰레기를 아무 데나 버리기	- 마약 - 술 - 임신 - 자살 - 강간 - 도둑질 - 총기 상해

출처_ 윌리엄 베넷 전 미국 교육부 장관이 발표한 '문화 측정 지수'.

이것은 무엇을 보여 주는가? 지난 20~30년 동안 변한 것이 3천~5천 년 동안 변한 것보다 더 많다는 얘기다. 그 이유는 무엇인가? 1960년대 TV의 등장, 1980년대 컴퓨터의 발명으로 육(肉)을 자극하는 영상문화가 극도로 발달하면서 상대적으로 정신문화가 급격하게 무너졌기 때문이다.

수평문화의 발전 추이도

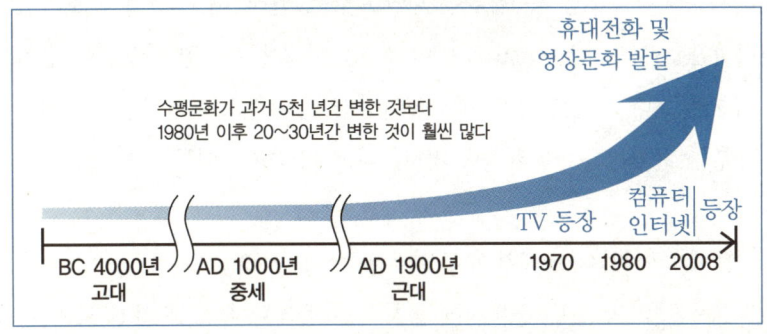

출처_ 수평문화에 대한 자세한 내용은 이 책 제2부 참조.

B. 세계를 경악케 한 수재 챈의 살인사건

1993년 1월, 한인 사회는 물론 전 미국을 경악하게 한 고등학생의 살인사건이 벌어졌다. 중국계 챈(17세)이 태이(17세)를 죽인 사건이었다(한국일보 미주판, 1993년 1월 7일; Los Angeles Times, January 6, 1993).

이 사건에는 한국인 학생 3명이 연루되어 한인들을 더욱 놀라게 했다. 그들은 모두 남가주 오렌지 카운티의 부유한 동네에 위치한 서니힐 고등학교에 재학 중인 학생들이었다. 미국의 빈민 지역에서는 살인사건이 자주 일어나도 대부분의 뉴스 매체들은 관심을 갖지 않는다. 그런데 왜 이 사건은 모든 매체들이 거의 2년에 걸쳐 집중적으로 보도했는가? 대략 3가지 이유가 있다.

첫째, 가해자나 피해자 학생 대부분 학교에서 우등생들이었다. 학교 평균 성적이 4.0(90점 이상)이며, SAT(대학 입학을 위한 수능 시험) 점수가 약 1400점 이상이었다(당시 UCLA에 입학할 수 있는 SAT 평균 점수는 1200점이었으며, 하버드대에 입학할 수 있는 평균 점수는 1375점이었다). 가해자 챈은 졸업생 중 최우수 학생으로 졸업식 대표 연설 후보자였다.(Los Angeles Times, April 8, 1994, A3) 이렇게 우수한 학생들이 범죄에 가담했다는 것은 믿기 힘든 일이었다. 통상적으로 범죄는 학교에서 공부하기 싫어하는 학생들이 저지른다고 생각하기 때문이다.

둘째, 가해자나 피해자 모두 부유층 학생들이었다. 그들은 거의 모두 전문직에 종사하는 엘리트 부모를 가진 모범 가

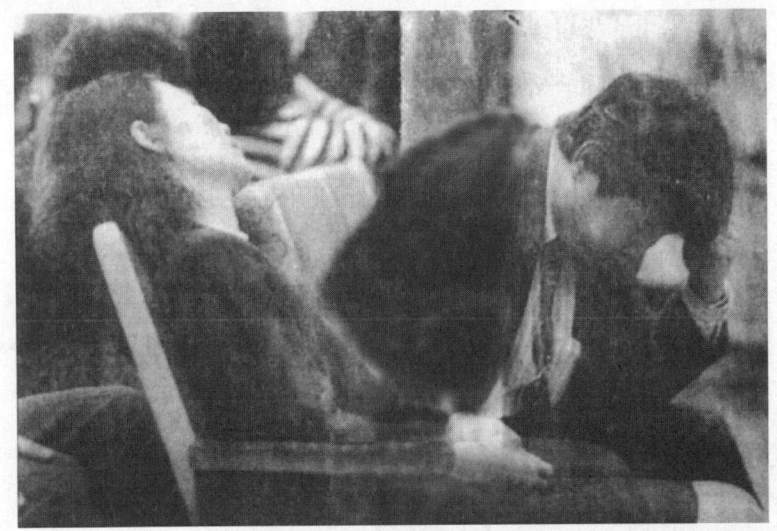

중국계 미국인 고등학생 챈 군은 부모가 의사인 유복한 가정에서 태어나 학교에서 1등을 하는 우등생이었다. 하지만 학교 친구를 유인하여 살해하는 끔찍한 일을 저질렀다. 1993년 미국에서 벌어진 이 사건은 현대 교육의 허점을 노출한 대표적인 예다.
사진은 재판을 기다리다 실신한 챈 군의 어머니와 아내의 손을 잡은 아버지의 모습(L.A.Times, 1994년 4월 8일).

정 출신들이었다. 가해 학생의 아버지는 중국계 의사였다. 피해 학생의 아버지는 엔지니어 출신 중국계 거부였다. 아들이 실종되자 경찰의 미진한 수사에 불만을 품고 거액을 들여 사설 탐정을 고용하여 사건의 실마리를 풀었을 정도였다. 이 사실은 통상적으로 대부분의 범죄는 가난하고 제대로 배우지 못한 결손 가정에서 자란 아이들이 저지른다는 통념을 깨는 데 충분했다.

셋째, 나이 어린 고등학생의 살인 방법이 갱단의 살인 전문가들보다 더 잔인했다.

이를 설명하기 위해 살인 현장을 잠깐 살펴보자. 살인 음모는 치밀하게 계획되었다. 가해자인 챈은 사전에 200달러(한화 16만원)를 주고 멕시코계 학생 한 명을 포섭했다. 태이를 죽이고 땅에 묻는 데 드는 수고비였다. 먼저 멕시코계 학생이 살고 있는 집의 넓고 음산한 뒷마당을 파게 했다. 옆집 사람이 무슨 일로 겨울에 땅을 파느냐고 물었다. 그는 개가 죽어서 땅에다 묻는다고 속였다.

그 뒤 주범인 챈은 태이를 멕시코계 학생 집으로 불렀다. 컴퓨터 상점을 터는 일을 모의하자고 속인 것이다. 그들은 전부터 장난삼아 컴퓨터 상점을 털고 컴퓨터를 조작한 적이 있었다. 그들은 그 방면에 일종의 '전과자'였던 것이다.

이제 멕시코계 학생의 집 차고에는 챈과 태이, 멕시코계 학생 이렇게 3명이 있었다. 그리고 한국계 학생 3명에게 집 안과 밖에서 망을 보게 했다. 챈은 태이에게 강도 계획에 필요한 장비를 점검하게 했다. 그리고는 멕시코계 학생에게 눈짓을 보냈다. 곧바로 멕시코계 학생은 뒤에서 태이의 머리를 야구 방망이로 힘껏 내리쳤다. 야구 방망이가 부러졌다.

순간 위기를 느낀 태이가 쓰러지면서 챈에게 살려 달라고 빌었다. 그러나 챈은 옆에 미리 준비해 둔 망치로 사정없이 내리쳤다. 차고는 온통 피투성이로 변했다. 그러나 20분 동안 망치로 때려도 죽지 않았다. 챈은 준비해 온 공업용 알코올을 입과 코에 부었다. 태이가 알코올을 토하자 알코올을 다시 먹이고 준비해 온 테이프로 입을 봉했다. 태이의 사체를 부검한 결과 흉기로 맞아서가 아니라 알코올이 호흡기를 막아 호흡장애로 죽었다고 나왔다(Los Angeles Times, April 8, 1994, A3).

얼마나 잔인한 살인인가? 성인들로 구성된 전문 갱들보다도 더 잔

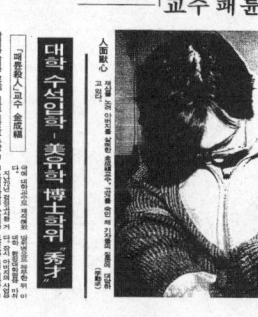

왜 많이 배운 사람들의 범죄가 점점 더 증가하고 있는가? 사진은 대학 교수가 아버지를 살해한 사건에 대한 신문 보도 내용(동아일보, 1995년 3월 21일).

인했다. 〈로스앤젤레스 타임스〉 사건 담당 기자 린 린치(Rene Lynch)는 "이 재판이 특별한 이유는 유복한 가정에서 사랑을 받고 자란 청소년 문제들의 모델 케이스이기 때문이다."(Los Angeles Times, April 8, 1994, A3)라고 지적했다.

특히 주목할 점은 이 사건에 연루된 중국계 및 한국인 가정들 모두가 천주교 및 기독교 가정들이었다는 점이다.

한국에도 비슷한 사건이 벌이지고 있다. 아버지를 살해하고 불을 지른(1994년 5월 19일) 박한상의 아버지도 모 교회의 피택 장로였다. 또 아버지인 금룡학원 이사장 김형진 씨를 살해(1995년 3월 14일)한 모 대학 교수 김성복도 기독교인이었다.

미국의 호화 주택지 베벌리 힐스에서 거액의 재산 상속을 노리고 부모를 등 뒤에서 총으로 쏴 숨지게 한 메넨데스 형제가 있다(중앙일보 미주판, 메넨데스 형제 유죄 판결, 1996년 3월 21일). 현대 교육은 물론 기독교교육에 문제가 있다고 볼 수 있다.

그렇다면 유대인들은 어떠한가? 그들은 전 세계에서 어느 민족보다도 가장 범죄율이 낮은 민족이다(Brown, 1994, p. 106). 그들은 어떻게 인간의 육(肉)을 잘 다스릴 수 있는 교육을 시킬까?

**왜 현대 교육을 많이 받은 사람들 속에서 패륜아가 나오는가?
유대인은 어떻게 수천 년간 성결교육을 시키는 데 성공했는가?**

2. 부모가 어떻게 자녀에게 존경받을 수 있나

요즘 부모들은 어떻게 하면 자녀를 대학에 보낸 후에도 계속 부모와 자녀 사이에 전통적인 아름다운 관계를 유지할 수 있을까 고민한다. 귀엽게 키운 자녀들이 장성한 뒤 아예 부모를 못 본 체하는 경우가 많기 때문이다.

이런 일도 있다. 어느 이민 가정에 미국 동부로 공부하러 간 딸이 있었다. 어머니는 딸이 보고 싶었다. 그래서 딸이 방학 때 서부에 있는 집으로 돌아오기를 손꼽아 기다렸다. 딸이 오면 음식도 사 주고 옷도 사 주고 싶었다.

그러나 막상 집에 돌아온 딸은 "엄마는 돈만 주면 되고, 쇼핑은 친구와 가겠다."고 잘라 말했다. 부모와 함께 있기를 원치 않았기 때문이었다. 이 말을 들은 어머니는 딸에게 배신당한 기분이어서 밤새 울었다고 털어 놓았다.

정도의 차이는 있을지언정 한국 사회도 마찬가지다. 왜냐하면 요즘 첨단 과학의 발전으로 지구촌이 하나가 되었기 때문이다. 미국 및 서구의 육을 자극하는 세속문화가 인공위성을 통해 실시간으로 들어온다.

우리 자녀들은 겉은 한국 사람인데 한국의 민요보다 서양 가수의 유행가에 더 익숙하다. 충효사상이나 남을 돕는 공동체 의식보다는 개인주의에 물들어 있다. 부모의 말은 옛날 얘기라고 잘 듣지 않으려고 한다.

그러면 어떻게 우리 자녀가 성장한 후에도 부모를 존경하며 계속 한국의 전통적인 효 사상을 유지하도록 교육시킬 수 있을까? 유대인의 경우는 어떠한가? 그들은 시대를 초월하여 그들의 생활에 충실하고 가정적이며 부모와 어른들에게 순종할 줄을 안다. 그들의 교육은 타민족의 것과 무엇이 다른가?

**왜 현대 교육을 많이 받은 사람들은 부모와 함께 있기를 싫어하는가?
유대인은 어떻게 수천 년간 효도교육을 시키는 데 성공했는가?**

III. 왜 교회의 성장이 둔화되는가 – 신앙적 측면

1. 왜 지난 2천 년 동안 기독교를 믿는 어느 민족도 자녀에게 복음을 전수하는 데 성공하지 못했나

신약 시대 2천 년의 역사가 지났다. 지난 역사를 되돌아보면, 신약교회의 태동은 예루살렘의 오순절 다락방 성령강림에서 시작되었다(행 2장). 그 후 기독교 2천 년 동안 신약교회의 복음 전파의 역사는 예루살렘 – 유대 – 사마리아 – 소아시아 – 로마 – 스페인 – 북유럽 – 영국 – 미국 – 한국까지 이어진다.

그러나 지난 2천 년간 계속 하나님의 말씀과 성령의 촛대를 간직하고 있는 민족이나 국가는 거의 없다. 현재 성지순례를 가보면 초대교회였던 예루살렘 교회나 초대교회 선교의 교두보 역할을 했던 안디옥 교회도 죽어 있다. 요한계시록에 나타난 일곱 교회가 터키에 있는데 모두 죽어 있다.

그곳에 하나님의 말씀이나 성령님은 없다. 그 결과 그 지역에 한국의 선교사가 나가 있다. 즉 한 곳이 복음화되면 다른 곳의 교회가 황폐화되어 성령이 지나간 흔적만 남고 관광지로 전락하고 있다. 소아시아 교회들이나 로마의 교회 및 유럽 교회들이 그 예다.

20세기 최대의 기독교 국가였으면서 세계 선교의 전무후무한 사역을 담당했던 미국도 이제 200여 년간의 황금기를 뒤로 하고 기독교가 쇠퇴하고 있다. 자자손손 하나님의 말씀을 전수하는 데 실패했기 때문이다. 이것은 무엇을 보여주는가? 신약의 기독교인은 역사적으로 다른 민족에게 복음을 전하는 세계 선교에는 성공했지만, 자손 대대로 하나님의 말씀을 전수하는 데는 실패했다는 증거다.

초대교회가 보여준 한계는 이제 남의 일이 아니다. 1885년 4월 5일 미국의 두 젊은 선교사들, 호레이스 언더우드(Horace Underwood, 장로교)와 헨리 아펜젤러(Henry Appenzeller, 감리교)가 한국에 들어왔다(Grayton, 1985; Hunt, 1980). 그 뒤 한국 교회는 경이로운 성장을 거듭했다. 한국 기독교 역사 116년이 지난 2001년에 전 국민의 25%가 기독교인이라는 통계를 보이며, 세계에서 유래를 찾기 힘든 가장 왕성한 교회의 성장(Kim, Warner and Kwon, 2001)을 이룬 신본주의 사상을 지닌 민족이 되었다.

현재 한국 교회는 그 어느 때보다도 세계 선교에 열을 올리고 있다. 패트릭 잔스턴에 의하면, 전 세계 156개국에 1만 646명의 선교사를 배출하여 2001년에는 한국인 선교사가 미국 다음으로 많은 나라가 되었다(홍은선, 2002, p. 4).

그러나 4년 뒤 통계를 보자. 2005년 현재 한국 전체 인구의 21.6%가 개신교 신자다(한국교회 미래 리포트, 2005 한미준·한국갤럽리서치, 두란노, 2005). 3.4%가 줄었다. 한국의 유년 주일학교 학생 수도 매년 줄어들고 있다. 예장통합의 교회학교 학생 수는 최근 6년간 15만여 명이나 줄어든 것으로 나타났다. 예장통합 통계위원회가 86차 총회에 보고한 자료에 따르면, 1998년 10월~1999년 8월 교회학교 학생 수의 경우 유치부는 10만 9755명이었으나 1999~2000년에는 8만 252명, 2000~2001년 7만 8642명으로 감소했다. 특히 중·고등부의 경우 1998~1999년에 23만 8030명이던 학생수가 2001년에 19만 7871명으로 20%가량 줄었으며, 6년 전의 26만 4467명에 비해서는 30%인 7만 명가량 줄어드는 등 감소폭이 갈수록 커지고 있는 것으로 나타났다(국민일보, 교회 학생 급감 '비상', 2001년 9월 28일).

미국에 있는 동포 교회들도 2세들의 종교교육 문제가 심각하다. 동포 2세들이 대학에 들어가면 70%가 교회를 떠나고, 대학을 졸업하면 90%가 교회를 떠난다. 그야말로 '침묵의 탈출(the Silent Exodus)'이다(Song, 1997, pp. 23-34). 이것은 교회교육과 가정교육이 90% 이상 실패했다는 증거다.

한국 교회는 교회사에 나타난 교회처럼 타민족에게 복음을 전하는 데는 성공했지만 정작 자신의 자녀와 민족에게 말씀을 전수하는 데는 실패했다. 즉 신약의 기독교교육에 허점이 있음을 반증하는 것이다.

그 이유는 무엇인가? 신약의 지상명령(마 28:19-20)인 땅끝까지 복음을 전하는 세계 선교에만 치중했기 때문이다. '지상명령(至上命令)'은 절대로 복종해야 할 명령(동아 메리트 국어사전, 2002, p. 1349) 이기 때문에 신약교회는 2000년 동안 최선을 다하여 세계 선교를 완수하는 데 성공했다.

교회의 성장이 둔화되면서 많은 복음주의자들이 말한다. "초대교회로 돌아가자!"고. 그렇다면 현재 교회가 초대교회로 돌아가 마침내 죽자는 얘기인가? 그럴 수는 없다. 문제의 핵심은 무엇인가? 교회 개척이나 성령운동은 초대교회처럼 해야 하지만, 자손 대대로 하나님의 말씀을 전수할 수 있는 기독교교육을 초대교회처럼 하면 살아남지 못한다는 것이다.

한국 교회는 이제 주님의 준엄한 음성에 귀를 기울여야 한다. 그렇지 않으면 성령의 촛대가 옮겨진다. "처음 행위를 가지라 만일 그리하지 아니하고 회개치 아니하면 내가 네게 임하여 네 촛대를 그 자리에서 옮기리라"(계 2:5).

왜 신약교회는 타민족에게 복음을 전하는 세계 선교에 성공했으나, 자신의 자녀와 민족에게 자손 대대로 말씀을 전수하는 데는 실패했는가? 땅끝까지 복음을 전하는 세계 선교와 자손 대대로 하나님의 말씀을 전수할 수 있는 기독교교육을 함께 성공시키는 방법이 있는가?

그 대안은 무엇인가? 이 비밀을 찾지 못한다면 한국 교회가 살아남을 방법이 없다. 미국 교회도 마찬가지다. 그 대안은 유대인의 선민교육에서 찾을 수 있다. 그들의 선민교육은 바로 구약의 지상명령이었다.*

**처음 행위를 가지라
만일 그리하지 아니하고 회개치 아니하면
내가 네게 임하여 네 촛대를 그 자리에서 옮기리라. (계 2:5)**

---

* 더 자세한 성경적 답은 《잃어버린 지상명령 쉐마》 (현용수, 쉐마, 2006년) 참조.

2. 유대인은 어떻게 4200년 동안 신앙을 전수해 왔는가

기독교 역사에서 보듯 2천 년 동안 성령의 촛대가 이 민족 저 민족으로 옮겨진 것과는 달리 유대인들은 아브라함 때부터 현재까지 약 4200년 동안 구약 시대와 현대의 신앙철학(Judaism) 사이에 별다른 세대차이가 없다. 유대인들은 구약에서 신약 시대에 이르기까지 자기 나라를 가지고 있었던 때가 몇백 년 안 된다.

신약 시대만 하더라도 약 2천 년 동안-A.D. 70년 로마에 멸망당해서 A.D. 1948년 가나안 땅으로 다시 들어갈 때까지-나라 없이 전 세계를 유랑하면서 살아 왔다. 그들은 어떻게 지금까지 2천 년 동안 그들의 문화와 구약성경 및 탈무드를 자손 대대로 가르쳤는가? 무슨 특별한 비결이 있지 않나 하는 궁금증이 생기지 않을 수 없다.

21세기를 맞이하면서 과연 한국 기독교는 2세 교육을 어떻게 시켜야 할까? 저자는 이 문제를 연구하면서 미래의 한국 및 전 세계 2세 자녀교육의 방법으로 유대인 자녀교육을 연구하게 되었다.

3. 왜 기독교인들이 유대인식 자녀교육을 배워야 하나

유대인은 구약 시대 사람들인데 왜 신약 시대를 살아가는 우리가 그들의 자녀교육을 배워야 하는가? 저자는 구약 성경에 나타난 가정의 창조와 하나님이 선택하신 선민교육(유대인 교육)의 내용과 방법에 대하여 연구했기 때문에 종종 이와 같은 질문을 받는다.

이미 《인성교육 노하우》를 2권에서 3권으로 수정 증보판을 내면서

유대인은 아브라함 때부터 현대에 이르기까지 4200년 동안 신앙의 유산을 자녀 세대에 전수하는 데 성공한 민족이다. 사진은 정통파 유대인 아버지가 자녀들에게 성경(탈무드)를 가르치는 모습.

전반적으로 예수님의 말씀과 신약을 많이 인용하여 신약의 성도들에게 적용시킬 수 있도록 노력했다. 특히 한국 기독교인에게 어떻게 접목시킬 것인가에 대해 여러차례 언급했다. 궁금한 독자들을 위해 먼저 이 질문에 답하겠다.

A. 기독교인도 아브라함의 자손인 영적 유대인이다

유대인은 하나님이 선택하신 아브라함과 이삭과 야곱의 자손이다. 유대인을 '히브리 민족' 또는 '이스라엘 민족'이라고도 한다. 그들은 구약 성경만을 믿는다. 구약 성경에는 크게 2가지의 중심 주제가 있다. 첫째는 오실 메시아에 대한 '메시아 사상'이고, 둘째는 하나님께서 선택하신 유대인을 어떻게 하나님의 형상대로 키우느냐 하는 '선민교육의 원리와 내용 및 방법'이다. 기독교에서 이 중 전자는 신약 시대 기독교인에게 적용이 되지 않지만 후자는 적용된다.

그 이유는 무엇인가? 구약의 '메시아 사상'은 타락한 인류 구원에 관한 하나님의 메시지이다. 장차 메시아가 이 땅에 오시면 그를 통하여 온 인류가 구원을 받는다는 복음적 메시지다. 그런데 신약에서 보면, 유대인들은 구약 성경을 잘못 해석하여 메시아로 오신 예수님을 영접하지 않은 오류를 범한 민족이다. 따라서 신약의 기독교인들은 그들의 잘못된 '메시아 사상'을 받아들일 수 없었다.

그러나 유대인들의 '선민교육의 원리와 내용 및 방법'은 기독교인들에게도 적용된다. 그 이유는 아브라함의 후손인 유대인만 유대인이 아니라 신약 성도들도 영적 유대인이기 때문이다.

왜냐하면, 아브라함이 하나님을 믿으매 그가 의인이 된 것처럼 누구든지 믿음으로 말미암은 자들은 의인이 되어 아브라함의 아들들이 되기 때문이다(갈 3:6-9). 그러므로 아브라함은 모든 믿는 성도의 '아버지'다(롬 4:11).

따라서 신약의 기독교인들도 하나님이 택한 선민, 아브라함의 아들들, 즉 영적 유대인(이스라엘)이다(갈 6:16; 계 7:4). 물론 유대인의 교육 중 기독교와 상충되는 일부 율법적인 것은 제외된다.

B. 기독교인의 구약에 대한 가장 큰 오해:
신약과 구약의 중심 주제가 다르다

　　　　　　　　기독교교육학적으로 구약에 대한 기독교인의 가장 큰 오해는 무엇인가? 그것은 신약의 중심 주제가 구약의 중심 주제와 다르다는 것을 간과하고 있는 점이다. 신약의 중심 주제가 구원에 이르는 복음이라면, 구약(토라)의 중심 주제는 메시아 사상, 그 다음에는 선민교육에 필요한 율법이다. 따라서 우리는 신약의 복음의 목적과 구약의 율법의 목적에 어떠한 차이가 있는지를 분명히 알아야 한다.

　신약의 중심 주제는 예수 그리스도의 십자가와 부활로 요약된다. 인류의 죄를 대속하시기 위해 십자가에서 고난을 받으사 죽으시고 부활하신 예수님을 믿고 구원받는 십자가의 도(고전 1:18)이다. 이를 온 인류의 구원에 관한 기쁜 소식, 즉 '복음(Gospel=Good News)'이라고 말한다(Bryant, 1967, p. 203). 그리고 신약의 두 번째 주제는 복음을 이웃에 전하고 세계 만방에 전하는 일이다. 신약의 복음은 인류 구원에 목적이 있다.

　그러나 복음을 믿고 받아들여 구원받은 이후 갓 태어난 하나님의 백성(A Baby Christian)이 어떻게 하나님의 형상을 닮아 성숙한 선민(기독교인)이 되느냐 하는 선민교육의 내용과 방법은 주로 구약의 선민교육에 나타난다. 물론 부분적으로 신약에도 있지만 원론적으로는 구약에 있다.

　그러므로 신약의 주제가 구원을 위한 복음이라면 구약의 주제는 '선민교육' 즉, '기독교교육'이라고 말할 수 있다.

　기독교교육학적으로 신약의 '핵심어(Key Word)'를 한 가지 선택한다면 '예수 그리스도의 십자가'이고, 구약의 '핵심어'는 유대인의 선민교육인 '쉐마'이다.*

그러므로 전도에는 예수님에 관한 말씀이 빠질 수 없지만, 구원받은 이후 선민교육에는 신약의 예수님에 관한 말씀이 자주 언급되지 않을 수도 있다. 오히려 성도가 하나님의 형상을 닮아가는 데 필요한 성화의 도구로 구약의 율법이 자주 인용되어야 한다.**

신약의 중심 주제가 구원을 위한 '복음'이라면
구약의 중심 주제는 '선민교육', 즉 '기독교교육'이다.
신약의 핵심어가 '예수님의 십자가'라면,
구약은 '쉐마'다.

---

* 구원론적인 입장에서 구약의 키워드는 '메시아 사상'이다. 기독교교육학적인 입장과 구원론적인 입장이 다름에 주목해야 한다.
** 더 자세한 성경적 답은 《부모여 자녀를 제자 삼아라》(현용수, 쉐마, 2005년) 참조.

IV. 자녀는 제1순위 선교지 – 선교학적 측면

1. 한국이나 미주 2세의 경우

　　　　한국이나 미국이나 자녀교육 때문에 몸살을 앓고 있다. 이제 기독교 가정도 정도의 차이는 있을 망정 예외는 아니다. 근본적인 이유가 가정교육의 부재다. 그렇다면 가정교육이 사라진 원인은 무엇인가?

그 중 하나가 한국 기독교인의 잘못된 신앙생활의 개념이다. 한국 기독교인들은 교회의 구역장, 주일학교 교사로 봉사하며 이웃 전도 및 세계 선교를 할 때는 하나님의 일이라고 중요하게 생각하지만, 정작 가정에서 시간을 정해 자녀에게 성경을 가르치는 일은 대수롭지 않게 여긴다.

이는 신약 시대의 교회들이 예수님의 지상명령(마 28:19~20)을 오해하여 이웃 전도와 세계 선교에만 너무 치중한 나머지 부모들이 가정에서 자녀에게 하나님의 말씀교육을 게을리 했기 때문이다.*

그 결과 복음은 예루살렘과 유대와 사마리아와 소아시아, 로마, 스페

---

* 자세한 내용은 저자의 《잃어버린 지상명령》 제1권 ' 제2부 제2장 Ⅲ. "예수님이 '분부하신 모든 것'에는 쉐마도 포함되어야 한다" 참조.

인 및 유럽 대륙 그리고 영국, 미국, 이제 한국 등 전 세계로 퍼졌다. 그러나 기독교 2천 년 역사상 복음을 먼저 전했던 어느 민족도 2천 년간 성령의 촛대와 여호와의 말씀을 유지하고 있는 민족은 거의 없다. 각 지역마다 성령이 지나간 터만 남아 관광지로 변했을 뿐이다.

이것은 우리에게 가정에서 성경교육이 제대로 안 되면, 가정도 죽고 교회도 죽고 민족도 죽는다는 역사적인 교훈을 남겨 준다. 그렇다면 과연 자녀의 복음화가 세계 선교보다 긴급성이 약한가? 그렇지 않다. '자녀의 복음화' 도 '예수님의 지상명령' 이다.

그 이유를 선교학적인 측면에서 설명해 보자. 선교학자인 랠프 윈터(Ralph Winter)는 사도행전 1장 8절 말씀을 근거로 전도의 단계를 문화와 언어를 기준하여 다음과 같이 4단계(4 Evangelism Levels)로 구분했다(McGavran, 1980, pp. 63~72).

제1단계: E-0 전도(예루살렘): 같은 기독교인들 중에서 구원의 확신이 없는 사람에게 전도하는 것(예: 같은 교회에 다니나 구원의 확신이 없는 이에게 전도).

제2단계: E-1 전도(유대): 동일한 문화와 동일한 언어를 갖고 있는 불신자들에게 전도(예: 교회 밖의 동일한 문화와 언어를 갖고 있는 이웃 동족에게 전도).

제3단계: E-2 전도(사마리아): 비슷한 언어와 문화를 갖고 있는 이들에게 전도(예: 중국에 거주하는 비슷한 한국 문화와 한국어를 갖고 있는 조선족에게 선교).

윈터 교수의 4단계 전도 구분과 미주 한인 가정의 2세 선교 비교

4 Evangelism Levels of Ralph Winter
vs. Korean American 2nd Generation Mission

구분 단계	4단계 전도 구분	한국 교회에 적용	미주 한인 가정에 적용
1단계	*E-0전도(예루살렘) 교회는 다니나 실상은 구원의 확신이 없는 이름뿐인 기독교인에게 전도	한 교회를 다니나 구원의 확신이 없는 이에게 전도	*H-0전도(예루살렘) 동일한 한국어를 사용하고 한국 문화를 가진 가족이 함께 교회에 다니나 구원의 확신이 없는 가족에게 전도
2단계	E-1전도(유대) 동일한 언어와 문화 속의 가까운 이웃에게 전도	교회 주변 이웃 불신자에게 전도	H-1전도(유대) 동일한 한국어와 한국 문화를 가진 일가 친척에게 전도
3단계	E-2전도(사마리아) 비슷한 언어와 문화권에 전도	한인과 언어와 문화가 비슷한 동족에게 전도 (예: 중국의 조선족에게 전도)	H-2전도(사마리아) 가정에서 1세와 언어와 문화가 비슷한 1.5세에게 전도
4단계	E-3전도(땅끝) 언어와 문화가 완전히 다른 민족에게 전도	언어와 문화가 완전히 다른 중국인 혹은 아프리카 케냐인에게 전도	H-3전도(땅끝) 미주 한인 가정에서 1세와 언어와 문화가 완전히 다른 2세에게 전도

*E: 수평적 전도(Evangelism)를 뜻함.   *H: 가정에서 가족에게 전도하는 것을 뜻함.

제4단계: E-3 전도(땅끝): 완전히 다른 문화와 다른 언어를 갖고 있는 이들에게 전도(예: 아프리카나 남미의 원주민에게 선교).

많은 선교학자들이 통상적으로 선교의 단계를 지정학적인 시각에서 다뤄 왔다. 예루살렘과 유대와 사마리아와 땅끝까지(행 1:8), 즉 거리적으로 가까운 지역에서 먼 지역으로의 점진적인 단계로 생각했던 것이다.

그러나 랠프 윈터의 4단계 전도 구분은 지정학적인 구분이 아니고, 문화와 언어의 차이를 기준으로 정리했다는 점에서 주목할 만하다. 즉 윈터의 이론은 2가지 면, 지정학적 입장과 문화적 입장 모두에 다양하게 적용될 수 있다.

그렇다면, 북미주에 오랫동안 거주해 온 대부분의 한국인 가정은 어떠한가? 그들은 비록 한 지붕 아래 산다 해도 부모의 문화 및 언어와 자녀의 문화 및 언어가 완전히 다르다. 부모는 한국의 전통문화에 젖어 있으며 한국말을 하지만, 자녀들은 미국이나 캐나다 문화에 동화되어 있고, 한국말을 몰라 영어만 사용한다. 1세와 2세가 한 지붕 아래 살고 있지만 말이 통하지 않는 것이다.

이 경우 랠프 윈터의 4단계 전도 구분에 따르면 부모가 자녀들에게 복음을 전하는 사역은 어느 단계에 속하는가? 아프리카 원주민에게 선교하는 것과 동일한 '땅끝 선교(E-3)'에 속한다.

한국의 상황도 다르지 않다. 한국에서도 1세 어른들과 2세 사이에 언어와 문화의 세대차이는 심각하다. 대구대 국문학과 이정복 교수가 발표한 〈바람직한 통신언어 확립을 위한 기초 연구 보고서〉에 따르면 각종 게시판 등 PC통신과 인터넷을 사용하는 20대 네티즌의 83.3%

가 비속어를 사용하고 있으며, 10대의 39.1%가 상습적으로 은어를 표현하고 있다.(http://leewongu.byus.net/spboard /board.cgi?id=leewongu_1&action=download&gul=143).

그 결과 현재 한국에도 1세대와 2세들 사이에 서로 알아듣지 못하는 언어가 70% 이상이라고 한다. 한국 전통문화에 익숙한 1세와 서양의 수평문화에 젖은 2세의 문화 차이는 더 심각하다.

따라서 한국에서도 한 가정에서 2세 전도는 '사마리아 전도(E-2)'나 '땅끝 전도(E-3)'에 속한다고 보아야 한다. 물론 2세가 1세와 똑같은 한국의 전통문화 가치를 가지고 있는 경우는 '예루살렘 전도(E-0)'나 '유대 전도(E-1)'에 속할 것이다.

결론적으로 우리가 주목해야 할 점은 우리의 첫 '땅끝 선교지'는 해외의 원주민이나 타민족일 수도 있지만, 그보다 더 급한 곳은 1세와 언어나 문화를 달리하는 한국이나, 특히 북미주 및 해외에 사는 동포 가정의 2세 자녀들일 수 있다는 점이다.

따라서 한국이나 특히 해외 동포 가정에서 자녀에게 말씀을 전하는 사역이 구약의 지상명령임은 물론이지만, 제3세계의 선교적인 차원에서도 예수님의 지상명령에 속한다. 그러므로 우리는 자녀들에게 복음과 말씀을 전하는 것이 '땅끝 선교'요, 세계 선교의 출발점이라는 사실을 명심해야 한다.

그럼에도 불구하고 한인 교회는 해외 선교를 위해 천문학적인 헌금을 사용하면서 2세 선교에는 너무나 인색하다. 그렇다고 세계 선교를 하지 말라는 뜻이 아니다. 다만 복음 전수의 우선순위에서 구약의 지상명령인 2세 교육이 신약의 지상명령인 타민족 선교보다 더 중요하고 시급하다는 뜻이다.

우리는 먼저 문화와 언어가 다른 우리의 2세에게 먼저 복음을 전해 각 가정이 천국을 이루어야 한다. 그리고 나머지 여력으로 타민족을 위한 세계 선교를 해야 하지 않겠는가? 이렇게 될 때 복음 안에서 가정도 살고 교회도 살고 민족도 살 수 있다. 그리고 세계 선교도 더 오랫동안 지속할 수 있다.

우리가 주목해야 할 점은
우리의 첫 땅끝 선교지가 타민족일 수도 있지만,
그보다 더 급한 곳은 언어나 문화가 1세와 다른
한인 가정의 2세 자녀들일 수 있다.
따라서 2세 교육은 선교적 차원에서 예수님의 지상명령이다.

2. 해외 선교사 2세의 경우

부모가 타인에게는 잘 하고 자신의 자녀교육에 무관심해지기 쉬운 것은 해외 선교사 가정도 마찬가지이다.

사 례 1: 내가 미국 풀러 선교대학원에서 이중문화와 유대주의(Judaism)를 연구할 때였다. 한국의 유명한 선교사님의 아들을 만났다. 대화할 기회가 있어서 물었다.

"학생은 여러 가지 언어를 구사할 줄 알아서 좋겠구나."

그러나 대답은 뜻밖이었다.

"남들은 다들 그렇게 이야기하는데요. 저는 불쌍한 사람이에요. 한국말도 잘 못하고요. 미국까지 왔지만 어느 나라 사람인지 몰라 항상 외로워요. 어디를 가도 여기가 내 나라라는 안정감이 없어요. 그리고 부모님이 그립지도 않고요."

그는 초등학교까지는 나이지리아에 있는 선교사 학교를 졸업하고 현지에 중·고등학교가 없어서 스위스로 가서 선교사 자녀들을 위한 중·고등학교를 마쳤다. 그리고 당시는 미국 대학에 다니고 있었다.

사 례 2: 1998년의 일이다. 한국에서 이스라엘로 선교를 간 목사님이 있었다. 아들을 이스라엘 공립초등학교 3학년에 입학시켰다. 1년쯤 지난 어느 날, 저녁식사 자리에서 아들이 아버지에게 단호하게 말했다.

"아버지! 저는 커서 이스라엘 민족을 위해 살 겁니다."

아버지는 아들이 한국인의 정체성을 완전히 잃어버린 것을 보고 깜짝 놀라 한탄했다.

"완전히 이스라엘 사람(유대인)이 되었네!"

아들은 어느새 이스라엘에 완전히 동화되었던 것이다. 놀란 목사는 즉시 아들을 이스라엘 학교에서 퇴학시키고 다시 영국으로 유학 보냈다. 그런다고 문제가 해결되겠는가? 영국에서 교육을 받으면 또 다시 영국인이 될 텐데……

해외 선교를 오랫동안 하다 보면 자녀들의 정체성이 어정쩡해지는 경우가 허다하다. 민족적 정체성(identity)이 없다. 민족적 소속감(belongness)도 없다.

그나마 앞서의 예는 양호한 편이다. 선교사 자녀들이 원주민 문화에 물들거나 세속의 수평문화에 물들어 신앙도 없이 타락하는 경우가 적지 않다. 부모나 자녀 모두에게 얼마나 큰 비극인가?

이렇게 된 이유는 무엇일까? 부모가 문화적으로 영적으로 직접 자녀를 말씀의 제자로 삼는 데 실패했기 때문이다. 부모가 원주민 선교에만 너무 주력한 나머지 원주민을 위해서는 교회와 학교도 세우고 우물도 파 주며 정성을 다하지만, 정작 가장 귀하게 여겨야 할 자녀들에게는 하나님의 말씀과 한국의 수직문화를 전수하지 못했기 때문이다.

그 결과 자녀들은 원주민 문화에 동화되거나 수평문화에 물들어 부모와 심한 세대차이를 보인다. 자녀의 영혼도 구원하지 못하고 가문이 망하는 경우가 허다하다. 그리고 한국인 선교지의 이방 선교도 당대에서 끝나는 경우가 허다하다. 이렇게 매사에 급한 한국인들은 앞으로 남고 뒤로 밑지는 장사를 하곤 한다.

해외 선교사라도 먼저 자녀들에게 말씀을 가르치고 나머지 여력으로 이방 선교를 해야 한다. 이렇게 해야 만약 1세 선교사 부부에게 4명의 자녀가 있다면 아버지 대를 이어 4명의 2대 원주민 선교사를 양육할 수 있다. 2대 원주민 선교사들은 그 지역의 문화와 언어에 익숙하기 때문에 1대 아버지보다도 더 좋은 자격을 갖춘 선교사가 될 수 있다. 하나님 편에서도 얼마나 유익한 일인가?

말씀 전수(전도)의 우선 대상은 수평적 이방인 즉, 이웃이나 세계 선교 이전에 수직적인 내 가정에 있는 내 자녀들이라는 점을 명심해야 한다. 남은 전도하면서 우리 집 아이는 세속문화에 빼앗긴다면 어떻게 주님의 책망을 면하겠는가? 영원한 천국에 가서 이산가족이 없도록 노력해야 한다. 그리고 자녀교육에 실패하면 먼 훗날 이웃 전도도 세계 선교도 있을 수 없음을 명심해야 한다.

　결론은 무엇인가? 한국인 부모나 교회는 2세 교육이 첫 '땅끝 선교지'라는 사명감을 갖고 최선을 다해야 한다.

**대부분 한인 선교사 부모는 원주민을 위해서는 정성을 다하지만
자녀들에게는 말씀과 한국의 수직문화를 전수하지 못해
자녀들이 원주민 문화에 동화되어
부모와 심한 세대차이가 나는 경우가 많다.
따라서 자녀의 영혼도 구원하지 못하고 가문이 망하며,
그 지역 선교도 당대에서 끝나는 경우가 허다하다.**

V. 한국의 전통문화는 종교성에 어떠한 영향을 주는가

유대인 연구는 한국이 서구 문화를 어떻게 해석하고 한국의 고유 전통문화 가치를 어떻게 해석할 것인가에 대한 모델을 제시해 줄 수 있다. 미국은 약 200여 종족으로 형성된 다문화 국가이다. 미국 문화를 주류 혹은 주인 문화(Core or Host Culture)라고 한다.

각 민족이 미국에 정착하면 문화적인 면에서 2가지 선택의 길이 있다. 미국 속에서 자신의 뿌리를 버리고 미국에 동화되어야 한다는 주장(예: 일본계의 전 하야카와 의원)과, 자신의 전통문화 유산을 지키며 미국 사회구조(Social Structure Assimiliation)에만 적응하자는 주장(예: 유대인)이다. 둘 중 어느 쪽이 더 바람직한가?

우리의 자녀들이 한국의 전통문화 가치를 갖고 있으면 철학적, 심리학적으로 해로운가, 아니면 이로운가? 물론 이 질문은 한국의 2세 교육에도 적용된다. 왜냐하면 한국의 많은 젊은이들이 얼굴은 한국인인데 생각과 생활은 서구 문화에 동화되었기 때문이다.

이 질문이 풀리지 않으면 2세 교육의 방향이 제시될 수 없다. 각 이민 교회의 교육부 회의에서는 이 문제를 놓고 갑론을박을 해 왔다. 결국 누가 이기는가? 목소리 큰 쪽이 이긴다. 왜냐하면 그동안 이 문제에 대한 과학적 연구가 되어 있지 않았기 때문이다.

나는 이에 답하기 위해 먼저 〈한국인의 전통문화 가치가 종교성과 영적 만족감에 미치는 영향〉에 대해 연구했다(Biola University, Talbot School of Theology, 기독교교육학 박사 학위 논문, 1990).

연구 결과는 '유대인처럼 자기 고유문화를 지키는 사람일수록 바울과 같은 내재적 종교성과 영적 만족감이 현저히 높다. 또한 그 반대로 미국 문화에 동화되면 동화될수록 바리새인과 같이 외재적 종교성이 현저히 높고 영적 만족감이 현저히 낮다.' 는 것이다.

이 연구에 의하면, 인간의 자긍심(Self-Esteem), 주체의식(Self-Identity) 및 민족의식(Ethnic Identity)은 심리학적으로 같은 영역에 속해 있기 때문에 서로 현저한 상관관계가 있다. 따라서 자긍심, 주체의식 및 민족의식이 높은 사람일수록 종교를 믿어도 하나님에 대한 강한 내면적 신앙의 소유자가 될 수 있다.

즉, 심리학적으로 자아 형성(Self-Image)이 잘 된 사람이 하나님과의 관계에서도 믿음의 자아 형성이 잘 된다는 논리다. 이러한 사람이 영적 만족감도 상대적으로 높다. 반대로 자아 형성이 흐릿한 사람은 하나님을 믿어도 흐릿하게 믿는다. 이 논리는 기독교뿐 아니라 타 종교, 즉 불교 및 유교에도 적용된다.

왜냐하면, 인간의 종교성은 인류학적인 측면에서 보편적(Universal)인 것이기 때문이다. 이 연구 결과를 철학적 및 심리학적으로 설명하고 내용을 발전시키고 알기 쉽게 쓴 책이 《문화와 종교교육》(현용수, 쿰란출판사, 1993)이다. 이 책에서 '2세 종교교육의 방향' 을 학문적으로 제시했다고 생각한다. '유대인의 자녀교육' 연구는 《문화와 종교교육》의 연장선상에 있으며 그 연구의 후편이라고 보면 된다.

결론은 유대인의 교육 모델이 미주 한인 2세 교육에 적합하다는 것이다. 그러므로《문화와 종교교육》이 2세 교육의 방향을 제시하는 왜(Why)라는 물음에 답하는 것이라면, '유대인의 자녀교육'은 그러면 그 제시에 따라 어떻게 교육시킬 것이냐(How)에 대한 방법론이다.

심리학적으로 주체의식 및 민족의식이 강하여
자아 형성이 확실한 사람은 하나님과의 관계에서도
믿음의 자아 형성이 잘 된다는 논리다.
반면, 자아 형성이 흐릿한 사람은 하나님을 믿어도 흐릿하게 믿는다.
이 논리는 기독교뿐 아니라 타종교, 즉 불교 및 유교에도 적용된다.

VI. 역사 속에서 살아남은 민족의 특성

왜 유대인식 자녀교육이 필요한가? 이 명제를 설명하려면 역사 속에서 사라진 문명과 살아남은 민족의 특성을 알아야 한다. 왜냐하면 유대인들이 아브라함 때부터 현재까지 4200년의 기구한 역사 속에서 어떻게 살아남았는가 하는 비밀을 알기 위해서이다.

나는 역사학자가 아니다. 그러나 신학, 교육학, 인류학 및 철학을 연구하면서 역사에 관심을 가져왔다. 특히 유대인들이 역사 속에서 살아남은 비결은 무엇인가? 역사학자들은 '이를 어떻게 해석할 것인가'에 주목했다. 여기서는 '문명의 흥망 성쇠(The Rise and Fall of Civilizations)'를 연구한 학자들의 이론을 소개하면서 나의 견해를 덧붙이고자 한다.

영국의 역사 철학자 아놀드 토인비(Arnold Toynbee, 1889~1975)는 인류의 역사 속에서 각 민족과 문명의 흥망성쇠를 20년 간 연구하여 《역사의 연구》(A Study of History, 1958)라는 책을 썼다. 그는 인류의 시작부터 현재까지 28개의 문명을 연구했다. 그에 의하면 28개의 문명 중 18개는 이미 죽었고, 나머지 10개 중에 미국이나 유럽을 뺀 9개는 사실상 죽은 상태에 있다고 밝혔다[Toynbee(B), 1958, pp. 365-366].

독일의 역사철학자 슈펭글러(Oswald Spengler, 1880~1936)는 각 문

1945년 나치 강제 수용소의 유대인들. 제2차 세계대전 동안 유대인은 1600만 명 가운데 600만 명을 잃었다. 하지만 그들은 불사조처럼 되살아났다. 사진은 빅터 솔로몬 제공. 《옷을 팔아 책을 사라》(쉐마, 2005년)의 저자.

명의 흥망성쇠를 자연 현상으로 보았다(Encyclopaedia Britannica, Micropaedia, Vol. IX, 1979, p. 414). 한 문명의 흥망성쇠는 한 인간의 생명이 태어나고(born), 성장하고(youth), 노쇠하며(decay) 그리고 마침내 사망(dead)하는 것과 마찬가지라는 견해이다. 이는 자연의 사계절인 봄, 여름, 가을, 겨울의 사이클로도 비유된다[Ditmont, 1979, pp. 446-450; Toynbee(B), 1958, p. 366]. 그러나 유대인들은 이 자연의 사이클에 맞지 않는다. 그들에겐 죽음에 해당하는 겨울이 없기 때문이다.

그렇다면 토인비가 주장하는 문명의 흥망성쇠 이론은 무엇인가? 토인비는 각 문명은 도전과 응전(challenge and response)에 의하여 꽃을 피우기도 하고 사라지기도 하면서 역사는 계속 발전해 왔다고 관찰했다. 다시 말하면, 한 문명이 도전을 받았을 때, 적절한 응전을 하면 역사 속으로 사라지지 않고 살아남을 수 있었다고 말했다[Toynbee(A), 1958]. 이는 헤겔의 변증법에서 정반합(正反合)의 논리와 유사하다.

실제로 유대인의 전통문화는 '문명'이 형성되기보다는 '문화' 자체로서 꽃만 핀 상태에서 여름과 가을 사이를 오락가락할 뿐 결코 역사 속에서 겨울의 쇠퇴기를 맞이하지 않았다. 따라서 토인비나 슈펭글러는 유대주의를 '발달을 정지한 문명'이라고 말하고 있다(Ditmont, 1979, p. 447). 왜냐하면 유대인은 역사 속으로 사라지기는커녕 인류 역사에 공헌해 온 민족이기 때문이다.

그렇다면 유대인들이 외부 문명으로부터 도전을 받았을 때 응전할 수 있었던 원동력은 무엇이며, 우리는 그들에게서 무엇을 배워야 할 것인가? 우리가 역사에서 뭔가를 배우려 한다면 한 문명의 상승기를 연구하는 것보다 문명의 쇠퇴기를 연구하는 것이 더 유익하다. 그 속에서 우리의 허점을 발견하고 이를 보완할 수 있는 기회를 얻을 수 있기 때문이다. 먼저 토인비가 관찰한 역사의 주인공들을 보고 그 주인공들이 이룬 문명이 패망하게 된 이유에 대해 알아보자. 그리고 유대인은 무엇이 다른가를 보자.

첫째, 인류 역사가 계속 진행되는 동안 어느 특정한 민족이 인류 역사를 계속 지배해 온 것이 아니라, 각 시대마다 역사의 문명을 주관해 온 민족이나 국가들이 바뀌었다. 한때는 이집트가 온 세계를 장악했고, 한때는 바빌로니아가 온 세계를 다스렸고, 한때는 로마, 그리고 한때는 소련과 영국이 온 세계를 지배했다. 오늘날에는 그 역할을 미국과 일본이 맡았다. 이러한 역사적 사실은 한국이나 한국의 기독교도 흥할 때가 있듯이 망할 때가 있다는 것을 예견한다.

둘째, 토인비는 문명이 붕괴하는 경우를 3가지로 요약했다.
① 지도자급의 창조적인 소수(the creative minority)가 창조의 힘(creative power)을 잃고 단순히 '민중 위에' 군림하는 소수(a merely dominant minority)가 되었을 때다. 즉 소수의 창조적인 리더들이 계속 새로운 아이디어를 창출하지 못하고 국민 위에 군림하는 독재자가 되었을 때였다.
② 다수 쪽에서의 충성심과 이와 유사한 지지 현상이 약화되었을 때, 즉 국민 다수가 갖고 있던 민족주의 혹은 애국심이 없어졌을 때다.
③ 전체에 속한 사회의 사회적 결속력이 계속적으로 약화되었을 때다[Toynbee(A), 1958, p. 246; Toynbee(B), 1958, p. 366].

그러나 유대인들은 토인비가 지적한 멸망한 문명의 이 3가지 특성들을 모두 배격했다.

첫째, 유대인 다수를 지도하는 창조적인 소수 지도자들은 항상 창조의 힘이 넘쳤다. 유대인 지도자들은 항상 자기 민족에게 불멸의 꿈을 주었는데 그것이 바로 메시아 사상이다. 그리고 그들은 백성을 지혜로 인도하지 결코 칼로 다스리지 않았다. 즉 독재를 하지 않았다. 왜냐하면 유대인 지도자들은 칼을 잡은 사람들이 아니고 신본주의 사상이 투철한 지혜자들이었기 때문이다.

둘째, 유대인 다수 백성은 민족주의가 강하고 자신들의 지도자가 되는 랍비에 대한 존경심과 충성심이 강하여 그들의 결정을 항상 따랐다.

셋째, 유대인 사회 전체는 항상 단결하는 결속력이 강했다.

유대인들은 어떻게 수천 년 동안 그들의 문화가 살아남을 수 있는 위의 3가지 요인을 갖출 수 있었는가? 첫째로 언급할 수 있는 가장 중요한 자산은 '지도자들의 창조적인 힘'이나 '지도자에 대한 충성심 혹은 민족주의' 그리고 '민족의 굳센 단결력'의 원천이 되는 그들의 토라(양피지에 붓으로 쓴 두루마리 성경)와 탈무드 사상이다.

다시 말하면, 사상이 없는 민족은 일시적으로 흥할 수는 있더라도 곧 망한다는 뜻이다. 한 개인이나 민족에게 정신적인 사상이 없으면 땅의 것을 잡을 수 있는 지구력이 약해진다. 사상으로 뭉친 민족이 애국심도 강하고 단결력도 강하다.

물론 여기에서 말하는 사상의 '질과 양(quality and quantity)'도 문제가 된다. 유대인들의 하나님 제일주의 사상과 종말론적 메시아 사상은 그들의 절대적인 가치이다(Brown, 1994).

로마가 망한 것은 외침에 의해서가 아니라 권력의 내부가 썩었기 때문이었다. 권력의 내부가 썩은 것은 권력을 잡은 지도자들의 마음이 썩은 것이고, 권력을 잡은 지도자들의 마음이 썩은 것은 그들의 투철한 정신적 사상이 땅의 것에 속하는 칼에 의존한 것이었거나 혹은 원래의 사상이 희석되었기 때문이다.

유대인의 두 번째 중요한 자산은 토라와 탈무드에 근거한 그들의 신본주의 사상과 그 강인한 정신력을 자녀들에게 전수하는 데 성공한 그들의 특수한 교육이다. 1세가 아무리 좋은 사상과 강인한 정신력을 갖고 있다고 해도 이를 2세에게 전수하지 못했다면 유대인들도 역사 속으로 사라졌을 것이다. 더구나 그들은 나라 없이 타국에서 거의 2천 년이란 세월을 떠돌아다니지 않았는가?

유대인은 자신들이 가진 교육의 내용인 사상을 전통이라는 틀로 묶어 특수한 교육법으로 전 세계에 흩어진 유대인 디아스포라 2세들에게 자자손손 전수하는 데 성공한 민족이다.

역사학자들이나 교육학자들은 인간의 역사를 표면에 나타난 현상만을 보고 연구하기 쉽다. 유대인의 역사를 연구한 다이몬트는 슈펭글러나 토인비 같은 역사학자들도 유대인의 생존 비밀을 명확히 밝히지 못했다고 아쉬워했다(Ditmont, 1979, p. 447).

일반 학문적인 역사에 나타난 문명의 흥망성쇠 이론에 맞지 않기 때문이다. 유대인의 역사에는 분명 신비한 비밀이 있다. 그 신비한 비밀을 밝히기 위해서는 그들의 정신세계의 역사를 알아보아야 한다.

우리가 명심할 것은 인간을 움직이는 것은 육이 아니라 정신이라는 점이다. 인간의 정신은 사상이 지배한다. 각 민족의 전통문화나 사상은 그들이 갖고 있는 종교에서 비롯된다. 따라서 우리는 유대인의 생존 비밀을 그들의 종교에서 찾아야 한다.

어떠한 고난 속에서도 살아남아 인류의 역사 발전에 도움을 준 유대인, 그들은 유일신 하나님이 주신 구약 성경에 의거한 신본주의 사상을 갖고 있다. 뿐만 아니라 그들이 타문화에 동화되거나 멸망하지 않앉던 더 근본적인 이유는 하나님의 섭리라고 볼 수 있다(로마서 11장).

따라서 세상 학문에서 난제의 해결은 신학으로만이 가능하다. 우리는 보이는 것이 보이지 않는 것으로 만들어졌음을 믿어야 한다(히 11:3). 이 책은 유대인의 생존 비밀로서 눈에는 보이지 않는 유대인의 성경적 자녀교육이 무엇인지를 제시하고자 한다.

**유대인은 토인비가 지적한 멸망한 문명의 3가지 특성을 모두 배격했다.
첫째, 유대인 다수를 인도하는 창조적인 소수 지도자들이 있었다.
둘째, 국민 다수의 민족주의가 강하고,
셋째, 사회는 항상 단결하는 결속력이 강했다.**

VII. 유대인 자녀교육을 연구하게 된 배경

나는 평신도 시절부터 이런 고민을 했다. "왜 현대 교육은 점점 발달하는데 인간은 점점 더 타락하는가?" 이것은 "왜 신학이 발달한 나라일수록 교회의 성장은 점점 더 어려워지는가?"라는 질문과 일맥상통 한다.

그리고 2세 자녀교육에 관심을 가지면서 자신의 신앙과 뿌리문화를 지키면서 자신들이 머물고 있는 국가에서 성공적으로 안착한 유대인들에 주목했다. 그들은 어떻게 2세 교육을 하고 있는가?

마침내 이를 연구할 기회가 찾아왔다. 모교인 바이올라(Biola) 대학 탈봇(Talbot) 신학대학원에서 기독교교육철학 과목을 택할 때 '유대주의와 존 듀이의 교육철학 비교(The Educational Philosophy of Judaism in Comparison with Deweyanism)'를 연구했다. 존 듀이라면 현대 교육의 아버지로 불리지만 나는 그의 이론에 의한 현대 교육의 허점과 해독을 발견했고, 반면 유대인 자녀교육의 우수성을 확인했다. 유대인 자녀교육이 성서에 기초하고 있음도 그때 깨달았다. 구약 성경에 기독교교육의 원리와 방법이 다 있었다.

'세대차이를 없애는 비결이 바로 이것이구나!' 하나님의 크신 은혜였다. 힘이 솟으면서 강한 사명감을 느꼈다. 그동안 연구해온 내재적

L.A.에 소재한 정통파 유대인 학교 예시바 대학에서 저자와 탈무드 주임교수인 랍비 애들러스테인과 함께.

종교성을 위한 성서적, 철학적 그리고 심리학적 이론(문화와 종교교육, 쿰란출판사, 1993)이 모두 적용되었다. 그들이 지키는 일부 율법적인 것을 빼고 구약과 그들의 지혜에 근거한 기독교교육의 원리를 우리가 새로이 적용해야 한다는 것을 깨달았다.

  당시 유대인에 대한 자료는 거의 모두가 개신교 학자들이 쓴 '유대인의 자녀교육'에 대한 것이었다. 자료의 빈곤과 개신교 학자의 편견이 섞여 있다는 느낌이 들었다. 그래서 유대인의 시각에서 본 '유대인 자녀교육'을 연구하기 위해 유대인 랍비 신학교인 유대주의 대학(University of Judaism)에서 수학했다.

  그 뒤 학문적 자료와 함께 정통파 유대인의 삶을 일일이 확인하고 싶었다. 그들의 교육을 연구하려면 생활 지침인 탈무드의 이론도 중요하지만 탈무드의 실생활 적용이 더 중요했다. 한국인 2세의 기독교교육에 실질적으로 적용하기 위해서였다.

마침 내가 살고 있는 웨스트 로스앤젤레스 및 베벌리 힐스는 유대인 밀집 지역이어서 정통파 유대인 대학인 예시바(Yeshiva) 대학이 있었다. 이 대학은 이방인을 받지 않지만 하나님의 은혜로 나는 그곳에서 학자들과 접하며 다년간 연구할 기회가 있었다.

이러한 연구가 이스라엘에서 살며 연구한 것과 거의 같은 효과를 얻은 데에는 몇 가지 이유가 있다. 현재 이스라엘에 거주하고 있는 유대인들이 모두 A.D. 70년 이후 자기 나라를 떠나 흩어져 디아스포라(Diaspora) 시대를 살다가 1948년에 이스라엘 독립과 함께 각 나라에서 모여든 사람들이다. 그럼에도 불구하고 그들은 시간과 공간을 초월하여 조상 대대로 전해 내려오던 성경 말씀을 지키며 자기 문화를 지켜 온, 즉 세대차이가 거의 없는 민족이다.

유대인은 세계에서 시간과 공간을 초월하여 조상 대대로 전해 내려오는 문화와 사상의 차이가 가장 적은 민족이다. 언어에서도 고어(古語)와 현대어(現代語)의 차이가 가장 적은 민족이다. 그러므로 그들은 성서 히브리어(Biblical Hebrew)를 가르치기 전에 현대 히브리어(Modern Hebrew)를 먼저 가르친다. 현대 히브리어를 알면 성서 히브리어는 자연히 알게 되기 때문이다. 그들이 자녀들에게 문자를 가르치는 가장 큰 이유는 하나님의 말씀을 읽고 배우게 하여 자손 대대로 하나님 말씀을 전하는 데 있다.

그러므로 이곳 미국에 거주하고 있는 유대인을 연구해도 이스라엘에 거주하며 유대인을 연구한 것과 별다른 차이가 없다. 또한 미국에는 독일계, 아랍계, 남미계 및 구 소련계 등 각 나라로부터 이민 온 유대인들이 있어서 다양한 유대인 문화를 접할 수 있다. 이 점 역시 이스라엘 현지의 사정과 비슷하다. 오히려 미국에서 연구를 계속할 경우 세속문화가 강한 미국에서 유대인들이 어떻게 자신들의 문화를 지키며 자녀교육에 성공하고 있는지를 발견할 수 있으며, 이는 한국인의 기독교교육에 더 많은 도움을 줄 수 있다.

이 책을 읽다 보면 유대인에 대해 너무 칭찬만 하지 않나 하는 느낌을 받을 것이다. 왜 그런가? 이 책은 성경을 근거로, 성경적인 가치를 지키며 사는 유대인의 삶을 서술했기 때문이다. 만약 여러분 주위에서 악한 유대인을 만났다면 그는 성경대로 살지 않는 유대인이다. 유대인이라고 모두 선한 유대인이 아니고 성경 말씀의 가치대로 사는 유대인이 선한 유대인이다. 이것은 마치 기독교인이라고 모두 선한 사람이 아니고 성경 말씀의 가치대로 사는 기독교인이 선한 기독교인인 것과 같다.

저자는 자신의 신앙과 뿌리 문화를 지키면서
자신들이 속한 국가에서 성공적인 삶을 살고 있는
유대인들에 관하여 관심이 많았다.
그들은 시간과 공간을 초월하여 조상 대대로 전해 내려오는
성경 말씀을 지키며 세대차이가 거의 없는 민족이다.
그들의 교육 방법은 무엇이 다른가?

제3장

유대인은 누구인가

Ⅰ. 유대인의 우수성
Ⅱ. 유대인은 누구인가
   1. 유대인의 3가지 명칭
   2. 현대 유대인의 분류

I. 유대인의 우수성

지구촌에는 수많은 민족들이 살고 있다. 그 민족들 가운데 어느 민족이 우수한가? 어느 한 민족을 우수한 민족으로 측정할 수 있는 잣대는 무엇인가?

영국의 역사철학자 토인비는 "위대한 민족은 바로 위대한 인물을 많이 배출한 민족이다."라고 말했다. 2천 년간 민족은 있으나 나라가 없었던 유대인을 염두에 둔다면 "위대한 민족은 위대한 인물이 많이 나온 민족이다"라고 표현할 수 있다.

전 세계적으로 유대인 인구는 약 1450만 명이다. 남한 인구의 약 3분의 1에 불과하다. 그 중에 이스라엘에 600만 명이 거주하고 미국에는 520만 명이 거주한다(크리스천 뉴스위크, *미국 내 유대인은 계속 줄고 있다.* 2003년 9월 23일). 그리고 나머지 330만 명은 전 세계에 퍼져 있다.

유대 민족의 나라인 이스라엘 영토(20,770㎢)는 남한(99,117㎢)의 강원도(16,873㎢)와 경기도(10,183㎢)를 합친 크기보다 작다. 그렇게 작은 나라다. 그나마 2001년에는 1967년 6일 전쟁 때 점령했던 땅을 팔레스타인에게 돌려주고 2003년 현재 한반도의 10분의 1밖에 안 남았다.

그런데도 유대인은 얼마나 우수한가? 1986년까지 전 세계적으로 노벨상 수상자 수는 약 300명이었다. 그 중에서 유대인 출신이 93명,

약 3분의 1을 차지한다(Schlessinger & Schlessinger, 1986). 분야별로 보면 경제학 분야 65%, 의학 분야 23%, 물리학 분야 22%, 화학 분야 11%, 문학 분야 7%가 유대계였다. 2006년도 통계는 생리·의학상 48명, 물리학상 44명, 화학상 27명, 경제학상 20명, 문학상 12명이었다. 평화상을 제외하고도 150명이 넘는다. 그것도 잠재적으로 유대인으로 추정되는 사람을 제외한 숫자다(최홍섭, 유대인과 노벨상, 조선일보, 2006년 10월 19일).

좀 더 자세히 그리고 최근 유대인이 차지하는 노벨상 비율의 통계를 보자. 찰스 뮤레이(Charles Murray)에 의하면, 20세기 초반 50년은 유대인에 대한 수많은 박해와 사회적 인종차별과 대학살에도 불구하고 문학, 화학, 물리, 의학 분야에 14%를 차지했다. 나머지 50년 동안은 전 세계에 걸쳐 29%까지 올라갔다. 21세기 들어 현재까지는 32%다. 현재 유대인의 인구는 전 세계 인구의 0.2%다(Commentary, April, 2007, p. 30).

특히 의학으로 인류에 공헌한 스트렙토 마이신의 발명자 젤만 왁스만, 플레밍과 함께 페니실린 대량 생산의 길을 연 어네스트 B. 체인 등도 유대인이다(우노 마사미, 1991, pp. 186-187). 미국의 유대인은 전체 인구의 2%인 560만 명에 불과하다. 미국의 70만 명의 변호사들 중에 20%인 14만 명이 유대인이다(Moment, No. 8, 1985). 미국에 있는 400명의 재벌 중 23%가 유대인이다. 뉴욕 중·고등학교 교사 중 거의 50%가 유대인이다.

유대인은 19세기 중반부터 월스트리트를 세계 금융업의 중심지로 키워 냈으며 미국 3대 방송사와 할리우드 5대 메이저 영화사를 모두

유대인 천재 과학자 아인슈타인이 미국에 도착했을 때 그의 명성을 듣고 운집한 많은 군중들이 열광했다. 이 광경을 보고 옆의 유대인 친구가 물었다. "어떻게 생각하십니까?" 아인슈타인은 "Nothing to me.(내게는 상관없는 일입니다.)"라고 대답했다. 유대인에게는 세상의 부귀, 명예, 물질을 소유해도 이를 초월할 수 있는 정신 세계가 있다. 유대인의 교육 때문이다.
사진은 미국의 시사 주간지 〈타임〉이 1999년 12월, 20세기 100년 동안 인류에게 가장 영향을 미친 인물로 아인슈타인을 선정한 표지.

설립하거나 인수했다. 전미 50대 기업 중 17개가 유대인이 설립하고 경영한 유대계 기업이며 미국의 학계를 선도하는 아이비리그 교수진의 약 40%가 유대인이다. 뉴욕에 사는 유대인 160만 명 중 70%가 대졸자이며 39%가 석사 또는 박사다. 법조, 의학, 교육, 문화계 등 일일이 열거하는 것이 어려울 정도로 유대인들은 미국 사회의 각 분야를 주도하고 있다(SBS스페셜, 젖과 꿀 흐르는 땅 유대인의 미국, 2005년 9월 26일).

'신앙의 자유를 위한 미국인 연합'의 알버트 메반데즈가 미국 상·하의원들의 종교를 조사한 바에 따르면, 전체 의원들 535명 중 35명이 유대인이다. 미국 전체 인구 중 유대인이 차지하는 비율이 2%밖에 안 된다는 점을 감안하면 유대계 의원수는 상당히 많은 것이다(크리스천 헤럴드, *상하의원 개신교 293명, 가톨릭 151명, 유대교 35명*, 1997년 2월 2일).

미국 대학 교수 중에 25~35%가 유대인이다. 특히 프린스턴 대학의 경우 총장 및 주요 행정 책임자들 90% 이상이 유대인이다(Moment, No. 9, 1988). 금융자본가 로스차일드를 비롯하여 세계적 언론사인 〈뉴욕타임스〉 발행인 슐츠버거(Shultzburger), 〈워싱턴 포스트〉 발행인이었던 캐서린 그레이엄(Catherine Graium) 등이 유대인이다.

이스라엘의 뉴욕 총영사 콜렛 아비탈은 텔 아비브 대학교에서 다음과 같은 강연을 했다.

"첫 유대인 미국 국무장관이었던 헨리 키신저 이후 20년이 채 안 된 지금 미국의 이스라엘 대사도 유대인이고, 백악관 보좌관 엔서니 레이크(CIA 국장 지명자), 그의 차석인 샌디 버거(백악관 안보 보좌관)도 유대인이다. 미국의 신임 국무장관 메들린 올브라이트(Albright)도 유대인이다. 유대인의 요직 기용은 이제 당연한 일이다"(중앙일보, *올브라이트 美 국무 유대인이란 사실 이스라엘 2년 간 숨겼다*, 1996년 12월 13일).

역사적으로 우수한 유대인들을 살펴보자. 마이클 샤피로가 지은 세계 역사 속에 영향을 미친 《유대인 100인(Shapiro, 1994)》에 의하면 구약의 모세, 솔로몬, 기독교의 예수, 바울, 공산주의 창시자 칼 마르크스, 심리학자 프로이트, 화가 샤갈, 상대성 이론가 아인슈타인, 세계적 지휘자 번스타인, 영화 배우 커크 더글라스, 국제 외교가 키신저 등이 유대인이다.

유대인의 우수성은 학문에만 국한되어 있는 것이 아니고 경제, 정치, 문화 및 할리우드에 이르기까지 다양하다(Commonweal, 1981, p. 233). 예를 들어 영화 〈쥐라기 공원〉과 〈쉰들러 리스트〉를 제작한 스필버그 감독도 유대인이다.

1999년 12월에 미국의 시사 주간지 〈타임〉은 20세기에 온 인류에 가장 큰영향을 많이 끼친 사람들을 뽑았다. 그 중에서 4인을 또 선택했다. 과학에 아인슈타인, 사상에 칼 마르크스, 심리학에 프로이트, 진화론의 찰스 다윈이다. 이 중 세 사람이 유대인이고 찰스 다윈만 영국인이다. 그리고 1999년 12월 31일자 커버에 아인슈타인을 20세기 인류에 가장 많은 영향력을 끼친 사람으로 실었다.

그렇다면 여기에서 다음 2가지 질문을 던질 수 있다.

첫째, 과연 그들의 우수성은 선천적으로 머리가 좋게 태어난 덕분일까, 아니면 후천적인 개발, 즉 그들의 특수한 교육 덕분일까? 이 점에 대해 많은 유대인이나 미국 학자들이 연구한 바 있다. 그러나 그들의 연구 결과는 하나같이 유대인은 천재로 태어나는 것이 아니고 교육에 의해 우수한 민족이 된다는 것이다. 특히 스탠퍼드 대학의 젠센 교수는 유대인의 영아들은 동양인 영아들보다도 미숙하다는 연구 결과를 발표했다(1993년).

둘째, 그렇다면 그들의 교육 내용과 방법은 다른 민족의 그것들과 어떻게 다른가? 이 명제를 풀기 위해서는 무엇을 연구해야 하는가? 만약 유대인 교육의 비밀을 알기 위해 표면적으로 보이는 그들의 교육열과 세상학문의 우수성만 연구한다면 실패할 수밖에 없다. 역사적으로 우수한 인물들을 배출할 수 있는 정신적 토양은 무엇인가? 그리고 이 토양은 어떻게 만들고 가꾸어지는가? 표면적으로 보이는 유대인의 교육열과 세상 학문의 우수성의 원천은 눈에 보이지 않는 그들의 유대주의(Judaism)에서 나온다.

그 유대주의는 그들의 종교에서 나온다. 그들의 종교는 토라 (Torah), 즉 구약 성경에 기초하고 있다. 그리고 교육 방법도 그들이 독특하게 개발한 성경과 탈무드 학습법이다. 일종의 IQ계발 방법이다 ('유대인의 아버지 교육' 참조). 그렇기 때문에 성경을 모르고는 그들의 교육을 깊이 있게 설명할 길이 없다. 따라서 '유대인의 자녀교육'은 '성경적 자녀교육'이라 할 수 있다.

유대인이 역사적으로 우수한 민족이 된 이유는 세상 학문에서 나오는 것이 아니고 하나님의 말씀대로 자녀에게 가르치고 그대로 살아온 결과라고 말할 수 있다. 이것은 이미 하나님께서 그들에게 약속하셨다.

> "네가 네 하나님 여호와의 말씀을 삼가 듣고 내가 오늘날 네게 명하는 그 모든 명령을 지켜 행하면 네 하나님 여호와께서 너를 세계 모든 민족 위에 뛰어나게 하실 것이라. 네가 들어와도 복을 받고 나가도 복을 받을 것이니라. 여호와께서 너로 머리가 되고 꼬리가 되지 않게 하시리라." (신 28: 1, 6, 13)

따라서 본 시리즈를 모두 읽으면 자녀의 인성교육 노하우만 배우는 것이 아니라 유대인의 영재교육 방법도 배울 수 있다.

성경적 의미의 아버지와 어머니의 개념은 무엇인가, 가정이란 무엇인가, 그리고 성경은 우리 자녀를 어떻게 키우라고 하는가, 유대인의 자녀교육 방법은 우리와 무엇이 다른가 등에 대한 성서적 해답이 유대인의 자녀교육 속에 포함되어 있다. 유대인들의 교육 방법이나 사상에는 유대인의 역사를 통해 훌륭한 지혜자들의 지혜를 구약 성경과 한데 묶은 탈무드(Talmud)가 큰 역할을 한다. 이것이 우리와 크게 다른 점이다.

유대인이 역사적으로 우수한 민족이 된 이유는
세상 학문에서 나오는 것이 아니라, 하나님의 말씀대로
자녀에게 가르치고 살아온 결과였다.
"네가 네 하나님 여호와의 말씀을 삼가 듣고
내가 오늘날 네게 명하는 그 모든 명령을 지켜 행하면
네 하나님 여호와께서 너를 세계 모든 민족 위에
뛰어나게 하실 것이리라"(신 18:1, 13).
따라서 본 시리즈를 모두 읽으면 자녀의
인성교육 노하우와 유대인의 영재교육 방법도 배울 수 있다.

II. 유대인은 누구인가

1. 유대인의 3가지 명칭

　　　　　　유대인은 누구인가? 그들은 역사적으로 하나님이 선택하신 하나님의 백성이다. 우리는 흔히 유대인을 부를 때 히브리 민족(Hebrew), 이스라엘 민족(Israelite), 그리고 유대인(Jews) 등으로 부른다. 다음은 유대 민족이 왜 이 3가지 이름으로 불리며 이 이름들은 무슨 의미를 갖고 있는지, 이름에 대한 어원과 역사적 배경에 대한 설명이다.

A. 히브리인(Hebrew)

　　　　　히브리인의 첫 기원은 구약성경 창세기 10장 21절 셈족에서 찾을 수 있다. "셈은 에벨 온 자손의 조상이요, 야벳의 형이라. 그에게도 자녀가 출생하였으니…."(창 10:21) 이는 셈족이 에벨의 조상이 됨을 말하며, '에벨(Eber)'이 히브리인에 대한 히브리 단어의 어원이 된다.

　　　성경 어느 부분에 최초의 '히브리'란 단어가 나올까? 창세기 14장

13절에는 "도망한 자가 와서 히브리 사람 아브람에게 고하니"(창 14:13)라는 말씀이 나타난다. 당시에 그 지방 사람들이 아브람(아브라함)을 히브리인으로 불렀다는 증거다. 즉 창세기 12장에 등장하는 아브라함이 히브리인의 조상, 선민의 조상이 된다는 말이다.

'히브리' 란 단어는 본토인들이 외국인과 이스라엘 사람을 구분하여 사용한 데에서 온다. B.D.B 히브리 어원 사전(1979)에 의하면, '히브리' 란 단어는 여호수아 24장 2절과 3절의 말씀에 근거하여 '요단 건너편에서 온 자', '유프라테스강 건너편에서 온 자' 란 뜻이다.

> 여호수아가 모든 백성에게 이르되 이스라엘 하나님 여호와의 말씀에 옛적에 너희 조상들 곧 아브라함의 아비, 나홀의 아비 데라가 강 저편에 거하여 다른 신들을 섬겼으나 내가 너희 조상 아브라함을 강 저편에서 이끌어 내어 가나안으로 인도하여 온 땅을 두루 행하게 하고 그 씨를 번성케 하려고 그에게 이삭을 주었고…. (수 24:2-3)

위의 말씀에서 "아브라함의 아비, 나홀의 아비 데라가 강 저편에 거하여 다른 신들을 섬겼으나"와 "내가 너희 조상 아브라함을 강 저편에서 이끌어 내어 가나안으로 인도하여" 등이 히브리 민족의 근원인 아브라함의 뿌리를 잘 설명해 주고 있다. 또한 성경 이외의 자료에 쓰인 경우를 보면, 본토인들이 '히브리인' 을 칭할 때는 재산 없는 이민자에게 붙였다.

이상의 내용을 하나님의 선민 입장에서 정리하면 '히브리인' 이란, 요단강 건너편 이방 세상에서 우상만을 섬기던 아브라함을 하나님께서 은혜로 선택하셔서 영원한 안식의 땅, 가나안으로 불러내어(called out) 하나님의 자녀로 삼으신 족속이다. 이들은 자기가 거하던 세상의 본토 친척 아비 집의 모든 재산들을 버리고 하나님에 대한 믿음만을 재산으로 삼아 온 족속들이다.

이런 관점에서 볼 때, 기독교인들은 하나님께서 우리를 사랑하사 은혜로 우리를 택하셔서 이방 세상에서 영원한 하나님 아버지의 집인 영적 가나안, 즉 교회로 불러내셔서(called out) 하나님의 자녀로 삼으신 거룩한 성도들이다. 그렇기 때문에 우리 성도들도 이방 세상의 모든 즐거움과 습관을 과감히 버리고 하나님이 지시하는 영원한 땅 천국을 위해 하나님의 말씀과 믿음으로 신앙생활을 해야 할 의무가 있는 것이다.

B. 이스라엘(Israel)

'이스라엘' 이라는 단어는 야곱의 또 다른 이름이다. 이 이름은 '하나님과 사람으로 더불어 겨루어 이기었다'(창 32:28)는 데서 유래한다. '이스라엘' 이란 이름의 성경 배경은 이러하다.

야곱이 그의 형 에서를 피하여 그의 장인 라반의 집에서 20년간 처가살이를 마치고 가나안으로 돌아올 때였다. 야곱은 에서를 두려워하여 얍복강에서 밤새도록 기도했다. 그때 천사가 나타나 그와 씨름을 하는데 천사가 야곱의 환도뼈를 쳐 위골되었다. 그런데도 야곱이 끝까지 놓지 않고 천사에게 매달리자 천사가 야곱에게 붙여 준 이름이 '이스라엘' 이다(창 32:24-28). 그러나 이 이름은 다시 하나님 스스로 야곱에게 나타나셔서 붙여주셨다(창 35:10). 따라서 이스라엘이라는 이름은 하나님이 붙여 주신 이름이다.

> 그 사람이 가로되 네 이름을 다시는 야곱이라 부를 것이 아니
> 요, 이스라엘이라 부를 것이니 이는 네가 하나님과 사람으로
> 더불어 겨루어 이기었음이니라. (창 32:28)

> 야곱이 밧단아람에서 돌아오매 하나님이 다시 야곱에게 나타
> 나사 그에게 복을 주시고 그에게 이르시되 네 이름이 야곱이다
> 마는 네 이름을 다시는 야곱이라 부르지 않겠고 이스라엘이 네
> 이름이 되리라 하시고 그가 그의 이름을 이스라엘이라 부르시
> 고 그에게 이르시되 나는 전능한 하나님이니라 생육하며 번성
> 하라 국민과 많은 국민이 네게서 나고 왕들이 네 허리에서 나
> 오리라. (창 35:9-11)

야곱이란 이름이 그의 육적 이름의 뜻인 '발꿈치를 잡은 자(heel)' 또는 '사취하는 자(Supplanter, deceit)'라면, '이스라엘'이란 이름은 영적인 면이 담긴 '하나님에게 우세한 자(to prevail over the Divine)' 란 뜻이다. 나쁜 뜻의 이름이 좋은 영적인 뜻의 이름으로 바뀌었다.

역사적으로 이스라엘 민족이 언제 형성되었느냐에 대해서는 학자마다 견해가 다르나 대체로 본격적인 이스라엘 국가가 형성된 시기는 출애굽 사건 이후로 보고 있다. 어떤 학자는 가나안 정복 이후로 보기도 하나 저자는 출애굽 사건 이후로 보는 견해에 동의한다.

C. 유대인(Jews)

'유대인(Jew)'이란 명칭은 이스라엘(야곱)의 아들 유다(Judah)의 이름에서 비롯되었다(derived from Judah). 유다는 이스라엘의 12지파 중 가장 특출했다. '유대인'이란 단어가 쓰인 유래는 이스라엘의 북왕국 10지파가 기원전 722년에 아시리아에 포로로 잡혀 간 이후 멸망했으나 유다 왕국의 유다인들(Judeans)은 살아남은 뒤부터다(Donin, 1992, p. 7). 유대인은 구약 성경에서 유다지파에 속한 사람들 혹은 남왕국이었던 유다 왕국의 시민(II Kings 16:6; 25:25)을 일컫는 이름이었지만, 더 넓은 의미로는 바빌론 포로생활 이후(Post-exilic) 예루살렘으로 귀환한 모든 히브리 민족을 일컬을 때 사용되었다(The New Compact Bible Dictionary, 1967, p. 283).

신약 성경에서는 이스라엘 백성을 지칭할 때 일반적으로 유대인이란 용어를 많이 썼다(딛 1:14; 갈 2:14; 행 11:19; 롬 2:28-29). 특히 바울은 혈통적이며 율법주의적인 유대인과 이방인이 그리스도를 영접한 영적 유대인의 차이를 신학적으로 설명하였다(롬 2:28-29; 갈 3:7).

역사적으로도 대부분 유대인의 언어를 말할 때는 히브리어라고 하지만 민족을 일컬을 때는 유대인이라는 용어를 사용한다. 이 책에서 이스라엘 민족을 '유대인'이라고 통일하여 사용하는 이유가 여기에 있다. 현대에는 일반적으로 인종(민족)에 관계없이 유대인의 규례에 의해 유대교로 개종한 사람을 유대인이라고 부른다.

2. 현대 유대인의 분류

전 세계 이스라엘 인구는 이스라엘에 사는 520만 명을 포함 1300만 명이다.* 유대인 에이전시는 북미에 560만 명, 유럽에 120만 명, 전 소련연방에 41만 3천 명, 남아메리카에 40만 1천 명, 아프리카에 8만 4천 명, 오스트레일리아와 뉴질랜드 그리고 아시아에 1만 9천 명이 살고 있다고 발표했다. 이스라엘 인구 680만 명 중에 유대인은 81%로 520만 명이고 나머지 19%는 아랍인들이다. 2003년 아랍 인구는 유대인들의 인구증가율 1.3%보다 높은 3%를 기록했다. 이스라엘 유대인들의 평균 나이는 30.4세이고 아랍인 평균 나이는 19.7세다. 이스라엘의 종교별 인구분포는 유대교 82%, 모슬렘 14%, 기독교 1.8%, 기타가 2.2%다(The International Jerusalem news, January 23, 2005).

미국의 유대인 중 유대교에 속한 유대인(Jews by Religion) 수는 65%, 무종교 그룹(Born Jews with no religion)이 16%, 그리고 타 종교에 속한 유대인 수도 16%나 되었다(Barry Kosmin, 1990).

그런데 최근 미국 유대인에 관한 상반된 통계가 관심을 끈다. 2003년 9월 17일 휴스턴 유대 연맹을 포함한 약 550개의 유대 그룹이 소속되어 있는 유나이티드 유대 공동체에서 4500명을 조사한 결과에 의하면, 과거 몇십 년 동안 유대인 이외의 인종과 결혼, 출생률 저하, 노령화 등으로 인해서 유대 인구 수가 550만 명에서 520만 명으로 줄어들었다. 그러나 이번 조사를 지휘한 코헨은 "이번 조사 결과로 미국

---

* 유대인의 인구 수는 어느 통계이건 정확하지 않다. 따라서 통계마다 다를 수 있다.

내 유대인들 가운데에는 2개의 상반된 경향이 존재하고 있음을 알게 되었는데, 하나는 유대인의 숫자 감소이고 다른 하나는 유대신앙인의 증가이다."라고 말했다.

기혼자의 47%는 타인종과 결혼했는데, 이는 1985~1990년 사이의 43%, 1970년대 이전의 13%보다 상승한 것이다. 타인종과 결혼한 부부가 낳은 자녀들 중 유대인으로 길러진 아이들은 33%이며, 부모가 모두 유대인일 경우는 그 자녀들 중 96%가 유대인으로 성장한다.

한편 이번 조사는 유대신앙과 교육에 열심인 사람들이 이전보다 늘고 있음을 보여주고 있다. 자녀들 중 거의 30%는 유대 학교에 등록해 교육을 받고 있으며, 성인들도 24%가 성인 신앙교육 프로그램에 참석하고 있는 것으로 알려졌다. 또 대부분의 유대인들은 유월절이나 하누카 축제를 지키고 있고, 욤 키푸르 같은 축제에는 약 절반 이상이 참여하는 것으로 드러났다.

모든 유대인의 46%는 회당에 소속되어 있다. 그리고 이들 중 39%는 개혁주의 유대교, 33%는 보수적 유대교, 21%는 정통 유대교, 3%는 재건 유대교, 4%는 기타 성향의 유대교인이다(크리스천 뉴스위크, *미국 내 유대인은 계속 줄고 있다*, 2003년 9월 23일). 다시 말해 유대적 종교성이 강한 정통파 유대인 그룹은 계속 증가하는 반면, 세속적인 유대인은 이방인과의 결혼 및 세속화로 인해 유대인의 정체성을 점점 잃어가고 있다고 말할 수 있다.

현대 유대인은 종교적으로 어떻게 분류되는가? 유대교에 속한 유대인도 기독교의 종파처럼 여러 가지로 나뉜다. 현재 유대계에는 신앙의 양상에 따라, 그리고 각 지역에 따라(예: 아프리카계, 남미계, 유럽계,

소련계 등) 많은 종파들(sects)이 있어서 혼동하기가 쉽다.

현재 유대인은 유대주의의 접근 방식에 따라 4가지로 나뉜다. 나뉘게 된 동기는 근대 프랑스 혁명에 기인한다. 프랑스 혁명 후에 유럽에 거주했던 유대인들에게 거주 지역의 주류 사회에 참여할 수 있는 권한이 허용되었다. 이때부터 유럽 각 나라의 정부로부터 그들만의 생활을 강요받았던 수용소 같은 게토(Ghetto) 생활을 청산하고, 일반사회의 문화권으로 진입했다. 게토의 벽이 무너지면서 유대인들은 새로운 갈등에 싸이게 되었다. 일반 사회에 참여하기 위해 지금까지 지켜오던 자신들의 전통적인 신앙노선을 얼마만큼 양보해야 하느냐의 문제가 대두된 것이다(Kling, 1987, p. 27).

따라서 그들은 전통 신앙의 접근 정도에 따라 대략 4가지로 분류할 수 있다. 그러나 저자는 유대인 중 비종교인과 개종자까지 포함하여 여섯 부류로 나눴다. 첫째 정통파 유대인(Orthodox Jews), 둘째 개혁주의 유대인(Reformed Jews), 셋째 보수주의 유대인(Conservative Jews), 넷째 재건파 유대인(Reconstructionist Jews), 다섯째 무종교주의 유대인(Non-Religious Jews), 기타 등이다.

A. 정통파 유대인(Orthodox Jews)

정통파 유대인은 가장 보수주의를 고집하는 종파이다. 모세의 종교적 전통과 계율을 전면적으로 굳게 지키고 있다(Kling, 1987, pp. 30-31). 그러므로 그들은 고대와 현대 사이에 세대차이가 가장 적은 종파이다.

현재 그들의 삶은 2천 년 전 예수님 당시의 보수 유대인들의 모습 그대로이다. 하루에 세 번씩 기도한다. 아침에 기도할 때에 기도복을 두르고 이마와 팔뚝에 쉐마(신 6:4-9)를 담은 테필린을 붙이고 기도한다. 레위기에 나타난 음식에 관한 규율도 철저히 지킨다. 또한 안식일과 절기를 가장 철저히 지킨다.

내가 사는 지역의 유대인 동네에도 유대교 회당에는 회중을 위한 주차장이 없다. 왜냐하면 안식일에 차를 운전하는 것은 계율을 범하는 행동이기 때문에 모두 걸어서 회당에 모인다. 그러므로 큰 주차장이 필요 없다. 이러한 삶은 유대인들이 회당을 중심으로 자기들끼리 모여 사는 유대인 공동생활체를 만드는 데 크게 기여한다. 이는 마치 구약의 광야 시절 이스라엘 백성이 성막을 중심으로 12지파가 진을 형성했던 것을 연상하게도 한다.

내가 그들의 안식일에 참석하여 필기를 하려 했더니 필기 자체가 일이기 때문에 안식일을 어긴다고 못 하게 말렸다. 물론 사진도 못 찍게 했다. 그들은 안식일에는 TV도 안 보고, 회당이나 가정에서 전화도 받지 않는다.

회당에서 기도하는 동안 전깃불은 켜 있었다. 왜 전깃불은 사용하느냐고 물었더니, 이 전깃불은 안식일 전, 즉 해지기 전에 켜 놓은 것이라는 대답이었다. 만약 중간에 실수로 전기를 끌까 봐 전기 스위치를 만지지 못하도록 모두 테이프로 붙여 놓았다고 했다. 물론 안식일엔 회당에서 마이크도 사용할 수 없다.

미국에 거주하는 미국인들이 사용하는 모든 성경과 기도문은 히브리어와 영어로 되어 있지만 정통파는 히브리어로 쓰인 것만 사용한다. 그러나 대부분 일상 회화와 설교는 영어로 한다.

유대인들이 쇠는 새해를 '로쉬 하쉬나(Rosh Hashana)'라고 한다. 로

정통파 유대인은 안식일에 사진 촬영도 '노동' 이라는 이유로 금지하고 있다. 저자는 안식일 끝난 토요일 일몰 뒤 담소하는 그들의 모습을 찍었다. 유대인들은 언제나 1세와 2세가 함께 있기를 원한다.

쉬 하쉬나의 새날을 알릴 때 나팔을 분다. 이때 사용하는 나팔은 아무리 소리가 잘 나는 현대 나팔이 있다 하여도 아직까지 숫양의 뿔로 만든 것을 고집한다.

또한 그들은 아직도 회당에서의 공예배 때 두루마리 성경을 사용한다. 이 두루마리 성경은 양피지에 붓으로 서기관이 직접 쓴 성경이다. 서기관은 온 정성을 들여 하나님의 말씀을 일 점 일 획도 더하거나 빼지 않고 기록하려고 노력한다. 그러므로 두루마리 성경의 가격도 엄청나게 비싸다. 보통 예루살렘에서 만든 토라가 2만~10만 달러(한화 2천만~1억 원 정도, 환율 1000 대 1로 계산)이다. 따라서 그들에게 고대 히브리어 성경을 쉬운 현대어로 의역한다는 것은 상상할 수도 없다.

실제로 안식일 예배 때 두루마리 성경을 사용하는 것은 매우 불편하다. 민수기를 읽다가 이사야서를 읽을 때에는 많은 양의 성경을 양쪽에서 한 사람은 풀고 다른 한 사람은 말아야 하는 수고가 따른다. 그러므로 예배 때 보통 두서너 개의 두루마리 성경을 사용한다. 아무리 인쇄술이 발달했어도, 그리고 과거의 것이 아무리 불편해도 그들은 조상 대대로 내려오는 전통을 그대로 고집한다. 오늘날 우리 손에 구약 성경의 사본이 수정 없이 전해진 이면에는 이러한 그들의 고지식한 수고가 있었음을 알고 감사하지 않을 수 없다. 바울이 말한 대로 그들은 '말씀 맡은 자' 로서의 사명을 잘 감당했다(롬 3:2).

**정통파 유대인은 가장 보수주의를 고집하는 종파다.
모세의 종교적 전통과 계율을 전면적으로 굳게 지키고 있다.
그들은 고대와 현대 사이에 세대차이가 가장 적은 종파다.**

B. 개혁파 유대인(Reformed Jews)

개혁파 유대인은 자유주의 색채가 짙다. 역사적인 보수 유대주의에 자유주의가 시작된 것은 근대에 와서이다. 19세기 초 독일의 함부르크에서 시작되었다. 당시 전 유럽을 휩쓴 합리주의의 영향을 받아 유대교의 전통적인 교리, 예절, 신학 교리를 현대에 맞도록 조정했다. '유대교는 시대와 함께 발전한다' 는 이론과 함께 개혁주의를 주도한 사람이 철학자 아브라함 가이거(1874년 사망)였다(Yuro, 1988).

율법을 한번 느슨하게 하면 자유화로 말미암아 전통 자체가 흔들리기 시작한다. 예를 들면 남성 위주의 유대사회에서 남성과 여성의 권리 평등을 인정한 뒤 여성의 사역과 지위 문제가 거세게 거론되었다. 지금도 여성 랍비 제도가 옳으냐 그르냐의 논쟁이 보수 진영에서도 한창이다.

개혁파 유대인들에게는 전통적인 음식에 대한 계율도 없다. 그들은 거의 영어를 사용하고 성가대도 현대식이다. 그래도 성경과 기도문은 영어와 히브리어 이중언어로 되어 있다. 물론 안식일에 차를 타고 마음껏 운전도 한다. 그러므로 회당 주차장도 크다. 진실한 신자도 있지만 형식적인 교인도 많이 있다.

나는 그들의 신년 절기와 욤키퍼(대속죄일) 의식에 참석하면서, 많은 유대인들이 일 년 중 몇몇 중요한 절기에만 참석한다는 사실을 알았다. 회당에 따라 약간씩 다르지만 그들의 메시지는 거의 도덕적이거나 윤리적이다. 세계 유대인의 동향에도 밝다. 랍비의 권한보다도 평신도의 권한이 크게 신장되었다. 그러므로 개혁파는 전문성이 있는 랍비의 권한이 줄어들게 되므로 세속화 일로에 있다. 특히 수평문화가 강한 미국에서 개혁파 유대인의 수는 날로 증가한다. 그들 중 많은 수가 일 년에 몇 번만 회당에 오다가 끝내는 신앙의 대열에서 이탈한다. 이 때문에 정통파 유대인들은 미국에서의 자녀교육을 극히 염려한다.

정통파 유대인과 개혁주의 유대인의 차이를 설명하기 위해 내가 직접 겪은 일을 한 가지 소개하겠다.

랍비 신학생들이 다니는 유대 대학교에서 공부할 때였다. 그 학교는 보수파에 속하는데도 남학생과 여학생이 반반 정도였다. 여성은 랍비가 될 수 없을 텐데 왜 여성들이 많으냐고 물었다. 여학생들은 자신들이 졸업할 때면 개혁파 회당에 여성 랍비가 많이 필요할 것이며, 회당 내에서도 여성의 입지가 점점 강화되고 있다고 설명했다.

한번은 '남편과 아내'에 관한 이야기가 화제가 되었다. 한참 자기네끼리 얘기하다가 내게 의견을 물었다. 나는 전통적인 한국 여인상을 얘기하고, 기독교인의 시각에서 유대인이었던 바울이 우리에게 준 훈계를 얘기해 주었다. "여자는 교회에서 잠잠하고 의문이 생기면 집에 가서 남편에게 물어 보라."

그랬더니 조용히 듣던 여학생들이 갑자기 "노 웨이!(No way: 어림도 없지요!)"라고 웃으며 합창했다. 그래도 보수계 한국인 목사님들은 지금도 성경에 따라 성도들에게 그렇게 가르친다고 말해 주었다.

그 뒤 저자는 안식일에 정통파 유대인 신학교인 예시바 대학교 교수 가정에 초대받았다. 저자는 시간에 맞춰 갔지만 그 교수는 회당에서부터 일행과 걸어오느라고 좀 늦었다. 마침 집 안에 시어머니와 며느리, 그리고 미국을 방문 중인 이스라엘 여성 경제학 박사 한 분이 있었다. 저자는 그들에게 남편과 아내의 역할에 대한 그들의 의견을 물었다. 그런데 신기하게도 그들의 대답이 바울이 한 교훈과 똑같았다. 저자는 그 때 바울이 그의 말대로 얼마나 보수 유대인 중의 유대인이었는가를 다시 한 번 확인했다.

정통파 유대인 여성이 주일마다 안식일과 정기적인 절기들을 지킨다는 것은 보통 힘겨운 일이 아니다(자세한 절기 준비는 절기교육에서 언급됨). 철저한 집안 청소와 음식 장만은 여성들의 일이기 때문이다. 그런데도 여성들은 남편에게 도움을 요청하지 않는다. 그들에게 현대 여성들은 일도 하고 아이들도 키우는데 남성의 일과 비교하여 너무 불공평하지 않느냐고 물었다. 그래도 그들은 하나같이 하나님의 율법은 선하기 때문에 자신들이 해야 한다고 입을 모았다. 정통 보수를 세대 차이 없이 지키고자 하는 그들의 노력이 엿보였다.

그러나 반면 진보운동의 물결도 만만치 않았다. 특히 미국에 있는 유대 여성들의 운동이 더 거세지고 있다.

개혁파 유대인은 자유주의 색채가 짙다.

C. 보수파 유대인(Conservative Jews)

보수파 유대인은 정통파 유대인과 자유주의 색채가 있는 개혁파 유대인과의 중간 입장을 취한다. 보수파 유대인들은 자유주의로 치닫던 개혁파 유대인의 진보 성향에 대한 반동으로 1887년에 추진되었다. 솔로몬 셰히터(1915년 사망)가 대표적인 인물이다. 그는 동유럽에서 태어나 영국의 옥스퍼드 대학 교수를 역임한 최초의 유대인이었다. 그 뒤 그는 미국으로 건너가 보수파 유대인의 지도자가 되었다(Yuro, 1988).

보수파 유대인은 더 많은 사람들이 신성한 예배를 드릴 수 있도록 최소한의 편의를 도모하는 한편, 유대교의 계율을 철저히 지키려고 최대한 노력한다. 법은 인도적 배려를 우선으로 해야 한다는 사상이 보수파 유대인을 뒷받침하고 있다.

　이에 따라 생활의 근대화에 따른 과거의 일부 비현실적인 것은 현실에 맞게 최소한 조정하고 있다. 보수주의에서는 유대교의 율법 해석을 계속 새롭게 시도한다. 예를 들면, 그들은 안식일에 정통파에서 금하는 '전기 사용'을 허용한다. 이유는 '전기'는 '불'이 아니라고 해석한다(Kling, 1987, p. 32). 정통 유대교에서는 안식일에 불을 땔 수 없다. 또한 음식에 관한 계율은 지키는 편이다. 회당에서는 남성과 여성이 함께 앉고, 예배 드리러 회당에 오갈 때 왕복에 한하여 차를 탈 수도 있다. 히브리어와 영어를 공용으로 사용하지만 신앙적으로 상당한 보수를 유지한다.

**보수파 유대인은 정통파 유대인과 자유주의 색채가 있는
개혁파 유대인과의 중간 입장을 취한다.**

D. 재건파 유대인(Reconstructionist Jews)

재건파는 1934년 미국의 보수주의 운동 속에서 랍비 카플란(Mordecai M. Kaplan) 교수(Jewish Theological Seminary)의 사상에서 시작되었다(Kling, 1987, p. 32). 재건파는 급진적 자유주의파다. 인간의 이성을 강조하는 인본주의적 유대주의를 현대 과학에 맞추어 다시 정립하고자 한다(Dejima Yuro, 1988).

카플란은 '유대주의'를 유대인의 '진화하는 종교 문명(the evolving religious civilization)'으로 정의했다. 그리고 초자연주의를 배격하며 자신의 입장을 '종교적 인본주의(religious humanism)'라고 밝혔다. 구약의 율법에 의한 종교의식을 허용하지 않는다(Kling, 1987, p. 33).

영적이기보다는 도덕적이고 윤리적이며, 사회 운동화하고 있다. 그들은 구약의 모든 기적을 배제한다. 사후 세계를 믿지 않는다. 유대인 중 극소수가 이에 동조한다.

E. 무종교주의 유대인(Non-Religious Jews)

무종교주의 유대인들은 본인이 유대인이라고 말은 하면서도 유대주의의 종교성이 전혀 없는 이들이다. 현재 미국에 거주하는 많은 유대인들이 이 부류에 속한다. 그러나 그들 중 대다수는 비록 자신들이 무종교주의라고 하더라도 이스라엘의 국익에 관한 이슈가 제기될 때에는 어김없이 유대인 편을 든다. 유대인 특유의 공동체 개념이다.

F. 기타

이 밖에도 타종교에 속한 유대인이 111만 5천 명(16%)이나 된다. 그리고 타민족과 결혼해 사는 유대인도 135만 명이다. 이 인구까지 합하면 미국에 거주하는 전체 유대인은 820만 명으로 추산된다(Barry Kosmin, 1990).

G. 정통파 유대인의 교육이론과 방법 참고

미국에 거주하는 유대인 랍비들도 현재 자신들의 자녀들이 미국의 세속문화에 물드는 현실을 대단히 안타까워한다. 그들 말로는 유럽이나 남미 및 아프리카에 살 때에는 자녀들을 유대식으로 잘 키웠는데 미국에 온 후로 점점 그렇게 키우기 어렵다는 것이다.

이것은 그만큼 미국의 세속적인 수평문화가 다른 미개발 국가들에 비하여 강하다는 증거이다. 이러한 미국의 세속적인 수평문화가 인공위성의 발달로 한국에 직수입되므로 한국의 2세 교육도 점점 더 어려워지고 있다.

이 책을 집필할 때 원칙적으로 위의 4가지 종교적 유대인들 중 대부분 정통파의 생활과 교육 방법을 토대로 했으며, 극히 일부는 보수파와 개혁파의 것을 참고했음을 밝혀 둔다. 그 이유는 이렇다.

첫째, 이스라엘의 역사를 움직이고 위기 때마다 결정을 내리는 이스라엘 민족의 정신적 지도자는 거의 모두 정통파들이기 때문이다. 그들은 성경에서 말하는 '남은 자들(Remnants)'이다.

둘째, 혹시 나와 견해를 달리하는 유대인을 소개하는 학자들이 있을 경우 마찰을 피하기 위해서다.

간혹 각각 다른 유대인을 보고 그 유대인의 생활만을 소개하며 주장하는 사람을 보았기 때문이다. 예를 들면, 정통파 유대인은 13세 된 남자에 한하여 성년식을 베풀어 주고 여성(12세)의 경우 토라 없이 파티만으로 끝난다. 그러나 개혁주의 유대인들은 여자에게도 성년식을 베풀어 준다.

이처럼 유대인들은 자신이 속한 신앙 노선 및 어느 나라에서 살았느냐에 따라 다른 생활풍습을 갖고 있다. 따라서 유대인에 대해 말할 때에는 포괄적으로 연구해야 오류를 줄일 수 있다. 물론 나 역시 더 많은 연구를 해야 함을 솔직히 고백하지 않을 수 없다.

저자는 이 책을 집필할 때 원칙적으로
정통파 유대인의 생활과 교육 방법을 토대로 했으며,
극히 일부는 보수파와 개혁파의 것을 참조했음을 밝혀 둔다.
그 이유는 이스라엘의 역사를 움직이고 위기 때마다
결정을 내리는 이스라엘 민족의 정신적 지도자는
거의 모두 정통파들(남은 자들)이었기 때문이다.

토막 상식

이스라엘에서 온 편지
이스라엘 유대인 44% '종교와 무관'
이강근 목사 · 이스라엘 거주

가끔 받는 질문이 있다. "이스라엘에 종교인은 얼마나 되며 세속인은 얼마나 되는가?" "아무 일도 하지 않고 종교인 복장을 하고 토라만 연구하는 종교인은 얼마나 되는가?" "유대교와 무관한 완전 세속 유대인은 얼마나 되는가?" 마침 〈하아레쯔〉 신문 보도가 있어 이스라엘 유대인의 종교성향을 좀 정리해 보려고 한다.

우선 전통적으로 이스라엘 종교유대인은 인구조사나 설문지조사가 극히 어렵다. 이것이 사회학자들을 어렵게 하는 요인이기도 하다. 다윗이 요압을 시켜 인구조사를 한 뒤 하나님의 벌을 받은 선례가 있기 때문이다. 따라서 이스라엘은 간접적인 방법을 통해 인구조사나 각종 수치를 계산해 낸다.

이스라엘 유대인의 종교성에 관한 연구 자료는 대부분 〈구트만 인스티튜트(Guttman Institute)〉에서 제공한다. 최초의 종교성 정도에 관한 통계는 1962년에 나왔고, 이 자료가 재 출판된 것은 1972년이다. 그 다음 연구통계는 1989년에 있었고, 1993년에 실시된 자료가 1994년에 〈예루살렘 포스트〉를 통해 보도된 적이 있다. 그리고 가장 최근의 통계가 2002~2004년 사이에 조사된 것으로 얼마 전인 2006년 4월10일 〈하아레쯔〉를 통해 발표되었다.

그럼 한번 통계를 보도록 하자. 2002~2004년 사이의 통계 조사에 의하면, 20세 이상 이스라엘 유대인의 44%가 자신들을 세속인이라고 응답했다. 종교와 무관한 사람들이다. 그리고 27% 유대인이 전통적인 유대인이라고 답변했다. 12%는 전통적인 종교인이라고 응답했고, 9%가 자신을 종교인, 8%는 완전 극정통 유대인이라고 했다.

세속인은 종교와 무관한 유대인, 전통적 유대인은 풍습 차원에서 유대인임을 나타내고, 전통적인 종교인은 약간은 종교적인 삶, 그리고 종교인 또는 극정통 유대인은 우리가 흔히 말하는 군대도 일도 하지 않는 완전 유대인을 뜻한다.

그러니까 약 17%가 종교인이라고 생각하면 된다. 8%에 달하는 극정통 유대인 중 58%가 오직 토라 공부에만 전업하고 있고, 72%가 매월 2000세겔의 수입으로 살아간다. 그럼 이전 기록을 보겠다.

- ▶ "완전히 종교적 생활을 한다"… 1962년 15%, 1989년 12%, 1993년 14%.
- ▶ "되도록 종교적이려고 한다"… 1962년 15%, 1989년 17%, 1993년 24%.
- ▶ "약간은 종교적이다."… 1962년 46%, 1989년 40%, 1993년 41%.
- ▶ "전혀 종교와 무관하다"… 1962년 24%, 1989년 30%, 1993년 21%.

한편 2004년 이스라엘 인구의 81%가 유대인, 12%가 모슬렘, 3.5%가 기독교인, 1.5%가 드루즈인, 1.5%가 무신론자, 0.5%가 기타 종교다. 3.5%의 기독교인 중에, 32%가 그리 종교적이지는 않다고 했다.

_크리스천 투데이, 2006년 5월 10일

저자 주 미국보다 이스라엘이 오히려 더 종교적 유대인의 비율이 낮은 데는 이유가 있다. 이스라엘은 최근 러시아나 동구권 그리고 아프리카 등 다른 나라에서 살던 혈통적 유대인을 이민자로 받아들였다. 그들 이민자 대부분은 공산주의의 박해 때문에 그리고 그 지역의 환경 때문에 종교생활을 거의 하지 않았던 사람들이다. 따라서 전체 이스라엘 인구 비율로는 종교인이 적을 수밖에 없다. 그리고 미국의 정통파 유대인의 인구 비율이 높은 이유는 그들은 성경의 율법에 따라 산아제한을 하지 않아 자녀를 많이 낳기 때문이다. 물론 이스라엘의 정통파 유대인도 산아제한을 하지 않는 것은 마찬가지다.

따뜻한 마음을 전하는 10가지 표현

"네, 그렇군요."라고 말하는 유순한 마음
"미안합니다."라고 말하는 반성의 마음
"ooo 덕분입니다."라고 말하는 겸허한 마음
"제가 하겠습니다."라고 말하는 봉사의 마음
"고맙습니다."라고 말하는 감사의 마음
"참 잘됐군요."라고 말하는 축하의 마음
"먼저 하세요."라고 말하는 양보의 마음
"힘내세요."라고 말하는 격려의 마음
"무엇을 도와드릴까요?"라고 말하는 남을 돕고자 하는 마음
"나도 기도해 드릴게요."라고 말하는 관심의 마음

제4장 유대인의 선민교육

I. 유대인의 선민사상(the Chosen People Concept) 교육
II. 선민교육의 목적(Purpose of the Chosen People)
III. 선민교육의 목표(Aims of the Chosen People)

I. 유대인의 선민사상 교육

1. 유대인의 선민사상(the Chosen People Concept)

　　　　　　　유대인의 선민사상은 지구상의 어느 민족보다도 특별하다. 그들은 하나님께서 유대 민족만을 택하셨고, 유대 민족에게만 하나님의 말씀을 주셨다고 믿는다. 이 사상은 지금도 변함이 없다.

원래 유대 민족의 형성은 다른 민족의 형성과 다르다. 역사적으로 보면 일반적으로 민족은 한 지역을 중심으로 형성되었다. 그러나 유대 민족은 어느 특정한 지역에서부터 시작된 것이 아니다. 유대 민족은 하나님이 갈대아 우르에 살고 있는 한 자연인, 아브라함이라는 특정한 사람을 선택하시고 불러내어 이미 다른 족속이 거주하고 있는 지방, 즉 가나안 땅으로 보냄으로써 시작되었다.

창세기 12장 1절에서 2절까지 보면, "여호와께서 아브람에게 이르시되 너는 너의 본토 친척 아비 집을 떠나 내가 네게 지시할 땅으로 가라. 내가 너로 큰 민족을 이루고 네게 복을 주어 네 이름을 창대케 하리니, 너는 복의 근원이 될지라"라고 말씀하셨다.

여기에는 하나님께서 불러서 이방인이 살고 있는 가나안으로 가도록 하시고 그의 후손을 선민으로 삼으셨다는 의미가 담겨 있다. 다시 말하면 하나님이 유대인을 지구상에 거주하는 어느 민족을 중심으로 형성하신 것이 아니라, 하나님께서 선택한 선민의 씨를 받아서 그들과 언약의 관계를 맺으신 후 이스라엘 백성들의 역사가 시작되었다.

그래서 선민사상은 아브라함이 이삭을 낳고, 이삭이 야곱을 낳고, 야곱이 12지파를 형성하고, 12지파에서부터 이스라엘 민족으로 번창하게 된다. 이러한 그들의 독특한 선민사상은 지금까지 계속되고 있다.

그러므로 선민의식이 강한 정통파 유대인과 사귀어 그들의 생활과 전통을 배우기는 쉽지 않다. 오히려 좀 자유스러운 보수파나 개혁파는 사귀기가 쉽다. 정통파 유대인은 이방인이 자신들의 생활을 관찰하거나 예배에 참석하는 것을 꺼린다.

저자가 보수주의인 유대 대학교에서는 공부할 수 있었어도 정통파 예시바 대학교에서는 처음 몇 번 거절당한 이유도 여기에 있다.

2. 유대인이 이방인과 섞이지 않는 3가지 이유

유대인은 왜 이방인과의 섞이는 것을 두려워하는가? 대략 3가지 이유가 있다.

첫째, 자신들의 신앙적 순결(purity)을 유지하기 위해서다.

이방인들이 자신들의 공동체에 들어와 자신들의 고유 신앙교육을 해칠까 두렵기 때문이다. 자신들의 자녀들이 이방 문화에 물드는 것을 상당히 경계한다.

저자가 정통주의 학자인 랍비의 집 안식일 만찬에 초대되어 갔을 때였다. 그는 웃으면서 저자가 입고 있는 옷을 보며 "기독교인의 십자가 같은 심볼이 있느냐?"고 물었다. 그러면서 오래 전 천주교 신부가 여러 가지 기독교 상징물을 갖춘 복장으로 자기 집에 방문했을 때 겪은 난처함에 대해 설명해 주었다.

유대교에서 사용하는 것과 다른 기독교 심벌들이 자기 자녀들에게 혹시 나쁜 영향을 주지 않을까 염려스러웠다는 것이다. 그들이 드리는 회당 예배에도 누구의 소개 없이 무작정 들어가면 환영받지 못한다. 정통파일수록 이런 경향은 더 심하다.

탈무드의 어느 랍비는 "자녀에게 그리스 철학을 가르치는 사람은 저주를 받을지어다."라고 통렬히 비난한다. 현재 그리스 철학은 '세상의 이방 철학'을 상징하는 것으로 볼 수 있다. 이러한 태도는 세상의 이방 철학이 그들 자녀에게 나쁜 영향을 줄까 염려해서이다.

실제로 탈무드의 어느 랍비는 "나의 부친 학교에는 1천 명의 학생이 있었는데 500명은 토라 경전을, 그리고 다른 500명은 그리스 철학을 배웠다. 그런데 그리스 철학을 배웠던 학생들 중에는 나와 내 조카만 그 학교에 남게 되었다."고 고백했다(Cohen, 1983, p. 73). 즉, 다른 학생들은 아예 유대주의를 버리고 이방 철학인 그리스 철학만 하는 학교로 빠졌다는 얘기다.

이 예화는 세상의 헛된 철학과 세속문화가 유대인의 신앙에 얼마나 나쁜 영향을 미치는가를 잘 나타내 준다. 정통파 유대인이었던 바울도 "누가 철학과 헛된 속임수로 너희를 노략할까 주의하라"(골 2:8)고 당부했다.

실제로 19세기 말부터 시작된 인본주의적 신학의 발전은 현 서구 세계를 신앙 없는 영적 암흑 세계로 몰아가고 있다. 미국도 현재 말씀과 성령 위주의 복음주의 교회는 그나마 살아남았으나 기독교의 복음이 헛된 세상 철학에 물든 신학교와 교회는 사라져 가고 있다.

물론 우리가 세상 학문을 배우지 말아야 한다는 것은 아니다. 우리도 세상 학문을 이방인보다 더 많이 배워야 한다. 그러나 이런 학문을 배우는 목적이 하나님의 영광을 나타내기 위한 것이어야 한다. 하나님의 백성은 먹든지 마시든지 무엇을 하든지 다 하나님의 영광을 위하여 해야 하기 때문이다(고전 10:31).

즉 같은 음악을 배워도 주님께 더 아름다운 찬송을 드리기 위한 것과 자신의 인기를 얻기 위해 세상의 유행가를 배우는 것과는 다르다. 영어도 수학도 지리학도 컴퓨터도 주님의 일을 위하여 배워야 한다.

문제는 왜 배우느냐가 중요하다. 모든 학문은 복음을 전달하는 데 필요한 연장으로 사용되어야 한다. 기독교인의 삶 전체가 주님을 위한 삶이기 때문이다.

유대인의 우수성도 바로 그들의 하나님 말씀을 후세에게 더 잘 전하기 위하여 연구하면서 생긴 지혜로 각 분야에서 두각을 나타내고 있다. 하나님 백성의 승리하는 삶, 그 자체가 주님께 영광 돌리는 전도요, 선교이기 때문이다.

둘째, 왜 유대인은 이방인과 섞이지 않으려고 하는가? 유대인은 원칙적으로 이방인에게 그들의 생활 율법인 토라나 탈무드를 가르치는 것을 법으로 금하기 때문이다. 따라서 그들은 생업 이외에는 종교 문제로 이방인과의 교류를 원치 않는다.

이방인은 유대인에게 토라나 탈무드를 배울 수 없지만 예외가 있다. 이방인이라 하더라도 유대인으로 개종하기를 원하여 진리에 목말

정통파 유대인은 자녀들을 자신들이 설립한 유대교 학교에 다니게 한다. 이것이 이방과 섞이지 않는 그들만의 생존 비밀이다. 사진은 정통파 유대인 학교에서 하루를 시작하기 전에 기도하는 유대인 어린이들.

라 하며 배움을 요청할 때 허락하는 경우가 있다. 이런 경우에도 처음부터 허락하는 것이 아니고, 세 번을 거절하고 그래도 간절히 배우기를 소원하면 그때 비로소 배움의 자리에 참석할 수 있도록 허락해 준다. 이 역시 유대인의 성결한 선민의식에서 연유된 것이다.

저자가 어느 한국인의 부탁으로 유대인들이 회당에서 사용하는 토라(양피지에 붓으로 쓴 두루마리 성경)를 사기 위하여 유대인 촌의 한 상점에 들렀을 때였다. 주인에게 가격을 물어 보고 있는 데 옆에서 지켜보던 친절한 정통파 유대인 손님이 아이를 데리고 저자에게 다가와 "왜 토라를 사려고 하느냐?"고 물었다. 하나님에 대해 공부하고자 한다고 대답했더니 친절하게도 엉뚱한 '충고'를 해 주었다.

이방인은 하나님의 말씀을 가질 수 없다는 것이었다. 그러니 토라를 사지 말고 한국 근처에 있는 일본이나 홍콩의 랍비에게 연락하여 그 사람들한테 도움을 받아 하나님의 말씀을 배우라고 일러 주었다. 그는 너무나 거룩한 두루마리 성경 말씀이 이방인의 손에 들어가 혹시 업신여김을 받지 않을까 두려워하는 눈치였다. 그는 정통파 랍비였다. 물론 자유주의에 물든 유대인은 정통파 유대인과 다르지만 유대인을 이해하는 데에는 도움이 될 것이다. 그러므로 그들의 교육을 겉에서 보고 책으로 연구하기도 쉽지 않지만 그들의 생활을 심층 연구하기에는 거의 불가능하다.

여기에서 많은 독자들이 궁금하게 생각하는 것이 있을 것이다. "그런데 이 책의 저자는 어떻게 정통파 유대인과 함께 생활하며 그들의 선민교육을 깊게 연구할 수 있었나?"하는 것일 것이다. 그것은 정통파 유대인 커뮤니티의 최고 지도자 랍비들과 교류할 기회를 얻어 그들의 허락 하에 함께 생활하며 10여 년 이상 연구할 수 있었다. 전적으로 하나님의 은혜다.

저자가 그렇게 정통파 공동체에 들어가려고 노력한 이유는 무엇인가? 유대인 참교육의 비결은 이론을 공부하는 것은 물론 이를 생활 속에서 실천하는 데 있다. 교육에서 이론과 실제의 차이는 현격하다. 한국에서 배운 영어가 실제 처음 미국에 와서 통하지 않는 것만큼이나 다르다. 행함 없는 믿음은 죽은 믿음이듯이(약 2:17, 26) 실천 없는 교육은 죽은 교육이기 때문이다. 실천하는 교육이야말로 산 교육이다.

셋째, 왜 유대인은 이방인과 섞이지 않으려고 하는가? 유대인은 이방인의 반(反)유대주의(Anti-Semitism)를 경계한다.

역사를 통해 보면 그들은 수많은 이방인의 박해를 받아 왔다. 그렇기 때문에 남이 그들의 우수성을 칭찬해도 그것이 자신들을 질투하는 줄 알고 오해를 해 경계하는 경우가 많다. 그들 또한 이방인들에게 자기 민족의 우수성을 좀처럼 자랑하지 않는다. 이방인의 질투가 언제 자신들을 해칠지 모른다고 생각하기 때문이다.

　유대인 자녀교육의 핵심은 말씀에 따른 선민사상의 전수다. 그들의 교육 방법은 첫째, 그들의 조상이 받은 하나님의 말씀을 어떻게 자손 대대로 말씀의 변질 없이 순수하게 보전하느냐 하는 것이고 둘째, 어떻게 말씀의 율법대로 행하여 의롭게 사느냐 하는 것이다.

　이를 위해 그들의 교육 방법이 우리의 것과 무엇이 다른가를 밝히어 그들의 성서적이고도 좋은 지혜를 우리 2세 기독교교육에 응용하자는 것이 이 책을 쓴 목적이다.

유대인은 왜 이방인과의 섞임을 두려워하는가?
첫째, 자신들의 신앙적 순결(purity)을 유지하기 위해서다.
둘째, 유대인은 이방인에게 그들의 생활 율법인 탈무드를 가르치는 것을 금한다.
셋째, 유대인은 이방인의 반(反)유대주의를 경계한다.

II. 선민교육의 목적
(Purpose of the Chosen People)

구약의 모세오경에 의하면 하나님께서 이스라엘 민족을 이집트에서 구속하신 후 가나안에 진군하기 전에 광야에서 40년간 교육을 시키신다. 왜 하나님께서 이스라엘 백성을 광야에 모아 놓고 말씀을 주시고, 교육을 시키시고 그리고 이 교육을 자손 대대로 시키라고 명령하셨는가? 그 교육의 목적은 무엇인가?

유대인 자녀교육의 목적을 한 마디로 표현한다면 '성결교육(education in holiness)'이다(Barclay, 1959). 유대주의의 기본은 '성결함(holiness)'에서 찾을 수 있다(Baeck, 1958, pp. 267-268). 하나님은 이스라엘 백성을 이집트에서 광야로 이끌어 낸 후 이스라엘 백성을 이집트와 분리시키셨다. 그리고 하나님은 이스라엘 백성에게 내가 거룩하니 너희도 거룩하라고 명령하셨다(레 19:2, 20:7, 26).

'거룩(holy, Heb. qades)'이란 단어는 원래 어원적으로 2가지 뜻을 갖는다. 첫째는 '순수한(pure)' 또는 '헌신된(devoted)'을 뜻한다. 이 말은 '다른 것(something)'과 '다른 사람(someone)'을 의미한다. 둘째는 거룩함(holiness)으로 '가장 거룩(the most holy)' 또는 '가장 순수(the most pure)'를 뜻한다. 그러나 전통적으로는 '구별(區別)' 또는 '분리(分離, seperation)'되었다는 뜻으로 쓰였다(Vine, 1985, p. 113).

여기에서 거룩이란 용어가 지닌 뜻들을 3가지로 정리하면서 유대인 자녀교육의 목적을 살펴보자.

1. 하나님을 향한 구별된 삶
(Set-Apart Person for Yahweh)

거룩(holiness)이란 용어 자체가 '하나님을 향한 분리(set-apart person for Yahweh)'란 뜻을 갖고 있다(Swift, 1919, p. 60). 유대인의 교육 목적 중 가장 중요한 부분은 세속을 떠나 여호와 하나님을 향해 분리(分離)되는 것이다.

이스라엘 백성은 유월절 사건 후 이집트를 탈출하여 홍해를 건넜다. 그리고 그들은 영원히 이집트를 떠나 여호와 하나님을 향해 분리된 선민이다. 즉 바로가 지배하는 이집트의 혹독한 종의 생활에서 해방되어 새로운 삶을 사는 백성이다. 그들이 대탈출을 한 목적은 영원한 안식의 땅, 가나안을 소유하는 것이었다. 그러므로 그들은 가나안을 향해 순례자의 길에 올랐다. 그들이 순례자의 길을 걷는 동안 점점 더 이집트와의 거리가 멀어지며 분리되었다. 또한 상대적으로 가나안과는 더 가까워졌다. 이것은 눈에 보이는 역사적인 사건이다.

유대인은 이러한 가시적 개념을 그들의 내면적인 문화와 종교와 관련시켜 지금까지도 절기와 생활을 통하여 지키고 있다. 왜냐하면 모세가 이스라엘 백성들을 모아 놓고 가나안을 정복한 이후 이집트뿐만 아니라 주위에 산재한 이방 문화에 물들지 말아야 한다는 것을 간절히 명령하였기 때문이다(신 6:10-15). 따라서 유대인은 자신들만이 집

유대인의 유월절은 이집트에서 해방된 것을 기념하는 가장 중요한 절기 중 하나다. 사진은 유대인 가정에서 유월절 절기 식사 시간에 순서에 맞춰 쓴 나물을 먹는 모습. 쓴 나물을 먹을 때는 옆사람과 대화를 하면 안 되고 빨리 먹어야 한다(출 12:11).

단적으로 모여 살았던 광야 시대뿐만 아니라 어느 이방 세계에 가서 살더라도 자녀들이 이방 풍습에 섞이지 않게 하려고 필사의 노력을 다해 왔다.

이를 신약적 입장에서 설명해 보자. 구약은 신약의 그림자이다. 유월절 사건 이후 순례자 이스라엘 백성의 여정이었던 이집트, 홍해, 광야, 그리고 가나안은 신약의 구속사적 입장에서 각각 무엇을 상징하는가? 먼저 이스라엘 백성이 이집트에서 종살이를 했다는 것은 영적으로 무엇을 의미하는가?

바울은 이것을 우리가 예수 믿기 전 사탄의 지배하에서 죄에 눌려 종살이를 하던 때라고 설명한다(롬 6:6, 8:2; 고전 10:1-4). 죄의 종살이를 하던 우리가 하나님의 은혜로 유월절 어린양, 곧 예수의 피로 죄에서 해방되어 구원을 받았다(롬 6:4; 엡 1:7; 골 1:20, 2:12). 그리고 홍해를 건널 때에 바다 속에서 세례를 받았다(고전 10:1-4).

이제는 세상의 죄의 생활에서 분리되어 영원한 안식처인 가나안을 가기 위해 광야 교회 생활을 하고 있다(행 7:36-38). 하나님의 백성들은 교회생활을 하면서 세상적인 죄된 삶과 영적인 삶을 분리되어 구별되게 살아야 한다는 것을 의미한다(Jensen, 1981b).

2. 거룩에 이르는 교육(Education in Holiness)

유대인의 자녀교육이 성결교육(education in holiness)이라면(Barclay, 1959), 성결교육이란 무엇인가? 이는 거룩에 이르는 교육이다. 그리고 거룩에 이르는 교육은 하나님의 형상을 닮는 교육이다.

하나님은 이스라엘 백성에게 이렇게 명령하셨다.

> 너희는 내게 거룩할지어다. 이는 나 여호와가 거룩하고 내가 또 너희로 나의 소유를 삼으려고 너희를 만민 중에서 구별하였음이니라. (레 20:26)

'거룩(holy, Heb. qades)'이란 용어는 또한 '다른 것(something)'과 '다른 사람(someone)'을 의미한다(Vine, 1985, p. 113). 이는 다른 이방 문화와 다른 교육으로도 설명된다(Wilson, 1993, p. 289).

가령, 똑같은 나무로 만든 의자라도 성전 강대상 뒤에 놓으면 세상과 분리된 거룩한 성물(聖物)이 되지만 세상의 술집에서 쓰면 속물(俗物)이 되는 것과 마찬가지이다. 그러므로 하나님의 선민이 세상의 죄를 떠나 하나님을 향하여 사는 분리된 삶을 거룩한 삶이라고 말한다.

이스라엘 백성이 거룩한 삶을 살기 위해서는 '하나님의 형상을 닮아 가야(Imitating the Image of God)' 한다. 그렇다면 인간이 하나님의 형상을 어떻게 닮을 수 있는가? 하나님의 말씀을 닮는 것이다(Cohen, 1995, p. 210). 말씀이 곧 하나님이기 때문이다(요 1:1-3). 하나님이 시내산에서 이스라엘 백성에게 토라 말씀을 주신 이유도 그들의 성결교육을 위해서이다.

이러한 맥락에서 유대인 랍비들은 신명기 6장 6절의 "오늘날 내가 네게 명하는 이 말씀을 너희는 마음에 새기고"라는 말씀을 이렇게 해석한다.

> 이 말씀들을 너희 마음에 넣으라. 그리하면 너는 거룩한 자를 깨닫게 되고 그의 축복을 받게 되고 그의 길을 고수할 수 있다…. 그리하면 너희가 나의 모든 계명을 기억하고 준행하여 너희의 하나님 앞에 거룩하리라. (민 15:40)

유대인은 이에 대한 깊은 뜻을 바다에 빠진 사람에 관한 우화로 설명한다. 선장이 바다에 빠진 사람에게 밧줄을 던져 주고 "당신은 이 밧줄을 꽉 잡고 놓치지 마시오. 만약 놓치면 당신은 빠져 죽습니다."라고 말했다.

이와 같이 하나님은 이스라엘 백성이 광야에서의 40년 동안 환난

정통파 유대인이 회당에서 아침기도를 하기 위해 지성소에 있는 두루마리 성경 토라를 꺼내고 있다. 유대인은 그들의 경전인 토라를 가장 귀하게 여긴다.

속에서도 죽지 않고 살아남은 사람들에 향하여 "오직 너희의 하나님 여호와께 붙어 떠나지 않은 너희는 오늘까지 다 생존하였느니라"(신 4:4)고 말씀하셨다. 이는 선민이 여호와 하나님의 말씀에서 떨어지면 죽는다는 말씀이다.

다윗은 자신의 아들 솔로몬에게 "훈계를 굳게 잡아 놓치지 말고 지키라. 이것이 네 생명이니라"(잠 4:13)고 당부하면서 여호와 하나님의 말씀에 붙어 있을 것을 강조하였다(Cohen, 1995, p. 210). 신약이나 구약이나 하나님의 백성은 모두 주님께 붙어 있어야 열매를 맺을 수 있다. "나는 포도나무요 너희는 가지니 저가 내 안에, 내가 저 안에 있으면 이 사람은 과실을 많이 맺나니 나를 떠나서는 너희가 아무것도 할 수 없음이라"(요 15:5).

기독교교육의 목적도 한 마디로 요약한다면 '그리스도의 형상을 닮아가게 하는 교육(Christlikeness, 엡 4:12-15)' 이다. 그리스도의 형상은 곧 하나님의 형상이다(고후 4:4; 골 1:15; 히 1:3). 이를 신학적인 용어로 '성화의 과정' 이라고 말한다. 쉽게 말하면 거듭난 기독교인은 세상의 죄를 향해 가던 발걸음을 되돌려서 하나님께로 가까이 나아가는 것이다. 이것이 회개이다.

회개하고 예수님을 구세주로 영접한 기독교인은 교회에서 말씀과 기도로 양육받으며 하나님의 형상을 닮아 간다. 신약의 사도행전에도 바나바가 안디옥 교인들에게 "굳은 마음으로 주께 붙어 있으라"(행 11:23)고 권하였다.

그렇다면 신약의 성도들이 주께 붙어 있을 수 있는 방법은 무엇인가? 구약의 이스라엘 백성들처럼 성경 말씀에 붙어 있어야 한다. 물론 신약의 성도들에게는 구약뿐만 아니라 신·구약 성경 전체의 말씀에 붙어 있어야 한다. 성경 말씀에 붙어 있다는 의미는 여호와의 율례와 법도를 알고 지켜 행하는 것이다.

왜냐하면 성경 말씀 자체가 기독교인이 마땅히 지켜야 할 도덕과 윤리의 기본이 되기 때문이다. 그러면서 이집트 노예생활에서 몸에 밴 나쁜 죄의 습관, 즉 육체의 일이 없어지게 된다. 그리고 점차 하나님의 형상(성품)을 닮아 가며 성령의 열매를 맺게 된다(갈 5:19-23).

이러한 교육의 목적을 이루려면 먼저 부모가 자녀에게 해야 할 일이 있다. 하나님이 어떤 분이신가를 가르쳐야 한다. 하나님은 우주를 창조하시고 역사를 주관하시는 분이시다. 그분은 인생의 생사화복을 주관하신다. 하나님은 전지전능하시다. 정말로 여호와 같으신 이가 세상에 없다.

부모는 자녀가 그런 하나님을 경외(fear)하도록 교육해야 한다(시 111:10; 잠 1:7). 자녀가 하나님을 두려워하지 않고는 하나님 닮는 교육이 될 수 없다. 그렇기 때문에 하나님을 경외하는 것이 지혜의 근본이다(잠 1:7). 참다운 지식은 "하나님은 우주를 창조하시고 우주를 다스리시는 왕이시다."라는 고백이 나오면서부터 시작된다.

> 유대인의 자녀교육은 거룩에 이르는 교육이며,
> 거룩은 구별되었다는 뜻이다. 하나님의 선민이
> '하나님의 형상을 닮기 위해 세상의 죄를 떠나
> 하나님을 향하여 사는 분리된 삶을 거룩한 삶' 이라고 말한다.

3. 순결(Purity)

'거룩(holy, Heb. qades)'이란 용어의 두 번째 어원은 거룩함(holiness)으로 '가장 거룩(the most holy)' 또는 '가장 순수(the most pure)'를 뜻한다(Vine, 1985, p. 113). 유대인 자녀교육을 다른 말로 표현하면 순결교육이다.

하나님은 이스라엘 백성들에게 "너희는 내게 거룩할지어다. 이는 나 여호와가 거룩하고 내가 또 너희로 나의 소유를 삼으려고 너희를 만민 중에서 구별하였음이니라. 남자나 여자가 신접하거나 박수가 되

정통파 유대인들이 새벽기도회 때 토라를 읽고 있다. 그들은 새벽에 읽은 율법의 말씀이 있기에 하루 동안 살면서 선악을 구별할 수 있어 죄를 짓지 않고 순결하게 살 수 있다고 고백한다.

거든 반드시 죽일지니 곧 돌로 그를 치라. 그 피가 자기에게로 돌아가리라"(레 20:26-27)고 말씀하셨다.

토라에는 하나님이 이스라엘 백성에게 우상을 섬기지 말 것을 명령하셨다(창 35:2; 출 20:4-5, 23:13; 레 26:1, 26:30; 신 4:15-16, 4:19, 27:15). 하나님이 그렇게도 싫어하시는 우상은 바로 이방 사람들을 통해 전염된다. 따라서 하나님은 이방 풍습을 엄히 경계하셨다(출 23:31-33, 34:16; 레 18:3, 18:27-30, 20:23; 민 33:52; 신 6:14, 7:2-5, 16, 12:29-31, 18:9-11, 20:16-18, 29:16-18, 31:16-18). 솔로몬 왕도 이방 여인들 때문에 실족했고, 아합 왕도 이방 여인 때문에 실족했다.

어떤 면에서 보면, 유대인의 성경은 그들이 순결을 지키기 위해 겪어야 했던 이방과의 갈등을 적은 책이라고 볼 수도 있다. 이런 맥락에서 에스라가 왜 이스라엘 백성에게 이방인과의 결혼을 금했으며(스 9:12), 왜 바빌론의 포로 생활에서 해방되어 예루살렘으로 돌아가기 전에 이방 여인들과 결혼한 이스라엘 백성들에게 가혹하리만치 아내(이방 여인들)와 자녀들을 끊어 버리라(스 10:2-11)고 했는지 이해가 간다.

이 말씀은 바로 우리가 세속문화 속에서 살면서 얼마나 우리의 신앙을 지키기가 힘든지, 한 걸음 더 나아가 세속문화의 우상 속에서 우리 자녀들의 신앙적 순결을 지키기가 얼마나 힘든지 말해 준다. 정말로 마귀가 우는 사자처럼 달려든다(벧전 5:8).

순결에는 외적 순결과 내적 순결이 있다. 첫째, 외적 순결은 위에서 말한 대로 이방인의 죄악된 삶과 분리된 거룩한 생활을 말한다. 즉 선민이 이방인의 풍습과 섞이지 않는 생활이다. 그리고 유대인은 여호와 앞에서 정결해야 했다(레 14:8-9, 15:5). 둘째, 내적 순결은 성도 스스로가 내면적 마음을 지켜 정결케 하는 것이다(딤전 5:22). 이것은 자신과의 싸움이다. 그리고 영혼을 거슬러서 싸우는 육체의 정욕을 제어하는 일이다(벧전 2:11). 예수님 당시에 유대인이 너무 외적인 율법적 순결에 치중한 나머지 내적 마음이 부패한 것을 거울 삼아 신약 시대의 성도는 스스로 마음과 일을 항상 살피며 살아야 한다(갈 6:4).

이스라엘 백성의 선민교육의 목적은 첫째 하나님을 향해 분리된 삶, 둘째 하나님의 거룩에 점점 더 가까이 나가는 삶, 그리고 셋째 순결한 삶을 살기 위함이다.

**자기 몸을 구별하는 모든 날 동안 그는 여호와께 거룩한 자니라. (민 6:8)
이 말씀은 현재 기독교인에게도 적용된다.**

III. 선민교육의 목표
(Aims of the Chosen People)

1. 성품(Character)

성품은 성도가 갖고 있는 마음의 내용이다. 성품을 인성이라고도 한다. '인성'이란 '도덕적 인격을 형성하는 내면적 성품, 성질 혹은 성격 및 강한 의지'를 말한다. 그리고 이 내면적 인성은 외면적 착한 행실로 표현되어야 한다. 하나님의 선민이 좋은 성품을 갖고 있다는 말은 인간성의 표현 결과가 착하다는 뜻이다. 다시 말해서 성도는 덕이 있는 인간관계로 말미암아 모든 사람들로부터 좋은 평가를 받는 그런 성품을 가져야 한다.

예수님은 율법의 행함이 착한 행실이며, 이는 기독교인의 빛이며 사람 앞에 비취게 하여 저희로 너희 착한 행실을 보고 하늘에 계신 너희 아버지께 영광을 돌리게 하라고 말씀하셨다(마 5: 16).

베드로도 "왜 기독교인이 이방인보다 선한 행실을 행해야 하는가?"란 이유를 이렇게 설명했다. "너희가 이방인 중에서 행실을 선하게 가져 너희를 악행한다고 비방하는 자들로 하여금 너희 선한 일을 보고 권고하시는 날에 하나님께 영광을 돌리게 하려 함이라"(벧전 2:12).

랍비 이스라엘 슬랜터(Slanter, 1810~1883)는 "토라의 윤리적인 교훈은 가장 중요한 부분이다. 그리고 우리는 실제 생활에서 그대로 훈련되어야 한다. 그러므로 우리는 토라의 가르침을 자연스럽게 지킬 수 있다."고 말했다(Donin, 1977, p. 49).

이 말은 자녀들이 어려서부터 여호와 하나님의 말씀에 젖어 있으면 좋은 성품이 자연스럽게 생활 속에서 나타난다는 뜻이다. 만약 그렇지 않을 경우 인간의 육의 욕망이 끊임없이 나타나는 것과 서로 상반된다. 이 차이는 멋대로 사는 들사람 에서와 장막에서 길들여진 야곱(창 25:27)의 차이이다. 여기에서의 장막은 곧 하나님의 성막을 상징한다.

도닌은 유대인이 가져야 할 성품의 요소들을 다음의 12가지로 정리했다(1977, p. 51).

① 예의바름(courtesy)　　② 정직(honesty)
③ 완전(혹은 정직, integrity)　　④ 진실(truthfulness)
⑤ 침착성 유지(even-temperedness)
⑥ 깔끔한 언행(clean speech)　　⑦ 용기(courage)
⑧ 친절(kindness)　　⑨ 인내(patience)
⑩ 수양(修養, self-discipline)　　⑪ 겸손(modesty)
⑫ 책임감(a sense of responsibility)

앞에서 언급한 도닌의 12가지 요소들은 성도들의 인간관계에서 나타난다. 저자가 지켜 본 유대인들의 인간관계는 우리와 여러 가지로 차이가 나지만, 그 중에 두드러지는 하나가 침착성과 인내이다. 그들은 아무리 화가 나는 상황이라 해도 쉽게 목소리가 올라가지 않는다. 그들은 어려서부터 자신의 감정처리 방법을 배우고 훈련하여 실생활에 적용하고 있기 때문이다.

바클리(Barclay)는 자녀를 훌륭한 인격자로 키우려면 먼저 교사의 성품이 좋아야 한다고 강조했다. 유대인은 교사의 자질로서 우선적으로 어떠한 기술이 더 있느냐는 것보다 어떠한 성품을 가졌느냐를 더 귀하게 여긴다(1959a, p. 44). 왜냐하면 학생은 교사의 성품을 닮기 때문이다. 따라서 집안의 교사인 부모는 우선적으로 좋은 성품을 가져 자녀로부터 존경받는 부모가 되어야 한다.

학생은 교사를 대할 때 존경심을 가져야 한다. 탈무드에는 하나님께 하듯 교사를 존중하라고 가르친다(Gollancz, 1924). 학생이 교사를 존중하지 않고는 배우고자 하는 마음의 문이 열릴 수 없다. 유대인 자녀교육의 중요한 점은 자녀들에게 어려서부터 권위에 순종할 것을 가르친다는 것이다. 다시 말하면 자녀의 좋은 성품은 윗사람에게 순종하는 자세에서부터 시작된다(Donin, 1977, p. 50).

유대인 어머니는 이러한 하나님의 성품교육을 태아와 유아기 때부터 시작한다. 그리고 자녀가 성숙하면서 이를 실천하도록 가르친다.

예를 들어, 학교에서 달리기를 하여 1등 한 아들이 집에 들어오자마자 "엄마! 나 달리기에서 1등 했어. 다른 애들은 아무도 날 따라올 수가 없었어!" 라고 자랑한다면, 유대인 어머니는 이렇게 가르친다.

검지손가락을 입에 대며 "쉿…, 사랑하는 아들아! 참 잘 했구나!"라고 말한다.

그리고 이어서 이렇게 말한다.

"그러나 그렇게 자랑하는 것이 아니야. 너보다 못한 사람은 지금 얼마나 슬퍼하겠니? 그들을 생각하며 겸손해야지! 모세가 시내산에서 하나님의 은혜로 하나님의 능력과 말씀을 받았어. 시내산은 아주 낮은 산이야. 모세가 높지 않은 낮은 산에서 하나님을 만난 이유는 모세가 겸손하고 온유하였기 때문이야. 하나님은 자신을 낮추는 사람에게 은혜를 베푸시지. 너도 1등 했을 때 남에게 자랑하지 말고 겸손해야 돼. 그래야 모세처럼 훌륭한 사람이 되지 않겠니?"

남의 아픔을 내 아픔처럼 생각하며 겸손한 자세로 사는 삶은 하나님의 성품을 닮은 삶이다. 이러한 성품은 어려서부터 몸에 익혀야 그 삶에서 아름다운 향기가 배어 나온다. "사람의 마음의 교만은 멸망의 선봉이요 겸손은 존귀의 앞잡이니라"(잠 18:12).

**하나님의 선민이 좋은 성품을 갖고 있다는 말은
인간성의 표현 결과가 착하다는 뜻이다.
성도는 모든 사람들로부터 좋은 평가를 받는 그런 성품을 가져야 한다.**

2. 행위(Conduct)

유대인의 착한 성품은 바로 착한 행실로 나타난다. 그런데 그 착한 행실은 율법을 지키면서 나타나야 한다. 유대인의 교육 철학은 지식의 증가나 문화의 전승보다도 행위를 강조한다(Drazin, 1940, p. 12).

유대인의 부림절은 에스더에 의하여 온 민족이 죽음에서 살아난 날을 기리는 절기다. 유대인은 이러한 기쁜 날에 선물을 교환하는 풍습이 있다. 이것은 일종의 착한 행실이다. 사진은 이웃집 어린이들이 선물을 갖고 왔을 때 답례로 선물을 건네고 있는 유대인 소년.

　토라 말씀을 배우면서 지식만 쌓지 말고 배운 만큼 말씀을 그 수준에 맞게 행동하라는 뜻이다. 여기에서 말하는 하나님의 말씀에 맞게 행동하라는 뜻은 선과 악을 분별하여 행동하라는 뜻이다. 선과 악의 기준들, 즉 해야 할 것과 하지 말아야 할 것들은 토라의 613개의 율법 속에 있다. 부모는 이 선악의 분별력을 자녀에게 가르쳐 행하도록 해야 한다.

　유대인의 도덕적인 정직성은 상거래에서도 나타난다. 탈무드에는 사람이 죽어서 심판대 앞에 서게 되었을 때에 제일 처음으로 받는 질문이 "너는 거래에 있어서 정직했느냐."라고 한다(Cohen, 1995, p. 227). 탈무드의 규정에 의하면, "상점 주인은 되(斗)를 일주일에 두 번씩 닦아야 하고, 추는 일주일에 한 번, 저울은 매번 쓰고 난 후에 닦아두어야 한다." 상 행위에서 손님에게 되와 저울을 속이지 않기 위해서다(Cohen, 1995, p. 227). 하나님은 유대인이 상거래에서 정확한 측정을 행할 경우 하나님이 주시는 땅에서 장수할 것을 약속하셨다(신 25:15).

유대인 회당에서 그들을 보노라면 마치 회중 모두가 잘 훈련된 군사 같다. 유대인의 인구 수가 적은데도 커다란 국민적 힘을 나타내는 이유는 무엇인가? 이는 그들의 종교교육이 다른 나라에서처럼 어느 특정한 계층에서만 이루어지는 것이 아니고 온 국민에게 고루 적용되기 때문이다.

그러므로 그들의 평균 국민 수준이 타민족보다 월등히 높다. 이러한 교육이 가능한 것은 우리 나라처럼 한 국가의 국민이 여러 가지 종교를 갖고 있지 않고 대부분의 국민이 전통적인 유대교에 속해 있기 때문이다.

유대인들은 율법에 따라 정부에 내는 세금도 법적으로 따져 절세(節稅)는 할망정 탈세(脫稅)는 하지 않으려고 노력한다. 유대인이셨던 예수님도 이 세상에 사시는 동안 정부를 부정하신 것이 아니다. 국민이 정부에 내야 할 의무를 명확히 하셨다. "가이사의 것은 가이사에게, 하나님의 것은 하나님께 바치라"(마 22:17-22). 정부에 내야 할 세금은 내고 하나님에게 바칠 것은 하나님에게 바치라는 말씀이다.

우리는 어떤가? 이와 관련하여 2세 학생들을 통해 들은 가슴 아픈 이야기를 하나 하겠다. 그 학생들의 부모들은 교회에서 직분도 갖고 있는 모범적인 신앙인들이었다. 그런데 그 부모들은 정부에 내야 할 세금을 안 낼 뿐만 아니라 탈세한 행위를 스스럼없이 자녀들이 있는 앞에서 부모 친구들끼리 서로 자랑한다는 것이다.

자녀들은 이런 내용을 듣고도 부모에게는 말하지 못하고 저자에게 질문했다. "그렇게 훌륭한 신앙인이라고 하는 분들이 어떻게 정부에 세금을 내지 않고도 이를 부끄러워하지 않고 오히려 자랑할 수 있습니까?"

미국에서 정직의 중요성을 배워 온 2세 자녀들로서는 이해가 되지 않는 부분이다. 이 점은 누구를 탓하기 전에 저자를 포함한 모든 1세들이 다시 한 번 생각해 보고 고쳐야 할 과제이다.

**유대인의 착한 성품은 바로 착한 행실로 나타난다.
그 착한 행실은 율법을 지키면서 나타나야 한다.**

3. 이웃 사랑(To Love Our Neighbor)

토라에 나타난 인간이 지켜야 할 2가지 원리는 수직과 수평의 십자가로 요약된다. 수직적으로는 하나님을 사랑하는 것이고, 수평적으로는 이웃을 사랑하는 것이다. 하나님에 대한 사랑과 경외는 이웃 사랑으로 나타나야 한다. 다시 말하면, 하나님을 사랑하는 것만큼 이웃을 사랑해야 한다. 사랑이란 자신이 희생하는 것이다. 또한 희생하는 것은 자신이 손해 보는 것이다.

토라에 나타난 "네 이웃을 네 몸과 같이 사랑하라"(레 19:18)는 말씀은 유대인들이 전통적으로 강조해 오고 있는 것이다. 여기에 나오는

유대인의 자선행위는 생활화되어 있다. 유대인이 모이는 곳이면 가난한 사람을 돕기 위한 자선 물품이 많이 쌓인다. 사진은 유월절을 준비하는 행사에 참석한 유대인들이 불우이웃을 돕기 위해 보내 온 음식과 장난감들.

히브리 원본의 단어 '라이 아카(rai-akha)'는 이웃 이상의 의미가 있다. 이것은 이웃이 동료라는 뜻을 함축하고 있다(Donin, 1977, p. 27).

히브리어로 자선은 '쩨다카(tzedakah)'이다. 쩨다카는 남을 도와 주는 자선을 말한다. 탈무드의 법에는 "자선을 받아 먹고 사는 거지라 해도 자선을 행해야 한다. 어느 누구도 이 의무로부터 벗어날 수는 없다."고 쓰여 있다(Cohen, 1995, p. 220). 유대인은 그만큼 이웃에 대한 자선을 강조한다.

유대인의 가장 고귀한 박애심은 죽은 사람에게 나타난다. 인간 중에 죽은 사람만큼 불쌍한 사람은 없다. 탈무드에는 누구든지 시체가 장례식장으로 운반되는 것을 보고도 따라가지 않으면 가난한 사람을 조롱하는 것이고, 이는 곧 죄악이라고 말한다. 왜냐하면 가난한 사람을 조

롱함은 그를 지으신 하나님을 모욕하는 것(잠 17:5)이기 때문이다.

이럴 때 만약 그 시체를 따라가면 어떠한 보상이 있는가? 이는 여호와 하나님에게 빚을 주는 셈이다(Cohen, 1995, p. 226). 하나님이 그 사람에게 빚을 졌으니 후에 얼마나 크게 갚아 주시겠는가?

모세오경에 보면 하나님께서 이스라엘 백성에게 선을 행하라고 말씀하는 부분이 많이 나온다. "이스라엘 백성에게 선을 행하되 특별히 고아와 과부와 나그네를 돌보아라. 만약 너희가 고아와 과부와 나그네를 선대하지 않는다면 나를 선대하지 않는 것과 똑같이 알고 나도 너희를 시험하리라."고 말씀하셨다(출 22:22-24; 신 10:18, 16:14).

예를 들어, 꾸러 오는 자에게 거절하지 말고, 곡식을 추수한 뒤 야박하게 이삭까지 다 주워 가지 말아라. 나무의 열매를 대강 따고 남겨 두라, 이것들을 고아나 과부나 나그네들이 먹을 수 있도록 하라는 것 등이다(신 24:17-21).

성경 룻기에 보면 나오미가 과부 며느리 룻을 보아스의 밭에 보내 이삭을 주워 오게 하는 장면이 나온다. 또한 겉옷을 전당 잡았으면 해가 지기 전에 돌려 주라고 한다. 왜 겉옷일까? 그 당시 가난한 이스라엘 사람들에게 겉옷은 밤에 담요 역할도 했다. 이스라엘은 사막 기후이므로 낮에는 덥지만 밤에는 춥다. 그러므로 가난한 사람이 추운 밤에 겉옷(담요) 없이 고통당하지 않게 하기 위함이다.

저자가 한 랍비의 소개로 안식일에 정통파에 속한 회당을 방문했을 때였다. 예배가 끝난 후 친교 시간에 여러 사람들과 담소하던 중 네 사람이 저자에게 와서 자기네 집에 가서 식사를 하자고 초대했다. 뜻밖의 환대였다.

랍비와 선약이 있어서 다른 사람들의 식사 초대는 후일로 미루었다.

그리고는 랍비에게 왜 오늘 네 사람씩이나 이방인인 나를 초대했느냐고 물었다.

그는 유대인은 안식일에 이방인에게 선행을 행하라는 율법이 있기 때문에 당신을 초청한 것이라고 설명했다. 실제로 저자는 율법대로 선하게 살려고 하는 유대인을 많이 만난다.

**토라 속에서 자녀교육을 한 사람은
이 세상에서 그 열매를 맛보는 사람에 속하며
그 자산은 다가올 세계에서 그를 위해 남아 있게 된다.
- 탈무드 -**

다 함께 생각해 봅시다

- 왜 요즘 자녀들은 부모의 말에 순종하지 않는가?
- 왜 학교교육을 많이 받은 사람들의 인성이 황폐해지고 있는가?
- 왜 현대에는 공부한 것만큼 큰 인물이 나타나지 않는가?
- 왜 전도하기가 힘든가?
- 이 책은 원인을 분석하고 대안을 제시합니다.

제2부

인성교육의 본질과 원리: 수직문화와 수평문화

일러두기
수직문화와 수평문화를 알아야 할 2가지 중요한 이유

제1장
인성교육과 세대차이: 세대차이는 인성교육의 적이다

제2장
인성교육의 본질과 원리: 수직문화와 수평문화

제3장
대안 제시: 유대인이 수평문화를 차단하고 수직문화를 입력하는 방법

제4장
심리학적 측면에서 본 수직문화와 수평문화

제5장
수평문화를 이루는 4대 요소

제6장
한국인은 왜 세대차이가 많이 나는가

> **일러두기**
>
> 수직문화와
> 수평문화를
> 알아야 할 2가지
> 중요한 이유

첫째, 인성교육의 본질과 원리를 찾을 수 있다.

인성이란 '도덕적 인격을 형성하는 내면적 성품, 성질 또는 성격 및 강한 의지를 말한다. 그리고 이 내면적 인성은 외면적 착한 행실로 표현되어야 한다. 그러므로 인성교육이란 도덕적 인격을 형성하는 내면적 성품, 성질 혹은 성격 및 강한 의지를 계발하고 이를 외면적 착한 행실로 나타나게 하는 교육이라고 말할 수 있다.

이러한 인성교육을 잘 받은 사람을 인격자 또는 '인품이 좋은 사람'이라고 말할 수 있다. 어떻게 자녀를 이런 인격자로 키울 수 있을까? 그 비밀을 알기 위해서는 먼저 제2부의 수직문화와 수평문화를 연구해야 한다. 왜냐하면 여기에서 가장 중요한 인성교육의 본질과 원리를 찾을 수 있기 때문이다.

둘째, 행동을 가능케 하는 사고의 구조를 분석할 수 있다.
     (왜 자녀와 코드가 맞지 않을까)

어느 개인이나 사회 공동체 또는 민족이 어떤 행동을 할 때는 그 이유가 있다. 왜 그런 행동을 할까? 왜 각 인종마다 생각하는 방법이나 행동양식이 서로 다를까?

문화 인류학자인 폴 히버트(Paul Hiebert)는 여러 나라에서 선교사로 활동하면서 각 소수 민족들이 어떻게 사물을 인식하고 행동하느냐를 연구하여 발표했다. 그는 한 민족에 속한 사람이 어떤 행동을 할 경우 그 행동을 가능케 하는 어떤 사고의 구조(thinking structure)가 있다는 사실을 발견했다. 행동을 가능케 하는 어떤 사고의 구조는 바로 그들의 세계관에서 비롯되고, 그들의 세계관은 각각 그 형성 과정이 있다는 사실을 깨달았다(1985).

따라서 같은 동양 사람이라도 한국인, 중국인 및 일본인은 그 생각하는 방법이나 행동양식이 서로 다르다. 다른 이유는 무엇인가? 사고의 구조(thinking structure or thinking system)가 다르기 때문이다.

각 민족의 사고의 구조는 각 민족의 인성교육에 의해 형성된다. 그 인성교육의 내용과 방법 즉 인성의 본질이 바로 수직문화다. 아울러 각 민족의 수직문화의 강도는 그 민족의 정체성(Identity)을 측정하는 잣대다.

각 민족의 사고 구조는 각 민족의 인성교육에 의해 형성된다.
그 인성교육의 내용과 방법 즉 인성의 본질이 바로 수직문화다.
각 민족의 수직문화의 강도는 그 민족의 정체성(Identity)을 측정하는 잣대다.

제1장

인성교육과 세대차이: 세대차이는 인성교육의 적이다

I. 한국인과 유대인의 세대차이
II. 신앙문화와 세대차이
III. 유대인은 얼마나 세대차이가 없나
IV. 세대차이를 조장하는 한국 교육, 유대인과 무엇이 다른가?

I. 한국인과 유대인의 세대차이

1. 대조적인 두 문화의 세대차이

지금까지 현대 교육을 받은 사람들의 가정적, 사회적 문제점과 유대인의 우수성에 대해 설명했다. 그렇다면 한국인과 유대인의 근본적인 차이는 무엇인지 알아보자.

한국 가정의 경우 대부분 시어머니, 며느리, 손녀 3대 간의 사상과 생활방식이 각각 다르다. 한 지붕 속에 3대의 다른 문화가 공존한다. 시어머니가 며느리에게 지시하면 며느리는 "어머니 그것은 구식이에요."라고 대답한다. 또 어머니가 딸에게 충고하면 "어머니는 요즘 세대를 너무 몰라요."라고 말한다. 심은 대로 거두는 법이다.

세대 간에 말이 안 통한다. 요즘 한국에서는 세대차이가 많이 나서 몇 분 차이로 태어난 쌍둥이도 세대차이가 있다고 말할 정도다. 물론 미국 동포사회는 언어와 문화가 다르기 때문에 1세와 2세 사이에 더 큰 세대차이가 존재한다.

미국 미시간대 로널드 잉글하트 교수*의 연구에 의하면 연구 대상 43개국 가운데 한국은 세대간의 가치관 차이가 가장 큰 나라다. 예를 들어 개인의 자유, 풍요, 남녀의 역할, 평등과 같은 탈(脫)물질적 가치에

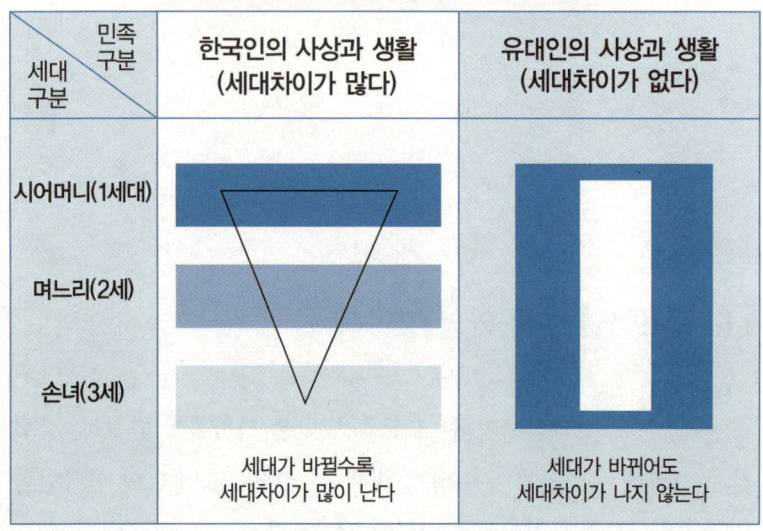

대해 유럽의 1920년대 생은 +25의 반응을 보인 데 비해, 1960년대 생은 +48의 반응을 보여 그 세대차이가 23포인트에 지나지 않는다. 그러나 한국인의 경우 1920년대 생은 -40, 1960년대 생은 +30의 반응을 나타내 그 편차가 무려 70포인트나 됐다(중앙일보, 1996년, 10월 4일, p. 8).

또한 UCLA 사회학과 루시 챙 교수와 칼 폴리 샌루이스 오비스포대 인종학과 필립 양 교수의 공동연구 논문에 의하면, 미국에서 태어난 25~34세 연령대의 한국 여성의 경우 타인종과 결혼한 비율은 71%로 나타났다. 이는 중국계 56%, 일본계 68%, 필리핀계 65%, 베트남계

---

* 잉글하트 교수는 각국의 문화 변동을 첨단의 계량적 방법으로 분석해 '문화 변동 유형론'을 정립한 학자이다.

33%보다도 높은 비율이다.

반면 본국 태생의 한국 여성이 타인종과 결혼한 비율은 55~64세의 경우 6%로서 같은 연령대의 중국계 6%와 동일하고, 필리핀계 10%, 베트남계 9%, 일본계의 54%보다는 훨씬 낮다(중앙일보 미주판, 1997년 2월 14일). 이는 한국인 신세대가 기성세대보다 얼마나 개방적인지 그리고 세대간에 얼마나 심각한 세대차이가 있는지를 증명해 준다.

유대인은 어떠한가? 유대인은 세대차이가 거의 없다[정통파 유대인(Orthodox Jews)에 근거한 것임]. 그들은 3대가 동일한 삶의 철학, 사상 및 생활 방식을 가지고 있다. 3대뿐만 아니라 그들의 전 역사, 즉 모세 때부터 현재까지 약 3200년의 역사를 통하여 거의 동일하다.

유대인은 A.D. 70년에 가나안(팔레스타인)에서 나라를 잃고 온 민족이 전 세계로 흩어지는 디아스포라 시대를 맞았다. 그 이후 1948년이 되어서야 독립국을 세울 수 있었다.

이때 구 소련, 스페인, 독일, 인도, 중국, 그리고 아프리카 등 전 세계에 흩어져 거주하던 유대인들이 거의 2천 년 만에 꿈에도 그리던 열조의 땅 팔레스타인으로 속속 모여 들었다.

그때 그곳에서 특이한 현상이 일어났다. 한곳에 모인 그들은 서로 히브리 말은 물론, 그들의 전통적인 사상 및 생활습관 등이 모두 같았다. 음식 문화도 같았다. 회당에서는 아직도 불편한 두루마리 성경을 사용했다.

다시 말해 그들은 시간과 공간을 초월하여 아브라함부터 현재까지 4200년 동안 자손 대대로 자녀에게 세대차이를 막는 교육을 시킨 데 성공한 것이다. 그 이유는 그들의 중심 교육 사상과 방법이 동일한 구약 성경에 기초하고 있었기 때문이다.

유대인은 새벽기도를 드리는 것도 구약 시대부터 현재까지 세대차이가 없다. 사진은 정통파 유대인 3대가 새벽기도를 마치고 포즈를 취했다. 할아버지는 외과의사, 아버지는 서기관 랍비인 크래프트 씨 가정.

유대인은 3대씩 묶는다. 창세기에 나오는 첫 족장들, 아브라함과 이삭과 야곱을 3대로 묶은 이유가 여기에 있다. 한 가정의 3대가 세대차이가 없으면 영원히 세대차이가 없기 때문이다.

이에 비해 똑같은 성경을 사용하면서도 한국인의 세대차이는 너무나 심각하다. 문제는 우리의 1세와 2세 간에 벌어진 일상문화의 세대차이만큼 신앙의 세대차이가 벌어지고 있다는 데 있다.

물론 과학의 발전으로 인한 합리적인 몇 가지 지식의 세대차이는 예외가 될 수 있겠으나 신앙의 세대차이는 없어야 한다.

신앙의 세대차이를 막으려면 1세 신앙인들이 가지고 있는 모든 전통문화의 세대차이를 막아야 한다. 이는 언어, 음식문화 등 모든 생활습관도 포함된다. 한국적 기독교 전통문화의 전수는 한국의 전통문화 중에 우상 숭배에 해당하는 것을 선별하여 배제하기 위해서도 꼭 필요하다.

한국인은 한 가정 3세대에 전통문화 가치관에 많은 세대차이가 있는데,
유대인은 아브라함부터 현재까지 4200년 동안 세대차이가 없다.

2. 음식문화에 관한 세대차이

내가 어느 구역 예배에 참석했을 때였다. 여집사들은 저녁식사 때 아이들을 위해서는 미국식 샌드위치를, 어른들을 위해서는 김치찌개를 준비했다. 음식을 준비한 분들에게 물었다. "왜 아이들의 음식과 어른들의 음식이 다릅니까?" 그분들은 "아니 목사님, 여기서 자란 아이들이 한식을 먹습니까?"라고 웃으면서 합창을 했다. 분명한 것은 식성은 타고나는 게 아니라 습관에 의해 길들여진다는 사실이다.

이러한 일은 우리집에서도 있었다. 나는 충청북도 보은군 수한면 소계리 가막제 산골에서 자랐다. 처음 미국에 이민 와서는 어머니를 모시고 살았다. 그 당시 어머니 연세는 70세였다.

아내는 저녁상을 차릴 때 번거롭게 두 개의 상을 차렸다. 하나는 어머니와 나를 위해 충청도식으로 된장국, 청국장, 김치찌개를 준비했고, 다른 하나는 아이들을 위해 미국식 스파게티, 피자, 라자니아 등을 준비했다.

아내에게 "아니, 한 가정에서 왜 3대가 같은 음식을 먹지 않습니까?"라고 물었다. 아내의 답은 앞서 언급한 여집사들과 같았다. 이때 나는 깨달았다. "아하, 세대차이를 만드는 원인이 어머니들에게 있구나!"

유대인의 자녀들은 모계(母系)를 따라 유대인이냐 아니냐가 결정된다. 아버지가 이방인이라도 어머니가 유대인이면 그 자녀는 유대인이다. 그 이유는 유대인다운 유대인은 어머니에 의하여 만들어지기 때문이다. 그렇다면 한국인도 자녀를 한국인다운 한국인으로 키우지 못했다면 마땅히 어머니의 책임이 큰 것이다.

미국 이민 가정의 경우, 어머니가 일상생활에서 한국말을 하면 자녀들이 한국말을 잘하고, 영어만 쓰면 자녀들이 한국말을 못하는 경우가 많다. 물론 정통파 유대인은 언어에도 세대차이가 없이 모두 히브리어를 쓴다. 어머니의 교육 덕분이다. 한 가정의 생활 문화에 세대차이가 있느냐 없느냐는 대부분 그 가정의 어머니가 좌우한다.

샘 리라는 재미동포 3세가 있다. 그는 성공한 한국계 미국인이다. 다이빙 미국 대표선수로 올림픽 금메달을 몇 개씩 딴 이비인후과 의사이다. 그는 거의 미국에 동화된 사람이다.

그러나 가끔 한인타운에 나타난다. 어렸을 때 어머니가 해 주셨던 된장찌개가 먹고 싶어서라고 한다. 음식문화가 세대 간의 차이를 좁히는 데 그만큼 커다란 영향을 미친다는 것을 증명한다.

자녀가 결혼한 뒤 어릴 적 먹었던 그 맛의 된장찌개를 먹고 싶어서, 노부모를 자주 찾아뵙게 하기 위해서라도 자녀에게 한국음식을 먹여야 한다. 현실은 어떤가. 언젠가 한국에서 들은 얘기다. 어떤 아이들은 비빔밥을 고추장 대신 토마토 케첩에 비벼 먹고, 김치는 냄새가 나서 안 먹는다고 한다.

3. 내핍생활에 관한 세대차이

내가 잘 아는 은퇴하신 목사님의 사모 이야기이다. 그분은 며느리와 함께 살다가 현재는 따로 사는데 그 이유는 이렇다. 아들은 변호사이고, 며느리는 전업주부다. 그들은 비교적 부유한 생활을 한다. 며느리도 기독교인으로 시부모님에게 모든 것을 비교적 잘 해드리는 편이었다.

그러나 며느리의 행동에서 시어머니의 마음에 안 드는 일이 한 가지가 있었다. 화장지를 너무 헤프게 쓴다는 것이다. 아이가 음식을 엎질렀을 때 걸레로 닦고 다시 빨면 화장지를 아낄 수 있는데도 며느리는 항상 화장지를 듬뿍 꺼내 한 번 훔치고는 휴지통에 그냥 버렸다. 아기가 오줌을 싸도 시어머니가 걸레를 가지러 간 사이에 화장지를 듬뿍 꺼내 오줌을 닦고는 버렸다. 화장지를 써도 아껴 쓰면 좋으련만 그렇지 못했다.

시어머니는 아이가 물을 엎지르거나 오줌을 싸면 며느리가 또 화장지를 듬뿍 쓸까 봐 가슴이 조마조마했다. 시어머니는 며느리에게 화장지를 아껴 쓰라고 몇 번 말했다. 그러나 이를 잔소리로 들었던 며느리는 오래 참지 못했다. "제가 이 집에 시집와서 화장지 하나 마음대로 쓸 수 있는 권한이 없습니까?"라고 따졌다. 법적으로는 맞는 말이다. 그러나 이것이 시어머니가 며느리와 따로 살게 된 동기였다. 그 집안 마찰의 원인은 내핍 생활의 세대차이였다.

유대인의 내핍생활이 지독하다는 것은 누구나 인정한다. 그들은 미국에서 아무리 부자 동네에 살아도 휴지뿐만이 아니고 모든 물질을 아끼고 절약한다. 그들은 왜 물질을 그렇게 절약하는가? 그 이유는 모든 물질은 하나님의 소유이고, 하나님에게 속한 물질을 낭비하는 것은 죄악이라고 믿기 때문이다.

왜 유대인은 그렇게 생각하고 실천하는가? 그들의 내핍생활관도 성경에서 나왔기 때문이다. 그들은 모든 물질을 하나님이 창조하신 것으로 하나님께 속한 것으로 믿는다. 그리고 그 최초의 물질 관리자는 아담이라고 믿는다(창 1-2장). 따라서 성도는 하나님의 물질을 관리하는 청지기다.*

이처럼 한국인은 1세와 2세의 물질 사용에 세대차이가 있고 유대인은 세대차이가 없는 이유는, 유대인은 자자손손 자녀에게 모든 물질은 하나님에게 속하였기 때문에 하나님의 것을 낭비하면 죄라는 사실을 가르쳐 지켜 왔고 한국인은 자신만 알고 자녀에게 가르치지 않았기 때문이다.

1세대와 2세대는 모든 면에서 세대차이가 날 수 있다. 그러나 유대인은 신앙뿐만 아니라 모든 생활면에서 세대차이를 허락하지 않는 교육을 시키고 있다. 여러분이 만약 사업을 하는 사업주라면 화장지를 어떻게 사용하는 사원에게 더 호감이 가겠는가?

"부자는 3대 못 간다."란 말이 있다. 이 말은 한국은 물론 미국에서도 쓰이는 말이다. 미국의 아서 앤더슨사가 1995년 3860개의 자영업체를 대상으로 조사한 결과 2대까지 성공한 기업은 3분의 1 정도이고, 3대까지 망하지 않은 비율은 고작 10%에 불과했다(중앙일보, 1996년 10월 22일). 이것은 세대간의 가치관, 생활 방식 및 사상의 세대차이 때문에 생기는 현상이다.

---

* 유대인의 물질 관리에 대해서는 《자녀들아 돈은 이렇게 벌고 이렇게 써라》(현용수, 동아일보, 2007년) 제4부 제2장 II. 1. '왜 유대인은 모든 것을 절약하는가' 참조.

II. 신앙문화와 세대차이

혹자는 "미국화가 되었건, 한국적이건 예수만 잘 믿으면 될 것이 아니냐? 문화가 무엇이 그렇게 중요한가?"라고 물을 수도 있다. 그러나 그렇지 않다. 신앙생활에도 각 문화의 색깔이 있다. 똑같이 예수 믿고 구원받은 성도라 하더라도 장로교, 감리교, 침례교, 순복음 교파의 문화가 각각 다르다. 신학, 예배 의식 및 기도하는 방법까지도 다르다.

이것은 어느 교파가 옳고 그르다는 말이 아니다. 하나님은 우리가 가지고 있는 신앙의 유산이 자녀에게 세대차이 없이 전달되기를 소원하고 계신다.

예를 들어 시어머니가 큰 소리로 새벽기도를 하면 며느리도 큰 소리로 새벽기도를 하고, 손녀도 큰 소리로 새벽기도를 하도록 해야 한다. 이것이 한 가문의 신앙의 전통, 즉 신앙의 주체의식(the Self-Esteem of Faith)이라는 것이다.

그리스도를 머리로 한 교회에서는 담임목사에서부터 유년 주일학교 어린이까지 한 가지 신앙과 신학, 한 사상 그리고 한 문화가 이어져야 한다. 저자가 지적한 대로 신앙의 전통 없이는 신앙의 유산을 자손 대대로 전수하기 힘들다.

미국 남가주에 소재한 독일계 미국 교회 목사를 만난 적이 있다 (1995). 자신은 교인이 약 100명 정도밖에 안 되는데 큰 교회당에서 주일날 똑같은 설교를 두 번 한다고 했다. 한 번은 노인층을 위해, 다른 한 번은 몇 명 되지 않는 젊은층을 위해서라는 것이다.

교회의 주류를 이루는 1세대의 전통적인 예배를 몇 명 안 되는 2세대 젊은이들이 싫어하기 때문이었다. 또 두 예배의 순서와 예배 방법도 서로 다르다고 했다. 죽어가는 백인 교회의 모형이다. 똑같은 영어권의 전형적인 백인 교회에서도 이러니 한국말과 영어로 나뉜 한인 동포 교회는 얼마나 더 심각하겠는가?

기독교의 역사를 보면 어느 민족이나 초대교회부터 자신들의 처음 신앙을 자자손손 전하는 데 실패했다. 그 이유는 그들이 믿음의 세대 차이를 막는 데 실패했기 때문이다. 세대차이는 우리 1세들의 신앙 유산을 2세들에게 물려주는 데에 적이며 독이다.

우리 한국인은 세계 역사 속에서 주님 오실 때까지 믿음의 제사장 역할을 계속하기 위해 무엇을 해야 하는가? 우리도 평양신학교에서부터 내려오던 믿음, 절개 있는 신앙과 생활 습관이 자손 대대로 지켜지도록 교육해야 한다. 즉 신앙의 세대차이를 막아야 한다. 이를 위해서는 신구약 성경 말씀에 기초한 신본주의 사상을 잘 정리하여 철저히 가르쳐야 한다.

자는 아이 다시 보자. 세대차이 있나 없나!

III. 유대인은 얼마나 세대차이가 없나

유대인은 유구한 역사 속에서 나라와 거주지를 잃고 여섯 개의 문명지를 전전하며 살아왔다. 이러한 역사 속에서도 그들은 다른 나라에 전혀 동화되지 않았고, 유대인으로서의 사상과 동질성을 계속 유지해 왔다.

다른 문명들은 인간발달학의 원리와 같이 문명이 출생, 성장, 노쇠, 그리고 사망하는 문명의 수명이 있는 데 비해 유대인은 이러한 역사적 법칙을 깬 신비로운 민족이다. 그들은 살아남았을 뿐만이 아니라 어느 문화, 어느 민족 속에서도 창조자의 역할을 했다. 그들이 역사 속에서 살아남은 비결은 세대차이 없는 신앙과 사상의 전수였다.

유대인은 한 가정의 3대에 세대차이가 없다. 신본주의 사상, 생활 방식, 언어, 음식 및 절기에 세대차이가 없다. 유대인은 가정의 3대를 중요시 여긴다. 아브라함과 이삭 및 야곱이 3대이다. 한 가정에 3대 단위로 세대차이가 없으면 자자손손 세대차이를 막을 수 있다.

저자가 기술하는 내용은 주로 유대인 역사의 흐름을 결정하는 가장 보수적인 정통파 유대인의 교육에 기준하는 자료들이다.*

---

* 더 자세한 내용은 이 책 제1부 제3장, II. 2. '현대 유대인의 분류' 참조.

정통파 유대인은 다니엘이 하루 세 번 기도했듯이 지금도 하루 중 새벽, 해지기 전, 잠자기 전 모두 세 번 기도한다. 사진은 호텔에서 회의를 하다가 해지기 전 기도시간이 되자 모두 일어나 예루살렘을 향해 기도하는 모습. 그들은 기도에도 세대차이가 없다.

그들은 신앙과 생활에 얼마나 세대차이가 없는가? 그들의 삶은 위의 '정통파 유대인'에서 언급한 대로 모세의 때부터 현재까지 약 3200년간 보수 유대인의 모습 그대로다. 하루에 세 번씩 기도한다. 새벽에 기도할 때에 기도복을 두르고 이마와 팔뚝에 쉐마(신 6:4-9)를 넣은 테필린 상자를 붙이고 기도한다. 레위기에 나타난 음식에 관한 규율을 철저히 지킨다. 안식일과 절기도 철저히 지킨다.*

정통파 유대인의 전통에 따라 회당에는 남자들이 앉는 좌석과 여자들이 앉는 좌석이 따로 있다. 남자가 여자와 함께 섞여 앉으면 남성의 정신이 분산되어 하나님께 드리는 기도와 예배가 방해받기 때문이라고 한다. 사실 이 제도는 먼 옛날 남녀가 동석하기 힘들었던 농경 시대에 생겼으나 아직도 세대차이 없이 지켜지고 있다.

현재도 정통파 유대인은 그들의 사상, 생활습관, 생활방법, 의식주,

---
* 쉐마에 대한 더 자세한 내용은 《잃어버린 지상명령 쉐마》(현용수, 쉐마, 2006), 제1권 제3부 '하나님이 유대 민족에게 주신 지상명령, 쉐마' 참조

정통파 유대인은 아직도 두루마리 성경을 사용한다. 사진은 두루마리 성경 말씀을 붓으로 심혈을 기울여 쓰고 있는 랍비이자 서기관인 크래프트 씨의 모습. 하나님의 이름이 너무 거룩하기 때문에 하나님의 이름을 쓰기 전에 먼저 믹바에 가서 정결 예식을 행한 뒤에 쓴다고 한다.

절기 등에 거의 세대차이가 없다. 아무리 현재의 삶에 어려움이 온다 하여도 613개의 율법을 최대한 지키고 있다. 유대인은 세대차이를 극복하는 교육에 성공한 민족이다.

인간은 누구나 쉽고 편한 것을 원하지만 정통파 유대인은 육의 안일함을 따라가기보다는 어렵더라도 하나님이 모세에게 주신 613개의 율법, 즉 성경을 지키며 따라간다.

**자녀와 세대차이가 생기는 이유: 코드가 맞지 않기 때문이다.
왜 코드가 맞지 않는가? 계속 읽으면 답이 보인다.**

단결

Tokayer

오늘날 너희 곧 너희 두령과 너희 지파와 너희 장로들과 너희 유사와 이스라엘 모든 남자와 너희 유아들과 너희 아내와 및 네 진중에 있는 객과 무릇 너를 위하여 나무를 패는 자로부터 물 긷는 자까지 다 너희 하나님 여호와 앞에 선 것은, 너의 하나님 여호와의 언약에 참예하며, 또 너의 하나님 여호와께서 오늘날 네게 향하여 하시는 맹세에 참예하여……. (신명기 제29장 제10-12절)

이것은 모두 단결하여 일어서지 않으면 안 된다는 것을 강조하고 있다. 즉 단결의 힘이라는 것을 나타내고 있다. 작은 나뭇가지라도 하나일 때는 쉽게 부러지지만 100개의 나뭇가지를 꺾으려 하면 좀처럼 꺾기 힘든 법이다. 혁명적인 일이며 동시에 이것은 개인적인 책임이라는 것을 확립시켜 가는 일이기도 하다

_탈무드 2 (부제: 랍비가 해석한 모세오경), 동아일보, 2007.

저자 주 위의 말씀은 유대인이 세대차이를 없애는 방법 중 하나다. 유대인은 거의 모든 행사에 하나님의 말씀을 따라 모든 절기를 지킬 때에 지위 고하를 막론하고 3대가 함께 참석하게 한다. 절기 중에는 아무리 자녀들이 내일 시험을 본다고 해도 결코 과외공부를 보내지 않는다.

IV. 세대차이를 조장하는 한국 교육, 유대인과 무엇이 다른가?

> 세대차이에 대한 예로 한국 교회의 제도를 들었지만 실상은 한국의 모든 교육의 현장이 그렇다. 물론 천주교나 불교도 예외는 아니다. 따라서 여기의 예는 다른 교육의 현장에도 적용된다.

1. 왜 북미주 한인 사회는 3·1절 행사를 중단하는데, 유대인의 절기는 계속 이어지는가

미주 한인의 역사가 2003년을 기점으로 100주년이 지났다. 그러나 본격적인 한인 이민이 시작한 것은 1970년 초반부터이기 때문에 불과 40여 년밖에 되지 않는다. 그런데도 1세대와 2세대 사이에 엄청난 세대차이가 난다. 한국인의 절기의 세대차이에 대해 예를 들어보자.

저자가 34년 전 미국으로 이민 갔을 때는 어느 기관이 중심되어 3·1절이나 8·15 광복절 행사를 주최하면 뜨거운 가슴으로 많은 사람들이 모였다. 그리고 강사의 연설을 듣고 난 뒤 사회자의 인도에 따라 "대한독립 만세!"를 힘차게 외쳤다. 매우 감동적이었다.

그러나 30여 년이 지난 지금은 그 행사가 흐지부지 없어질 위기에 있다. 설사 모여도 일본의 침략 시대를 경험했던 연세 많으신 어른들 몇몇이 모여 힘없이 "대한 독립 만세!"를 외치고 있다.

왜 이렇게 절기를 지키는 것에도 세대차이가 나는가? 그런데 유대인은 어떻게 이런 절기가 수천 년 동안 전 세계를 유랑하면서도 대를 이어 이어질 수 있는가? 그 이유는 거의 모든 한인 행사들은 1세 어른들 중심으로 치러지기 때문이다. 참석한 이들이 자녀들을 데리고 오지 않는다. 그리고 가정에서 자녀들에게 한국 역사를 가르치지 않는다.

따라서 1세대가 사라지면 더 이상 민족적인 행사의 맥을 이어 갈 사람이 없다. 2세들이 어른들에게 배운 것이 없기 때문이다. 그들은 미국 학교에 다니며 미국의 교육만 배웠다.

유대인은 다르다. 그들은 자신들의 절기 행사에 꼭 3세대 – 할아버지 할머니, 아버지·어머니, 자녀 – 가 함께 참석한다. 젖 먹는 아이들까지 참석시킨다. 따라서 어른들이 늙어 세상을 떠난다 해도 그 후세대들이 어른들에게 배운 대로 계속 자신들의 절기를 이어 갈 수 있다.

그들은 절기를 지키는 데 얼마나 철저한가? 절기가 며칠 동안 진행되더라도 노동을 금한다. 그리고 3대가 함께 절기에 참여한다. 그래서 유대인 휴일에는 인근 공립학교까지 모두 쉰다. 이것이 유대인의 파워다. 한인들도 더 늦기 전에 이런 유대인의 지혜를 배워야 할 것이다.

**1세대와 2세대 사이에 절기에도 세대차이가 나는 이유는
대부분의 한인 행사가 1세 어른들 중심으로 치러지기 때문이다.
그래서 1세가 사라지면 더 이상 민족적인 행사는 맥을 이어 갈 수 없다.
2세들이 어른들에게 배운 것이 없기 때문이다.
미국 학교에 다니며 미국의 교육만 배웠기 때문이다.**

2. 한국 교회는 가족끼리 만나기 힘들게 하고, 유대인 회당은 가족끼리 만나게 도와줘

한국이나 미국은 교회 성장이 멈추고 2세들이 교회를 줄지어 떠나간다. 여러 가지 원인이 있지만, 가장 큰 원인을 찾는다면 부모세대와 자녀세대의 세대 차이에 있다. 한민족 동질성의 세대차이(언어, 문화 및 예절 등)와 여호와 하나님을 경외하는 신앙의 세대차이, 말씀의 세대차이 등이다.

그런데 유대인은 아브라함부터 현재까지 4200년 동안 전 세계를 유랑하면서도 어떻게 세대차이를 막는데 성공했는가? 그 비밀은 그들이 하나님으로부터 받은 구약의 지상명령에서 찾아야 한다(창 18:19; 신 6:4-9).*

구약의 지상명령은 가정에서 자손 대대로 하나님의 말씀을 자녀들에게 전수하여 말씀 맡은자의 제자로 삼는 것이다. 이것은 예수님이 복음을 만방에 전파하라(마 28:19-20)는 신약의 지상명령과 짝을 이룬다. 전자가 수직 전도라면, 후자는 수평 전도다.

따라서 그들은 시스템 자체가 하나님의 말씀에 의거하여 가족이 함께 모이는 문화를 창조하고, 이를 자손 대대로 지켜 왔다. 예를 들어보자. 그들은 안식일에는 모든 세상일을 접고 3대(할아버지 부부, 부모 및 자녀들)가 함께 가정의 안식일 식탁에 모여 하나님께 찬양 드리고 아버지가 자녀들에게 하나님의 말씀을 가르쳐 전수하며 온 가족이 말씀을 토론한다.

---

* 자세한 내용은 《잃어버린 구약의 지상명령 쉐마》 제1-2권(현용수, 쉐마 2007) 참조.

설사 회당의 랍비라 해도 안식일 강단에서 설교를 마치고 나면, 다른 교인들 집에 심방을 가거나 당회를 하는 것이 아니라, 가정으로 돌아가 잘 차려진 식탁에서 3대 가족이 모여 떡을 떼며 안식일 절기를 지킨다. 이런 절기 식사를 3회 한다. 뿐만 아니라 모든 절기들을 이렇게 가족 중심으로 지킨다. 유월절이나 초막절 그리고 신년절기는 일주일 혹은 열흘 동안 가족과 함께 지킨다.

이것이 유대인의 생존 비밀이다. 예배도 3대가 함께 드리고, 기도회도 3대가 함께 드리고, 새벽예배도 3대가 함께 드린다. 그래서 그들은 3대가 세대차이가 없다. 아브라함, 이삭, 야곱 3대가 세대차이가 없으면 영원히 세대차이가 없다. 회당은 3대 가족이 함께 신앙을 전수하도록 적극 도와준다.

하나님은 구약 성경의 마지막에도 가정에서 아비와 아들의 수직적인 신앙의 연속성을 강조하셨다. 아비는 자녀에게 마음을 돌이키고, 자녀는 아비, 즉 조상들의 경건한 신앙으로 돌이키라는 뜻이다. 조상들이 자녀에게 말씀을 전수한 것처럼 너희도 그렇게 하라는 말씀이다. 만약 그렇지 못할 경우에는 하나님께서 오셔서 그 땅을 치겠다고 말씀하셨다. 얼마나 엄중한 경고인가!

> 그가 아비의 마음을 자녀에게로 돌이키게 하고 자녀들의 마음을 그들의 아비에게로 돌이키게 하리라 돌이키지 아니하면 두렵건대 내가 와서 저주로 그 땅을 칠까 하노라 하시니라. (말 4:6)

성경적 유대인의 문화와 현대 또래문화의 차이

구분	한국 현재 문화(또래문화의 발달)	3대가 동일한 유대인의 문화
두 문화의 차이 비교	할아버지 세대 문화 ⇐ 조부모 ⇔ 조부모 ⇔ 조부모 ⇒ 부모 세대 문화 ⇐ 부모 ⇔ 부모 ⇔ 부모 ⇒ 손자 세대 문화 ⇐ 손자 ⇔ 손자 ⇔ 손자 ⇒	3대 통합 문화 ⇕ ⇕ ⇕ 조부모 문화 ⇕ ⇕ ⇕ 부모의 문화 ⇕ ⇕ ⇕ 손자의 문화 ⇕ ⇕ ⇕
결과	극심한 또래문화 발달 극심한 세대차이 세대간에 대화 소통 불가	또래문화가 거의 없다. 세대차이가 없다. 세대간에 대화 소통 가능

    그런데 한국 교회는 시스템 자체가 3대 사이에 세대차이를 일으키게 짜여 있다. 자녀들과 교회는 함께 가지만 큰 아들은 대학부, 둘째는 고등부, 막내는 초등부 예배에 들어간다. 그 안에서 가족끼리 만나기는 너무나 힘들다. 한국이나 미국이나 부모도 바쁘고 자녀들도 바빠서 가족끼리 함께 만날 수 있는 기회는 오직 주일날밖에 없는데, 그나마도 교회가 이를 박탈해 버린다.

    한국 교회는 아비의 마음을 자녀에게 두지 못하게 하고, 자녀의 마음을 아비에게 돌이키지 못하게 한다. 얼마나 반 성경적인가? 하나님에게 두려운 일이다.

    부모와 자녀끼리만 만나지 못하는 것이 아니다. 형제와 형제끼리도

유대인 회당 랍비와 신약교회 목사의 차이

구분	신약교회 목사	유대인 회당 랍비
안식일 사역	본인은 물론 모든 성도들을 각 세대별로 교회로 불러 모으기를 힘쓴다.	안식일에 자신은 물론 모든 성도들이 가정으로 돌아가 가족 공동체 3대가 모이도록 도와준다.
특징	목사 가정은 물론 성도들 가족끼리 3대가 만날 수 있는 기회를 박탈한다. 말씀과 전통을 전수할 수 없다.	가정에서 부모가 자녀에게 말씀과 전통을 전수할 기회를 만들어 준다.
결과	연령별로 말씀과 전통에 세대차이가 많다.	자손 대대로 말씀과 전통에 세대차이가 없다.

만나지 못하게 되어 있다. 그래서 또래 문화만 발전하여 세대 간에 세대차이가 너무나 많이 난다. 예배도 따로, 기도회도 따로 그리고 새벽예배도 따로 드린다. 그나마 자녀들에게 새벽예배를 기대하기는 힘들다. 부활절도 따로, 추수감사절 예배도 따로, 크리스마스도 따로, 송구영신 예배도 따로 드린다.

자녀가 어릴 때는 엄마가 자녀들만 집에 남겨두고 "엄마 교회 갓다 올게, 집 잘 봐라."하고는 혼자만 교회에 갔다 오는 경우가 많다. 유대인 가정에서는 상상을 할 수 없는 일이다.

그러니 한국 교회가 부모 세대와 자녀 세대 사이에 신앙과 문화 및 역사 인식의 세대차이로 죽을 수밖에 없다. 그리고 더 위험한 것은 교

교회와 유대인 회당의 예배와 기도회 비교

분류	한국 및 북미주 교회			유대인 회당
구별	주일학교 교육 부서	연령 및 명칭		안식일에는 연령별 부서 없음
교회와 유대인 회당 예배와 기도회 제도 비교	장년부	어른	각 부서마다 담당 교역자들의 연령도 다르다. 따라서 그들 사이에도 세대차이가 있다.	한 가정 3세대 통합 예배 동일한 1세대 랍비가 주관 (예배와 기도회에 조부모, 부모 및 자녀들이 함께 참석한다. 연령별 부서는 주중에 모인다.)
	청년부	25세 이상 미혼 청년들		
	대학부	19~24세 대학생		
	고등부	16~18세 고등학생		
	중등부	13~15세 중학생		
	초등부	11~12세 초등학교 고학년		
	아동부	9~10세 초등학교 중학년		
	유년부	7~8세 초등학교 저학년		
	유치부	5~6세 유치부 학생들		
	유아부	3~4세 걷기 시작한 아이들		
	영아부	0~2세 갓난 아이들		
결과	매 2~3세 터울로 나눠 놓았다. 연령별 또래 문화만 발달하여 세대차이가 너무 많다. – 세대차이를 만드는 제도 –			성경의 가치관 및 전통문화에 세대차이가 없다. – 세대차이를 없애는 제도 –
결론	따라서 한국 교회는 1세들의 신앙과 전통을 자손들에게 전수하기 위해 세대차이가 없는 유대인 모델을 따라야 한다.			

회에서 "여러분의 자녀, 우리 교회가 책임지겠습니다."라고 호언장담한다(물론 교회교육이 공헌한 면도 있지만 이를 너무 강조한 나머지 가정교육이 없어졌다).

그 결과 자녀들은 부모로부터 말씀을 전수받을 수 없다. 부모뿐만 아니라 담임목사의 신앙철학이 2세들에게 전수될 수 있는 기회를 막는다. 그래서 한국의 초대교회와 같은 순교자 신앙과 새벽기도 그리고 뜨거운 열정이 전수되지 못한다. 안식일도 제대로 지키지 않는다. 언어도 다르고 문화도 다르다. 자녀들이 대학을 졸업하면 90% 이상 교회를 떠난다.

쉐마교사대학을 졸업한 박흥석 목사(부산 사상교회, 고신)는 졸업 소감을 이렇게 썼다.

> 앞으로 30년 후에 (한국 교회가) 어떻게 될 것인가? 걱정이 아닐 수 없다. 그런데 쉐마교육을 받으며 명쾌한 해답을 얻었다. 그리고 한국 교회가 2가지 점에서 큰 실책을 했음을 발견했다. 첫째는 교회에서 잘못된 교육을 해 왔다는 것이요, 둘째는 부모에게서 교육권을 몰수했다는 것이다. (쉐마교육을 아십니까?, 쉐마, 2007, p. 77)

잘못된 한국 교회교육 시스템, 이제 너무 늦은 감이 있다. 이제라도 한국 교회도 교회교육 시스템을 구약의 지상명령을 이행할 수 있도록 바꾸어야 한다. 교회가 부모교육을 시켜서 가정에서 부모가 자신의 자녀교육을 책임지게 해야 한다. 즉 교회가 부모들에게 말씀을 가르치고 그들이 자신의 자녀들에게 말씀의 제자 삼도록 도와주어야 한다. 이것이 하나님이 원하시는 교육목회의 본질이다.

한국이나 미국은 교회 성장이 멈추고 2세들이 교회를 줄지어 떠난다.
가장 큰 원인은 부모 세대와 자녀 세대의 세대차이에 있다.
왜 세대차이가 나는가?
유대인의 회당은 3대 가족이 함께 신앙을 전수하도록 적극 도와준다.
반면 한국 교회는 시스템 자체가 3대 사이에 세대차이를 일으키게 짜여 있다.
부모에게서 교육권을 몰수했다.

3. 북미주 한인 교회의 1세대와 2세대 예배 주보 광고의 차이

무엇이 세대차이를 만드는가? 한 가지 더 예를 들어 보자. 2007년 11월 말경 내가 거주하는 미국 남가주 지역의 G교회를 방문했다. 물론 그 교회도 다른 교회처럼 1세대는 어른끼리 그리고 2세대 중·고등부 학생들은 영어예배(EM)에 참석한다.

그 교회의 1세대와 2세대 예배주보 광고의 차이를 보면 왜 한국인은 세대차이가 나고, 유대인은 세대차이가 나지 않는가를 알 수 있다. 다음은 주보 광고 내용 중 몇 가지만 간추린 것이다.

1세대 예배 주보 광고

1. 담임 목사님이 중국을 방문해 신학교에서 강의하고 계십니다. 위하여 기도해 주세요.

2. 본 교회가 지원하는 선교사님들을 위해 기도해 주세요.

3. 한국의 17대 대통령을 뽑는 대선이 다가왔습니다. 하나님께 가장 합당한 사람이 당선될 수 있도록 기도해 주세요.

4. 한반도의 평화를 위해 북한의 핵 문제가 잘 해결할 수 있도록 기도해 주세요.

2세대 예배 주보 광고

1. Dec. 14-16. RETREAT! Bring your friends! It will be a life changing experience.

   (12월 14-16일. 수련회! 친구들을 데려오세요. 인생을 바꾸는 경험을 하게 될 것입니다.)

2. Christmas is a month away! (exactly)

   [크리스마스가 한 달 앞으로 다가 왔습니다. (정확하게)]

3. A birthday party is waiting for you after Worship Service.

   (예배 후 생일 파티가 있습니다.)

얼마나 다른가? 1세대는 담임 목사님을 위해, 세계선교를 위해, 한국의 대선과 한반도 평화를 위한 기도를 부탁했다. 반면 2세대는 자신들의 프로그램만 광고했다. 그렇기 때문에 2세들의 얼굴은 한인 부모를 닮은 것 같지만, 1세대의 생활 습관과 사상 및 한국인의 민족의식은 닮을 수 없다.

그 결과가 확연한 세대차이다. 2세대가 1세대의 생활을 이해하지 못한다. 이것은 비단 북미주 한인 교회의 문제만은 아닐 것이다. 한국의 교회들이나 다른 나라에 살고 있는 한인 교회들도 대동소이한 문제를 갖고 있다.

유대인 회당이라면 어떻게 광고했을까? 우선 그들은 3세대가 함께 예배를 드리기 때문에 서로 다른 2개의 광고 문안이 필요 없다. 따라서 2세대도 1세대 광고를 그대로 보고 듣는다. 물론 그들은 부모가 자녀들에게 히브리어를 가르쳤기 때문에 언어의 세대차이도 없다. 2세들도 히브리어로 쓴 1세대의 광고를 읽는데 불편함이 없다. 그리고 2세대도 자신의 회당 랍비를 위해, 전 세계에 흩어져 사는 유대인을 위해 그리고 이스라엘의 대선과 이스라엘의 평화와 번영을 위해 기도할 것이다.

유대인의 예배 주보 광고(세대 통합 예배로 한 종류만 있음)
1. 회당 랍비께서 중국 방문 중에 있습니다. 위하여 기도해 주세요.
2. 전 세계 유대인 디아스포라를 위해 기도해 주세요.
3. 이스라엘의 총선이 다가왔습니다. 하나님께 가장 합당한 사람이 당선될 수 있도록 기도해 주세요.
4. 이스라엘의 평화와 번영을 위해 기도해 주세요.

만약 한국 교회도 그렇게 한다면 우리의 대를 잇는 후손들에게 신앙뿐만 아니라, 얼마나 훌륭한 한국 민족의 뿌리를 가르치고 모국을 걱정하는 교육이 되게 할 것인가?

그러나 한국은 그런 교육을 시키지 않기 때문에 엄청난 세대차이로 몸살을 앓고 있다. 실로 안타까운 일이다. 그나마 교회는 세대에 관계없이 기본적으로 하나님의 말씀과 신앙교육은 시킨다. 그런데도 이렇게 세대차이가 많이 나는데 하물며 비기독교인들은 얼마나 많은 세대차이가 나겠는가!

1세대는 담임 목사님을 위해, 세계 선교를 위해, 한국의 대선과
한반도 평화를 위한 기도를 부탁했다.
반면 2세대는 자신들의 프로그램만을 위해 광고했다.
그렇기 때문에 2세들의 얼굴은 한인 부모를 닮은 것 같지만,
1세대의 생활 습관과 사상 및 한국인의 민족의식은 닮을 수 없다.

"

진리라는 돌을 줍기 위해서는 몸을 굽히지 않으면 안 된다.
그런데 사람들에게 어려운 것은 몸을 굽히는 일이다.

_탈무드3(부제: 탈무드의 처세술), 동아일보, 2008

"

제2장

인성교육의 본질과 원리: 수직문화와 수평문화

Ⅰ. 수직문화와 수평문화란 무엇인가
Ⅱ. 수직문화와 수평문화의 분석
Ⅲ. 수평문화가 아동의 인성교육에 해로운 이유
Ⅳ. 자녀들이 수평문화에 노출된 결과

세대차이는 왜 생기는가?

인간의 정신세계와 신앙생활에서 세대차이는 적다. 왜 한국 사람들이나 다른 나라 사람들은 유대인들처럼 세대차이를 막지 못했는가? 유대인은 어떻게 세대차이를 막을 수 있었는가?

세대차이는 왜 생기는가? 인성교육의 내용과 형식에 세대차이가 나기 때문이다. 이 세대차이가 생기는 근본 원인을 알기 위해 먼저 문화의 2가지 개념, 즉 수직문화와 수평문화를 알아야 한다. 인간의 내면적인 것들에 가치를 둔 수직문화와 인간의 외면적인 것들에 가치를 둔 수평문화의 개념을 다음과 같이 소개한다. 이 두 문화를 깊고 넓게 이해하면 인성교육의 본질과 원리를 이해하게 된다. 그리고 옳은 인성교육에 해로운 것은 무엇이고 개발할 것은 무엇인지 실제 생활에서 적용할 수 있는 방법을 터득하게 된다.

근본적으로 중요한 인성교육은 깊이 생각하는 사람으로 키우는 것이다. 깊이 생각하는 사람은 뿌리가 깊은 나무와 같다. 외풍에 흔들리지 않는다. 굳건하다. 이것은 인성의 요소의 질(質)의 문제다. 어떻게 '깊은 생각·바른 행동'을 하는 자녀로 양육할 수 있을까?

현대 교육의 문제는 무엇인가? 대부분 학생들이 '얕은 생각, 제멋대로 행동'이다. 그 이유는 다음 두 가지를 어떻게 해야 하는지를 구체적으로 모르기 때문이다.

Q1. 어떻게 자녀들을 깊이 생각하게 하는 교육을 시킬 수 있는가?
Q2. 어떻게 자녀들을 바른 행동을 하게 할 수 있는가?

즉 깊은 생각·바른 행동을 구호로만 외치지 어떻게 하는지를 구체적으로 모르기 때문이다. 모르니 어떻게 교육시킬 수 있는가?

▶ 어떻게 깊이 생각할 수 있는 기본적 틀(Structure 혹은 Infra)을 마련할 수 있을까?
▶ 어떻게 저자가 정리한 이상적인 인성의 요소를 갖게 할 수 있을까? [이상적인 인성의 요소는 인간의 내면적 열매로 나타난 깊이 생각하는 사람이 갖는 내면적 성품(14가지)을 말하며, 인간의 외면적 열매로 나타난 인성은 내면적 성품이 외면적으로 표현된 바른 행동(14가지)들을 말한다. 제1장 II. 2. '보편적 인성의 내면적 요소와 외면적 요소' 참조]
▶ 어떻게 고품격의 인성의 요소들을 개발해 낼 수 있을까? 이런 인성을 가진 사람은 행동도 수준 높은 바른 행동을 하게 된다.

이 책은 유대인을 예로 들면서 위 질문들에 교육학적, 철학적 및 문화인류학적으로 답변하고자 한다.

저자 주 '수직문화와 수평문화'란 용어는 저자가 미주 한인 2세 교육의 방향을 제시하는 〈한국의 전통문화 가치가 한국인 대학생과 청년들의 종교성과 영적 만족감에 어떠한 영향(관계)을 미치는가?〉를 연구할 때 처음 개발한 원리다(Yong Soo Hyun, Biola University, Talbot School of Theology, Ph.D. 논문, La Mirada, California, 1990). 그 후 이 원리를 인성교육의 중심 주제로 계속 연구 발전시킨 것이다.

I. 수직문화와 수평문화란 무엇인가

1. 수직문화(Vertical Culture)

　　　　　　수직문화는 '심연문화' 또는 '뿌리문화'(the Deep Culture or Roots Culture)라고도 한다. 이 문화는 한 인종의 뿌리와 정체성을 나타내는, 그리고 영혼에 영향을 미치는 전통적인 문화 가치들로 구성되어 있다.

　어떤 요소들이 수직문화를 형성하는가? 종교, 전통(관습), 효도, 이상, 언어, 고전문학이나 고전음악, 사상, 철학, 고난 체험 및 역사 등이다. 이러한 수직문화의 가치들은 눈에 보이지 않는 비물질적이며, 인간이 생각하는 형이상학적인 것이다.

　따라서 수직문화는 유형·무형의 교육을 통해 대를 이어가면서 물려주는 인간의 정신적인 유산을 말한다. 이 유형·무형의 교육 내용은 인간의 정신적인 것, 사상적인 것, 그리고 고전적인 가치들을 말한다. 인생의 진리에 목말라 진리를 찾는 이들이 갖고 있는 문화도 여기에 속한다. 이것들은 인생의 의미를 찾는 문화들이다.

　수직문화는 외형적이면서도 일시적인 가치들과 대조되며, 인간의 내면적인 깊은 생각을 필요로 하는 마음의 양식이다. 이것은 오랫동안

수직문화와 수평문화의 차이

수직문화
심연문화 혹은 뿌리문화(Deep or Roots Culture)

종교, 역사, 철학, 사상 전통적인 가치, 도덕 및 윤리적 가치 효도, 고난, 고전, 뿌리 문화 **인간의 내면적 정신 세계의 가치** **거의 영구적인 가치**	**지혜교육** **(예: 컴퓨터의 하드웨어)** 인생의 의미를 찾는 문화 깊이 생각하는 문화 인간의 그릇을 만드는 문화

수평문화(표면문화, Surface Culture)

물질, 명예, 권력, 성(Sex) 유행, 유행가, 햄버거 문화 현대 학문 및 과학 **일시적 외형 중심, 바뀌는 문화** **일시적인 가치** **인간의 육을 자극**	**지식(IQ)교육** **(예: 컴퓨터의 소프트웨어)** 개인주의, 물질주의 과학 만능주의, 쾌락주의 인생의 재미를 찾는 문화 충동문화

출처_ 문화와 종교교육(현용수, 1993, 2007; Hyun, Biola 대학교 박사학위 논문, 1990)
_ IQ는 아버지, EQ는 어머니의 몫이다(현용수, 국민일보, 1996; 조선일보, 1999)

역사를 통해 증명된 철학적, 이상적인 가치(Idealism) 및 지혜다.

수직문화가 인생을 살아가는 데 필요한 지혜라면, 수평문화는 일시적으로 필요한 지식이다. 그리고 수직문화는 인생을 살면서 터득하는 지혜 혹은 고난을 겪으면서 쌓이는 지혜 및 깊은 심성이라고 말할 수 있다.

수직문화를 철학적인 견해(Axiology-Aesthetics and Ethics: 심미학적 및 윤리학적 가치들)로는 인간의 내면적인 가치들이라고 말할 수 있다(Morris & Pai, 1976). 따라서 한 개인이나 가정이나 민족이 전통적인 수직문화를 고수한다면 유대인처럼 세대차이가 생기지 않는다.

각 민족의 수직문화는 각 민족의 정체성(identity)과 관련이 있다. '어떻게 각 민족의 정체성을 말할 수 있을까' 할 때 각 민족이 소유하고 있는 수직문화를 소개하면 된다.

그리고 각 개인의 정체성이 얼마나 높으냐 낮으냐에 대한 답도 그 사람이 갖고 있는 수직문화의 강도에 따라 측정할 수 있다. 따라서 각 민족의 수직문화는 각 민족의 정체성을 측정하는 잣대다.

각 개인의 정체성이 얼마나 높으냐 낮으냐에 대한 답도
그 사람이 갖고 있는 수직문화의 강도에 따라 측정할 수 있다.
따라서 각 민족의 수직문화는 각 민족의 정체성을 측정하는 잣대다.

2. 수평문화(Horizontal Culture)

수평문화는 깊은 사상이 없는, 표면에 나타난 문화이며, 이를 표면문화(Surface Culture)라고도 한다. 수직문화가 눈에 보이지 않는 인간의 정신적인 것에 가치를 부여하는 것이라면, 수평문화는 일시적이면서도 외형적이며, 인간의 눈에 보여지고 만져지는 형이하학적인 가치들이다.

예를 들면, 물질, 권력, 명예, 성(sex), IQ 위주의 현대 학문 및 과학, 외형적인 생김새나 유행, 즉 유행가, 청바지 문화, 그리고 햄버거 문화 등 전통적인 가치들보다는 일시적인 만족과 쾌락을 위해 만들어졌다가 싫증이 나면 곧 다른 것으로 항상 바뀌는 문화다.

수직문화가 '인간은 무엇이고 왜 살아야 하는가?'에 대한 인생의 사는 의미를 찾는 문화라면 수평문화는 삶에 대한 깊은 생각 없이 인간의 육의 재미를 찾는 문화다. 즉, 기분에 좌우되는 충동문화일 수 있다. 수직문화가 눈에 보이지 않는 정신 세계의 좁은 길을 선택하는 이들의 문화라면, 수평문화는 눈에 보이는 땅의 것에 관심을 갖는 넓은 길을 선택하는 이들의 문화다.

수평문화를 철학적인 견해(Axiology-Aesthetics and Ethics: 심미학적 및 윤리학적 가치들)로는 인간의 외형적인 가치들이라고 말할 수 있다 (Morris & Pai, 1976). 그리고 미국과 같은 다양한 문화권 속에서 자기 자신의 인종 문화 외에 주변의 다른 인종 문화들을 포함한다.

쉽게 표현하면, 수평문화는 대부분 미국의 할리우드나 한국의 강남 문화다. 이는 땅의 것에 가치를 두는 것들이다. 인생의 삶에 대한 철학적 종교적 의미를 찾는 것이 아니라 인생의 재미를 찾는 문화다.

재미를 찾는 문화도 2가지로 구분할 수 있다. 건설적인 쉼과 즐거움 그리고 기쁨을 주는 수직문화적 재미문화(the constructive entertainments)와 육의 오감(五感; 시각, 청각, 미각, 촉각, 후각)을 자극하여 도덕이나 윤리적으로 타락을 부추기는 수평문화적 재미문화(the destructive entertainments)다. 전자는 정신세계를 풍요롭게 하지만, 후자는 정신세계를 타락하게 만든다.

예를 들면, 수직문화적 재미문화는 한국인이 명절 때 즐기는 전통적인 윷놀이나 강강술래 같은 춤이다. 이런 문화는 개인의 스트레스도 날리며 공동체의 단결을 다지게 한다. 그리고 유대인이 명절 때마다 잘 차려 먹는 전통적인 음식문화나 명절의 기쁨을 표현하는 춤들이 이에 속한다(정통파 유대인은 춤을 출 때도 남자는 남자끼리 여자는 여자끼리 춘다).

이것은 정신세계에 유익을 주는 권장할 만한 수직문화적 재미문화다. 더 깊게 들어가면, 고전 책을 읽고 인생의 의미를 찾아 감동을 받는 기쁨이나 종교서적을 읽고 신의 은혜를 받는 기쁨 등이 수직문화적 재미문화다. 각자의 건전한 취미생활도 이에 속한다(예: 바둑이나 등산 및 낚시 등).

반면, 수평문화적 재미문화는 육의 오감(5감)을 자극하는 선정적인 노래나 야한 춤(특히 남녀끼리의 춤), 노출이 심한 야한 복장, 야한 개그, 도박, 야동 그리고 남녀가 벌칙을 당할 적마다 옷을 하나씩 벗는 게임 등이다. 이런 것들은 인간의 정신세계에 해를 끼친다. (이후 사용하는 '재미를 찾는 문화'는 후자를 뜻한다.)

이러한 수평문화는 미국처럼 선진국일수록 강하다. 육을 고도로 자극하는 음악, TV, 퇴폐 오락 등이 만연하기 때문이다. 유대인 랍비들도 다른 나라에 거주할 때보다 미국에서의 자녀교육이 더 힘들다고 토로한다.

따라서 인간이 수평문화에 물들면, 수직문화를 잃게 된다. 수직문화를 잃게 되면 1세대와 2세대 사이에 세대차이가 생길 수밖에 없다. 유대인이었던 바울도 이 세대, 즉 이 땅의 수평문화를 본받지 말고 하나님의 선하시고 기뻐하시고 온전하신 뜻이 무엇인지 분별하도록 하라고 당부했다(롬 12:2).

II. 수직문화와 수평문화 분석

1. 수직문화와 수평문화의 비유

A. 수직문화는 전공과 신앙을 담는 그릇이다

1) 수직문화는 깊은 뿌리문화, 수평문화는 얕은 표면문화다

　　　　　　　수직문화와 수평문화를 바다의 파도에 비유해 보자. 고요한 바닷물에 폭풍우가 몰아치면 심한 파도가 일기 시작한다. 그 파도가 칠 때 움직이는 물은 표면에 있는 물이다. 아무리 파도가 몰아쳐도 바다 속 깊은 곳의 물은 잘 움직이지 않는다.

　인간도 마찬가지이다. 수평문화에 젖은 사람은 인생의 외풍이 칠 때 파도에 따라 움직이는 바닷물처럼 자신의 주체의식이나 신앙이 쉽게 움직이고 변질된다. 여기에서 말하는 '인생의 외풍'이란 이 땅의 쾌락일 수도 있고, 고난일 수도 있다. 그들은 인생의 좁은 길을 택하지 않고 넓은 길을 택한다.

　수직문화에 젖은 사람은 인생의 외풍이 아무리 몰아닥쳐도 깊은 곳의 바닷물이 움직이지 않는 것처럼 자신의 주체의식이나 신앙에 변동이 없다. 따라서 수직문화가 강한 사람이 예수님을 믿으면 아무리 육의 수평문화가 유혹한다 하더라도 또한 고난이 닥친다 하더라도 예수님에 대한 믿음이 흔들리지 않는다.

수직문화가 강한 사람은 심지가 깊고 의지도 강하다. 반대로 수평문화가 강한 사람은 심지가 얕으며 의지도 약하다. 수평문화의 사람은 예수님을 믿는다 해도 육의 유혹에 약하다.

다시 말하면, 수평문화에 젖은 사람은 환경의 지배를 쉽게 받지만 수직문화에 젖은 사람은 환경의 변화에 초연하다. 이런 사람은 집을 반석 위에 지은 지혜로운 사람과 같다. 비가 내리고 창수가 나고 바람이 불어 그 집에 부딪히되 무너지지 아니한다(마 7:25).

반대로 수평문화에 젖은 사람은 모래 위에 집을 지은 어리석은 사람과 같다. 비가 내리고 창수가 나고 바람이 불어 그 집에 부딪히면 무너져 그 무너짐이 심하다(마 7:26-27). 수직문화가 강한 사람은 사도 바울과 같은 내재적 종교성도 현저히 높다. 반대로 수평문화가 강한 사람은 바리세인과 같은 외재적 종교성이 현저히 높다(현용수, 1990, 1999). 수평문화를 표면문화라고도 하며, 수직문화를 심연문화 또는 뿌리문화라고 부르는 이유가 여기에 있다.

어려서부터 수직문화 교육의 필요성을 강조하면, 어떤 이는 예수님과 수직문화 중 어느 것이 더 중요하냐고 묻는다. 중요한 질문이다. 그렇다면 예수님과 수직문화는 무엇이 다른가? 예수님과 수직문화는 어느 것이 더 중요한가는 비교의 대상이 아니다. 예수님과 수직문화는 그 존재의 목적이 다르기 때문이다. 예수님은 인간 구원을 위해 오신 메시아이시다. 그분은 인간이 믿는 믿음의 대상이시다. 그리고 그분을 믿는 것을 신앙이라고 한다.

누구든지 이런 것에서 자기를 깨끗하게 하면
귀히 쓰는 그릇이 되어 거룩하고 주인의 쓰심에 합당하며
모든 선한 일에 예비함이 되리라. (딤후 2:21)

그러나 수직문화는 한 인간의 신앙을 담는 그릇에 비유할 수 있다. 하나님도 인간을 하나님이 쓰시는 그릇으로 비유하셨다(사 45:9; 렘 18:4; 행 9:15; 롬 9:21; 딤후 2:20-21). 주님께서는 바울을 택한 그릇이라고 말씀하셨다.

> 주께서 가라사대, 가라. 이 사람은 내 이름을 이방인과 임금들
> 과 이스라엘 자손들 앞에 전하기 위하여 택한 나의 그릇이라.
> (행 9:15)

그 후 바울은 오직 자신을 그리스도란 보화를 담는 질그릇으로 사용했다(고후 4:7). 그릇은 그의 사람 됨됨이인 인성, 역량, 무게 및 능력으로 한 인간의 내적 마음과 및 외적 행위의 틀을 말한다.

그릇에도 여러 종류가 있다. 크기에 따라 작은 그릇과 큰 그릇, 모양에 따라 찌그러진 그릇과 아름다운 그릇, 용도에 따라 넓은 그릇과 목이 긴 그릇, 사용 목적에 따라 존귀한 그릇과 천한 질그릇, 청결도에 따라 깨끗한 그릇과 더러운 그릇, 강도에 따라 약한 그릇과 강한 그릇, 완성도에 따라 흠 있는 그릇과 흠 없는 그릇 등이 있다.

한 인간이나 한 민족은 자신들이 준비한 그릇만큼 쓰임을 받는다. 우리가 말하는 성령의 역사도 그 개인이나 민족이 준비한 그릇만큼

일어나고 지속되고 또 쓰임을 받는다.

　수직문화가 크고 견고하고 아름답게 준비된 그릇은 예수님을 믿어도 크고 견고하고 아름답게 사용되지만 그 그릇이 작고 부실하고 찌그러져 있으면 예수님을 믿어도 그 정도밖에 사용될 수 없다.

> 누구든지 이런 것에서 자기를 깨끗하게 하면 귀히 쓰는 그릇이 되어 거룩하고 주인의 쓰심에 합당하며 모든 선한 일에 예비함이 되리라. (딤후 2:21)

　수직문화를 한 인간의 그릇에 비유하는 것은 단지 종교적 신앙을 담는 그릇뿐만 아니라 한 인간의 학문의 세계, 정치, 사업 및 예술 등 다방면의 삶에 적용될 수 있다.

　예를 들어, 수직문화에 강한 사람은 학문을 해도 자신의 전공을 깊고 넓게 연구하며, 설사 노벨상을 탄다 해도 겸손하며 현실이나 인기에 타협하지 않고 평생 자신의 전공분야 연구에 몰두할 수 있다.

　수직문화에 강한 사람은 사업을 해도 큰 사업을 오래할 뿐만 아니라 큰돈을 벌어도 교만하지 않고 타락하지 않는다. 그리고 큰돈을 자신의 육을 위하여 낭비하지 아니하며 오래 간직할 수 있다. 항시 변하는 인기나 물질, 권력이나 명예 같이 눈에 보이는 수평문화 즉, 환경의 지배를 받지 않는다. 즉 수직문화는 학문을 담는 그릇이나 혹은 물질을 담는 그릇에 비유할 수 있다.

　흔히 그릇이 큰 인간을 평할 때 선이 굵다거나 혹은 대가 세다고 얘기하는 경우가 있다. 그런 사람은 수직문화가 잘 형성된 강한 사람을 말한다.

인간을 그릇에 비유

(수직문화는 개인의 인성으로 자신의 전공을 담는 그릇이다)

 크기에 따라
큰 그릇과 작은 그릇

 청결도에 따라
깨끗한 그릇과 더러운 그릇

 모양에 따라
아름다운 그릇과 찌그러진 그릇

 사용 목적에 따라
존귀한 그릇과 천한 그릇

 완성도에 따라
흠이 없는 그릇과 흠이 있는 그릇
튼튼한 그릇과 약한 그릇

장차 당신의 자녀가 어떠한 그릇이 되기를 원하십니까?

이런 사람은 대부분 개성이 강하고 고집도 세어 결단력이 강하다. 개인의 수직문화 교육은 그의 개성도 강하게 해 주기 때문이다. 따라서 수직문화와 개성과는 현저히 높은 상관관계가 있다(Allport, G. W. , & Ross, J. M., 1967, Personal Religious Orientation and Prejudice. Journal of Personality and Social Psychology, 5, pp. 432-443).

반면 수직문화가 약하고 수평문화에 물든 사람은 잔재주는 있을지 몰라도 대부분 개성이나 고집도 약하여 결단력이 약하다.

> 수직문화는 종교적 신앙을 담는 그릇뿐만 아니라,
> 각자의 전공 즉 정치, 학문, 사업 및 예술 등의
> 그릇을 담는 그릇이다.

2) 수직문화는 하드웨어, 수평문화는 소프트웨어이다

수직문화와 현대 IQ교육을 컴퓨터에 비유해 보자. 컴퓨터는 하드웨어와 소프트웨어로 구성되어 있다. 수직문화가 잘 형성된 사람을 컴퓨터의 용량이 큰 하드웨어에 비유하면, 현대 IQ교육은 소프트웨어다.

컴퓨터의 하드웨어 용량이 크고 견고해야 소프트웨어가 열을 받지 않고 신속히 잘 작동될 수 있는 것처럼, 자녀를 키울 때 수직문화로 하드웨어 용량을 크고 강하고 넓게 키운 다음에 현대 학문과 현대 과학(IQ) 같은 소프트웨어를 설치해도 별 사고 없이 오랫동안 신속하고 안전하게 기능을 100% 발휘할 수 있다.

반면 자녀가 수평문화에 물들어 하드웨어의 용량이 작고 약하고 좁다면 현대 학문과 현대 과학(IQ) 같은 소프트웨어를 설치해도 그 작동이 신속하지도 않거니와 열을 받아 쉽게 고장을 일으키어 제 기능을 100% 발휘할 수 없다. 왜냐하면 소프트웨어를 담을 수 있는 하드웨어의 그릇이 작기 때문이다.

구시대와 신세대 사람들의 장단점은 무엇인가? 과거 1960년대 이전에 태어난 세대는 비교적 수직문화가 잘 형성되어 컴퓨터의 용량이 큰 하드웨어를 갖고 있는 것이 장점이라면, 현대 IQ교육인 소프트웨어가 약한 것이 흠이다.

대신 1960년대 이후에 태어난 신세대 사람들은 현대 IQ교육인 소프트웨어가 잘 발달된 것이 장점이라면, 수직문화 교육을 제대로 받지 않아 하드웨어 용량이 작은 것이 흠이다.

따라서 이상적인 교육은 컴퓨터에 하드웨어와 소프트웨어가 모두 필요한 것처럼 수직문화 교육과 현대 IQ교육 모두 잘 받는 것이 중요하다.

> 지혜 있는 자는 강하고 지식 있는 자는 힘을 더하나니 너는 모략으로 싸우라 승리는 모사가 많음에 있느니라. (잠: 24:5-6)

둘 중 어느 것이 더 우선하냐고 묻는다면, 단연 수직문화 교육이 우선이다. 왜냐하면 컴퓨터에는 먼저 하드웨어를 설치하는 것이 기본이다. 그 후에 소프트웨어를 설치한다. 이와 같이 인간에게 인성교육인 수직문화를 먼저 가르쳐 일단 그릇의 크기가 만들어져야 한다. 그 후 소프트웨어인 현대 IQ교육(세상 학문)을 가르쳐야 한다.

일단 수직문화 교육을 잘 받아서 인간의 그릇이 크게 만들어졌다면, 그 후에 자신이 현대 교육을 공부하거나, 그래도 혹시 부족한 소프트웨어(현대 IQ교육)는 그 방면을 전공한 사람을 고용할 수도 있다. 그러나 인간의 그릇이 작은 사람은 아무리 소프트웨어(현대 IQ교육)를 준비했다해도 큰 그릇이 되기가 힘들다.

그런데도 현대의 부모들은 자녀들이 어릴 때 하드웨어격인 인성교육(수직문화)을 잘 가르치지 않고, 소프트웨어격인 현대 IQ교육에만 매달리니 그 속에서 큰 인물을 기대하기가 힘들다.

수직문화와 현대 IQ교육을 컴퓨터에 비유

구분 2가지 교육	컴퓨터에 비유	구시대인	신시대인	이상적 교육
먼저 수직문화 교육	하드웨어	강함	약함	강함
후에 현대 IQ교육	소프트웨어	약함	강함	강함

수직문화에 속하는 유대인은 어떻게 보면 고생을 사서 하는 사람들이다. 왜냐하면 21세기에 살면서도 쉽고, 편하고, 육을 자극하는 외풍에 절대 타협하지 않기 때문이다. 그들은 넓은 길을 택하지 않고 열조들이 걸어갔던 좁은 길을 아직도 택하고 있다.

기독교적인 시각에서 유대인이 예수님을 안 믿는 것은 잘못되었지만, 그들이 정성을 다해 신본주의 신앙을 지키려는 의지만은 본받아야 한다. 이런 사람이 예수님을 믿으면 그만큼 수평문화에 관계없이 굳건한 신앙을 지킬 수 있다.

수직문화가 잘 형성된 대표적인 인물이 구약의 모세, 신약의 바울이다. 모세는 이집트에서 왕위를 계승할 만큼 큰 그릇과 당시 현대 학문과 현대 과학(IQ)을 훌륭하게 준비했기 때문에 여호와 하나님을 믿은 후에 이스라엘 민족을 위한 큰 지도자가 되었다. 바울도 남달리 유대주의에 심취하여 하나님께 열심이었을 뿐 아니라 희랍의 세상 학문도 많이 공부했기 때문에 예수님을 믿은 후에도 남보다 믿음이 강하고 크게 쓰임 받는 기독교인이 되었다. 즉 그의 수직문화의 그릇이 남달리 크고 견고하고 아름다웠기 때문에 주님을 위해 크고 견고하게 그리고 아름답게 쓰임 받았다. 그러므로 부모가 자녀를 수직문화가 강한 사람으로 교육시키는 것이 무엇보다도 중요하다.

유대인의 격언 중에 "숫양이 수염이 있다 해도 랍비가 될 수는 없다."는 말이 있다. 대부분의 랍비들은 성경에서 몸에 상처 내는 일을 피하라고 했기 때문에 수염을 기른다. 그래서 수염을 기른 사람은 랍비로 보기 쉽다. 그러나 숫양이 수염을 길렀다고 하여 랍비가 될 수는 없다. 즉 겉이 같다고 속이 같을 수는 없다. 여기에서 숫양의 겉은 수평문화를, 랍비의 속은 수직문화라고 볼 수 있다. 유대인의 흔들리지 않는 인간 내면의 깊고 넓은 사상은 무엇인가? 그리고 어떻게 그 사상이 자자손손 전수되는가?

**현대의 부모들은 자녀들이 어릴 때 하드웨어격인 인성교육(수직문화)을
잘 가르치지 않고, 소프트웨어격인 현대 IQ교육에만 매달리니
그 속에서 큰 인물을 기대하기가 힘들다.**

B. 자녀를 깊이 생각하는 인간으로 키워라

이스라엘 공립초등학교에서는 공식적으로 체벌이 금지되어 있다. 그러나 예외가 있다. 성경공부 시간에는 체벌을 가할 수 있다. 그렇다면 성경공부 중 어느 때에 체벌이 가능한가?

토라(성경) 수업에서 어린 학생들에게 성경을 읽게 한다. 그들은 매일 읽어야 할 성경의 할당량이 있다. 선생이 학생들에게 성경을 읽게 하고는 각 학생에게 다가가 "너는 이 내용에 대해 어떻게 생각하느냐?"고 묻는다.

이때 학생이 예를 들어 출애굽기 12장을 읽고 "저는 우리 조상이 이집트에서 그 혹독한 노예 생활에서 해방된 유월절이 너무나 감사했습니다. 저도 크면 모세처럼 하나님과 우리 민족을 위해 살겠습니다."라고 대답하면, "좋아!" 하고는 다음 학생에게 다가간다.

이때 만약 다음 학생이 아무런 대답을 못하면 "너는 왜 생각이 없느냐? 생각 좀 해라!"고 다그치며 매를 든다.

생각이란 의문을 제기하고 그에 대한 답을 찾는 것으로 이루어진

자녀를 자신을 위해, 부모를 위해, 가족을 위해, 민족과 인류를 위해 깊이 생각하는 인간으로 키워야 한다. 사진은 로댕의 생각하는 사람 조각.

다. 그래서 탈무드는 의문이 많은 사람을 지혜자라고 한다(Tokayer, 탈무드 3, '배움은 통찰력을 기르는 것' 참조).

유대인은 자녀들에게 성경을 읽고 자신에 대해, 부모에 대해, 가정에 대해, 민족에 대해, 하나님에 관하여 넓고 깊게 생각하도록 가르친다. 그리고 끊임없이 진리를 찾아 토론한다. 자녀를 매사에 생각하는 사람으로 키워야 똑똑하고 주체의식이 강한 큰 인물이 될 수 있다.

세계사 속에서 인류의 정신세계에 많은 영향을 주었던 훌륭한 철학자들, 즉 칸트, 키르케고르, 이퇴계 선생 같은 분들도 모두 깊이 생각하는 사람들이었다.

유대인이셨던 예수님은 바쁜 일과 속에서도 시간만 나면 산 속의 한적한 곳을 찾으셨다(막 1:35; 마 16:23). 세상 소리가 안 들리는 한적한 곳에서 기도하고, 복음 사역에 대해 깊이 생각하고 쉬셨다. 깊고 넓은 사상과 철학은 조용히 생각할 수 있는 한적한 곳과 하나님과 자연과의 대화에서 나온다.

자신의 인생을 생각하는 데도 순서가 있다. 먼저 자신이고, 둘째 부모, 셋째 가족과 친족, 넷째 민족과 국가, 다섯째 인류다. 이런 사람은 하나님을 믿어도 늘 하나님의 영광을 위해 생각하는 사람이 된다. 즉, 하나님 우선주의의 사람이 된다.

현재 한국인 기독교인 부모가 자녀에게 부모보다는 이웃을 먼저 생각하게 하고, 자기 민족보다는 세계 선교를 위해 타민족을 먼저 생각하게 하는 것은 어떻게 보면 타당성이 있어 보인다. 하지만 그것은 분명 잘못된 교육이다.

부모와 민족을 이웃이나 타민족보다 우선 생각하고 배려할 줄 알아야 한다.* 인간이 동물과 다른 점이 바로 생각하는 능력이다. 프랑스

하나님의 자녀가 생각해야 할 우선 순위

첫째, 자신
(하나님 앞에서 자신은 누구이며 왜 살아야 하는가?)

둘째, 부모
(어떻게 부모님을 기쁘게 해 드릴 수 있는가?)

셋째, 가족과 친족
(가족과 친족의 건강과 화목과 번영을 위하여)

넷째, 민족과 국가
(민족과 국가의 평화와 번영을 위하여)

다섯째, 인류
(온 인류의 평화와 번영을 위하여)

철학자 데카르트(Rene Descartes, 1596~1650)는 "나는 생각한다. 고로 나는 존재한다(I think, so I am.)"라고 말했다. 생각하지 않는 사람은 참인간으로 존재할 수 없다는 말이다. 생각도 깊은 생각이 있고 얕은

---

* 자세한 것은 이 책 제4권 제7부 제4장 '한국인은 기독교인의 입장에서 예수님을 안 믿는 동족보다 예수님을 믿는 타인종을 더 사랑해야 하는가?' 및 제5장 '대한민국 국가관과 세계화' 참조.

생각이 있다. 넓은 생각이 있고 좁은 생각이 있다. 선한 생각이 있고 악한 생각이 있다. 그리고 많은 생각이 있고 적은 생각이 있다.

수직문화의 사람은 인생을 깊게, 넓게, 선하게 그리고 많이 생각하는 사람이다. 수직문화의 사람은 생각의 질(質)이나 양(量)에서 우수하다. 그리고 형이상학적인 인생의 참된 의미를 추구하는 사람이다.

반면, 수평문화에 물든 사람은 인생에 대해 생각을 하지 않거나 하더라도 얕게 생각하는 사람이다. 넓게 생각하지 않고 좁게 생각한다. 그리고 가족이나 이웃에게 유익한 생각보다는 악한 생각을 많이 한다. 자신만을 위하기 때문이다. 수평문화의 사람은 생각의 질(質)이나 양(量)에서도 열등하다. 그리고 형이하학적인 인생의 육의 재미를 추구하는 사람이다.

현대에는 교회에서도 재미가 없으면 자녀들이 교회에 안 나오려고 한다. 인생의 진리를 찾는 문제에는 관심이 없는 경우가 많다. 그 결과 교회학교 교사들은 인생의 의미를 찾는 하나님 말씀 위주의 교육보다는 아이들의 흥미에 맞는 얄팍한 재미 위주의 프로그램만 찾으려고 하는 경향이 많다.

교사는 "하나님을 따라야 할까 아니면 아이들의 비위를 맞추어야 할까"의 기로에서 고민하고 있다. 그러나 대부분 아이들의 비위를 맞추는 쪽으로 흐르고 있는 추세이다. 하나님께서 얼마나 섭섭해 하실까.

물론 인생의 의미를 찾는 하나님의 말씀도 있으면서 재미도 있으면 금상첨화겠다. 즉, 교회에서도 교수법을 개발하여 재미있게 하나님의 말씀을 가르치라는 말이다. 그러나 둘 중 하나를 택하라면 말씀 위주로 가르쳐 하나님을 체험하게 하는 기독교교육을 지향해야 한다. 학생들도 한번 하나님을 체험하면 인생의 육을 자극하는 재미를 초월할 수 있다. 따라서 교사의 필수조건은 하나님의 말씀 연구와 기도생활이다. 뿐만 아니라 학교에서 가르치는 현대학문과 현대과학도 대부분 IQ 위주의 지식교육이기 때문에 인생의 의미를 생각하게 하는 교육이 아니다.

반면 수직문화 교육은 늘 인생의 의미에 대하여 생각하게 한다. 그렇다고 둘 중 한쪽만 치우치면 안 된다. 공자는 이렇게 말했다. "學而不思則罔, 思而不學則殆(학이불사즉망 사이불학즉태)"

"배우기만 하고 생각하지 않으면 멍청해지고, 생각하기만 하고 배우지 않으면 위태롭다." 맞는 말이다. 자녀를 멍청하게 만들지 않으려면 먼저 생각하는 인간이 되도록 가르치고, 그 후 삶이 위태롭지 않기 위해서는 학교의 세상 학문도 가르쳐야 한다는 말이다.

> **토론** 저자가 어릴 때는 늘 홀로 사시는 어머님을 기쁘게 해 드리기 위해 살았습니다. 그리고 반일과 반공교육으로 한국의 번영과 평화를 위해 기도했습니다. 수직문화적 사고입니다.
> 반면, 현대 아이들은 깊이 생각도 하지 않지만, 생각한다 해도 수평문화적인 생각들, 어떻게 하면 얼짱이나 몸짱이 될까를 생각하는 수가 많습니다. 왜 1세대와 다른지 그 이유를 토론하시오.
>
> **토론 답** 수직문화 교육(효도교육, 민족교육, 고난의 역사 교육 등)을 시키지 않고, 수평문화 교육(IQ교육)만 시켰기 때문입니다. 자세한 답은 계속 이어집니다.

**현대 학문과 현대 과학은
대부분 인생의 의미를 찾게 해 주는 교육이 아니다.
반면 수직문화 교육은 늘 자신과 부모 및 민족과 국가 그리고
하나님을 위해 생각하는 사람을 만든다.**

물음표

김치남 목사

"너는 무엇으로 기억되기를 바라느냐?"

경영학의 아버지라 불리는 피터 드러커 박사가 어렸을 때 선생님에게 받은 질문입니다. 학생들은 아무도 답하지 못했습니다. 그때 선생님은 이렇게 말했다고 합니다.

"지금 대답하지 못해도 괜찮다. 하지만 쉰 살이 되어서도 대답하지 못한다면 그건 네 삶을 낭비했다는 뜻이란다."

피터 드러커는 언제나 이 질문을 생각하며 살았다고 합니다. 질문이 자기계발을 이끕니다. 질문하는 사람이 리더입니다. 질문이 세상을 바꿉니다. 느낌표나 쉼표보다 더 친해지고 싶은 것이 물음표입니다. 나에게 묻습니다.

"나는 누구인가?"

"나는 무엇으로 기억되기를 바라는가?"

물음표(?)가 제 삶을 이끄는 원동력임을 압시다.

2007년 9월 23일 캐나다 예수촌교회 주보에서

2. 현대 도시의 자녀들이 수평문화에 심취하는 이유

A. 현대의 교육 환경이 수평문화다

요즘의 자녀들은 1960년 이전의 세대와 생각하고 행동하는 것이 다르다. 1960년대 이전의 사람들은 대체로 생각이 깊고 넓은 아량이 있으며 힘들 때 무던히 참고 기다리는 습관을 가졌다. 그러나 요즘의 자녀들은 부산하며 한곳에 혼자서 오랫동안 가만히 앉아 있지 못한다. 깊이 오랫동안 생각하기 싫어한다. 남을 배려하는 마음의 여유도 넉넉하지 못하다. 왜 그런가? 이를 교육 환경적인 입장에서 살펴보자.

1960년 이전 내가 충청북도 보은군 수한면 산골의 농촌에서 자랄 때는 가난한 시절이었다. 더구나 부친과 큰 형님 두 분이 6·25 전쟁 때 돌아가셨기 때문에 남보다 더 가난했다. 겨울이면 산들이 높아 해가 일찍 저문다. 오후 4시 30분 쯤이면 벌써 어두워진다. 초등학교 수업을 마치고 집에 와서 호롱불을 켜고 숙제를 하고 있으면 어머님이 이렇게 말씀하신다.

"애야, 지름 단다. 불 꺼라." (충청도에서는 '기름'을 '지름'이라 발음한다)

당시는 가난해서 기름도 무척 아껴야 했다. 호롱불을 끄고 나면 초저녁이라 잠이 안 온다. 어둠 속에서 몇 시간이건 몸을 뒤척이며 여러 가지 생각을 많이 했다.

"어떻게 하면 현씨네 가문을 일으켜 세울까?"
"어떻게 하면 훌륭한 사람이 되어 어머님께 효도를 할까?"
"어떻게 하면 대한민국이 힘이 있어 일본한테 무시를 당하지 않을까?"

　나보다도 남을 위한 가족의 공동체, 부모님에게 효도 그리고 나라와 민족을 끔찍이 생각했다. 인생의 의미를 생각하는 깊은 수직문화적 생각들이었다. 그러나 대부분 요즘 어린 학생들은 깊은 생각을 하지 않는다고 한다. 설사 생각을 한다 해도 인생의 재미를 찾는 얕은 육적인 수평문화적인 생각을 한다.

　"어떻게 하면 몸짱이 될 수 있을까?"

　"어떻게 하면 얼짱이 될 수 있을까?"

　"(가정 형편이 어떻든) 어떻게 하면 남보다 더 비싼 휴대전화를 살 수 있을까?"

　이것은 나 자신보다 가족 공동체, 부모님께 효도하고 나라와 민족을 생각하기보다는 자신의 육적 과시에 집착하는 개인주의다. 옛날의 교육 환경은 이타심을, 현대의 교육 환경은 이기심을 키운다.

　뿐만 아니라 그 당시 한밤중에 일어나 본채에서 멀리 떨어진 화장실을 갈 때는 밤새 내린 눈을 뽀드득뽀드득 밟으며 자연의 신비를 체험했다. 봄에는 온 산에 붉게 물든 진달래와 철쭉을 보았다. 매일 흙을 손에 묻히며 농사를 짓고 봉숭아꽃을 가꾸었다. 콩을 심으면 지면을 뚫고 나오는 새싹을 보면서 새 생명의 힘에 경탄하곤 했다. 여름이면 뻐꾸기, 매미, 개구리 소리를 들으며 자랐다. 개, 소, 돼지, 닭, 토끼를 기르며 동물의 세계에 익숙해지면서 자랐다. 주위가 모두 싱그러운 생명체들이었다.

　자연 속에서 자연과 대화하며 우주의 섭리를 깨닫고 생존의 지혜를 배웠다. 그리고 가을이면 추수를 하고 낙엽을 태우며 생명의 사이클과 생명의 종말에 대하여 생각하곤 했다.

농촌의 환경은 하나님의 창조물인 자연환경이며, 그곳은 사시사철 자연을 통해 인생과 세상만사를 생각할 수 있는 교육의 장(場)이다. 인간은 흙으로 지어졌기 때문에 흙과 자연과 친해져야 마음의 인성(EQ)이 순수해지고 풍부해진다.

이와 더불어 농촌에 전해오는 전통적인 수직적 유교문화의 가치관을 가정과 서당에서 배우며 자신의 사상과 철학을 정리할 여유를 갖고 자랐다. 대부분 유교의 가르침은 현대 학문이나 과학처럼 생업에 필요한 지식(IQ) 위주의 교육이 아니라 인간이 어떻게 하면 참된 인간이 될 수 있느냐 하는 인성교육과 지혜교육의 내용이었다. 할머니와 어머니를 통하여 많은 권선징악(勸善懲惡)에 대한 이야기를 들으며 자랐다. 그러면서 IQ 위주의 현대학문을 곁들여 공부했다.

이렇게 좋은 교육 환경에서 자란 사람은 커서도 선악을 분별할 줄 알며 생각을 깊고 넓게 하는 사람이 된다. 현재 한국의 정신문화를 이끄는 중진 작가들도 거의 모두가 농어촌 출신이다. 그들은 자연과 더불어 수직문화를 제대로 배운 사람들이기 때문이다.

자녀에게 가르칠 수 있는 자연교육과 인성교육의 시기는 언제가 가장 적합한가? 13세(초등학교) 이전이 절대적으로 중요하다. 이 시기에 경험하고 생각한 문화나 가치관들은 평생 동안 직접 혹은 간접적으로 영향을 미친다.

모든 인간은 자신이 13세 이전에 어디에서 살았느냐에 따라 그곳이 평생 동안 고향으로 기억된다. 성장 후 다른 지방에서 아무리 오랫동안 살았다 하더라도 그곳은 타향에 불과하다.

이에 반하여 현대 도시의 자녀들은 태어나면서부터 텔레비전을 보기 시작한다. 조금 더 크면 닌텐도 같은 전자오락 게임이나 인터넷의 흥미

현대 자녀들은 흙이 없는 차가운 콘크리트 바닥과 빌딩 숲에서 자라기 때문에 감성이 메마르기 쉽다.

생명체가 풍성한 농촌에서 자란다면 풍부한 감성을 키울 수 있다.

위주의 프로그램에 빠져들게 된다. 요즘 아이들은 너무나 TV를 많이 시청하여 "너의 고향이 어디냐?"고 물으면 "TV!"라고 대답할 정도다.

TV의 화면은 1~2초 간격으로 바뀐다. 점점 더 빨리 바뀐다. 어린이들이 TV 화면에 심취해 있으면 그들의 생각도 TV 화면이 움직이는 대로 빨리 움직인다. 어려서부터 TV를 많이 시청할 경우 자녀들이 스스로 오랫동안 깊고 넓게 생각할 수 있는 능력을 상실해 버린다. 자녀들 스스로 인생을 깊고 넓게 생각할 수 있는 마음의 여유도 없어진다. 현대 환경은 점점 더 스스로 오랫동안 생각할 수 없도록 방해하고 있는 데 문제가 있다.

그뿐인가? TV를 오래 보면 집중력과 창의력도 떨어진다. 왜냐하면 자신이 열정을 갖고 능동적으로 일을 주관할 때 집중력이 생기며 창의력도 높아지는데, TV 시청은 주관자가 아니라 수동적인 방관자의 자세로 만들기 때문이다.

그 결과 오늘날 자녀들이 잠시도 가만히 앉아 있지 못하고 부산하며, 더 빨리 변하는 것을 추구하며, 사물에 대해 깊고 넓게 그리고 많이 생각하지 않고 오래 참지를 못한다. 빨리 빨리 문화에 길든 탓이다. 얼마나 큰 비극인가? 부모는 자녀를 깊이 생각하는 인간으로 키우는 것이 무엇보다도 중요하다. 여기서 정통파 유대인이 왜 가정에서 TV를 안 보고 자연과 더불어 학습하고 정신적인 토라 교육을 시키는지 그 이유를 알 수 있다.

이뿐인가? 현대 도시의 어린이들은 집 밖으로 나와도 아스팔트 길, 시멘트로 지은 고층 빌딩 등 삭막한 환경이다. 농촌에서처럼 흙을 보기 힘들다. 생명체라곤 전혀 없다. 그리고 적당한 놀이 공간도 없다. 모든 환경이 비좁고 붐빈다. 현대 사회의 구조나 교육은 인간을 메카니즘의 개념으로 이해한다. 즉, 한 개인을 정서적 사상적 존엄성을 소유한 인격체라기보다 거대한 사회를 구성하는 도구나 기계로 인식한다.

이러한 삭막하고 건조한 환경 속에서의 삶은 아이들을 깊이 있는 사람으로 자라지 못하게 한다. 가벼운 표면문화의 사람이 될 수밖에 없다. 따뜻하고 부드러운 EQ의 마음보다는 차갑고 건조한 마음을 갖게 된다. 그리고 마음의 여유를 갖기보다는 조급함을 갖게 되고 대인이 되기보다는 소인이 되기 쉽다. 어릴 때의 이러한 교육의 영향은 일평생 지속되기 때문에 더 큰 문제가 된다.

1970년대 이전의 대부분 한국인은 깊이 생각할 수 있는 농촌생활을 했지만, 현대의 자녀들은 TV나 영상매체에 물들어 스스로 깊게 생각할 수 있는 능력을 상실한 세대다.

밖에 나가 혼자 스스로 생각하라
아브라함의 행동: 혼자가 된다
Tokayer

여호와의 말씀이 그에게 임하여 가라사대 그 사람은 너의 후사가 아니라 네 몸에서 날 자가 네 후사가 되리라 하시고, 그를 이끌고 밖으로 나가 가라사대 하늘을 우러러 뭇 별을 셀 수 있나 보라. 또 그에게 이르시되 네 자손이 이와 같으리라. (창 15:4-5)

성경 가운데서 하나님은 아브라함에게 집이나 나라 밖으로 나가서 하늘이나 별과 같은 많은 것을 보라고 말한다. 이것은 인간은 가끔 자기 집이나 자기에게 익숙한 환경에서 뛰쳐나와 혼자가 되어 생각해 보라는 가르침이다. 일상생활에서도 마찬가지여서 가끔 자신을 해방시킬 필요가 있다.

_탈무드 2(부제: 랍비가 해석한 모세오경), 동아일보, 2007.

B. 고전교육보다 현대 학문에 더 치중하기 때문이다

오늘날 자녀들은 사물에 대해 깊이 생각하려 하지 않으며 깊고 넓은 지혜가 부족하다. 깊은 사상이나 철학이 부족하다. 위에서 지적한 수평문화적인 교육의 환경 이외에 또 다른 이유는 무엇인가?

현대 교육이 인간을 깊이 있는 인간으로 양육하는 고전교육을 소홀히 하기 때문이다. 현대 교육은 주로 IQ 위주의 수리, 언어, 과학 및 지식 교육에 치중한다. 설사 학교에서 고전을 가르친다 해도 입시 위주의 일시적인 교육이기에 학생으로 하여금 깊이 있는 사상과 철학을 정리하는 데 큰 도움을 주지 못한다. 한국의 교육 자체가 사상 및 철학을 정리하는 인성교육이 아니라 암기하는 대학입시용 IQ교육에 치중한다.

한국의 독서교육 지도 원리에 '고칠현삼(古七現三)'이란 말이 있다. 청소년들에게 읽힐 책이 10권이라면, 고전은 7권, 현대의 책은 3권을 읽히라는 말이다. 그만큼 독서도 많이 시켜야 하지만 독서량 중 70%를 고전에 투자하라는 뜻이다. 저자가 어렸을 때만 해도 많은 사람들이 심오한 고전들, 예를 들면 이광수의 《흙》과 《사랑》, 톨스토이의 《부활》, 도스토예프스키의 《죄와 벌》 등에 심취하여 밤을 새며 읽고 때로는 주인공들의 아픔에 눈물을 흘렸다. 그때 경험했던 작품의 세계는 지금까지도 기억에 남아 있다. 물론 성경은 인류 역사의 고전 중의 고전이고 베스트셀러 중의 베스트셀러이다.

그러나 요즘 젊은이들은 이러한 두꺼운 고전들도 짤막하게 요약된 것으로 읽는다. 고전을 읽는 목적도 대부분 시험에 대비한 지식을 얻기 위해서다. 인생을 깊이 생각하기 위해서가 아니다. 오랫동안 읽으

정통파 유대인들이 토라와 탈무드를 공부하는 '미드라쉬의 집'은 밤낮으로 붐빈다. 이곳에서는 어른과 아이들 구분 없이 수평문화를 초월하여 성경과 탈무드 연구에 몰두한다. 그래서 그들은 수직문화에 대한 세대차이가 없다. 성경은 이들을 깊이 있는 인간으로 만들어 준다.

면서 중요한 곳에 줄도 긋고 생각하며 메모할 수 있는 책보다는 인터넷에서 자료를 얻어 바삐 읽고는 닫아버린다.

정통파 유대인은 어떤가? 그들은 아직도 가정에서뿐 아니라 학교에서도 '고칠현삼(古七現三)'의 법칙을 따르고 있다. 정통파 유대인 초등학교에서는 기도와 성경을 78% 가르치고, 세상 학문은 22%만 가르치며, 고등학교에서는 기도와 성경을 70% 가르치고, 세상 학문은 30%만 가르친다.*

따라서 요즘 세대는 앞선 세대에 비해 깊이 생각하는 것을 싫어한

---

* 자세한 내용은 이 책 제3권 제5부 II, 3. '유대인 교육의 예' 참조.

다. 그리고 인생을 보고 살아가는 지혜가 부족하다. 옛 사람들은 수직문화의 풍토에서 자랐고, 현대 젊은이들은 수평문화 풍토에서 자라났기 때문이다.

한국에 '고칠현삼(古七現三)'이란 말이 있다.
청소년들에게 읽힐 책이 10권이라면, 고전은 7권,
현대의 책은 3권을 읽히라는 말이다.
정통파 유대인은 아직도 가정과 학교에서 수직문화 교육에 70%를 투자하고,
현대 학문에는 30%만 투자한다.

교회교육의 허상에 속는 우리의 자화상

15분만에 끝난 2시간짜리 '성경 퀴즈 골든벨'

말씀이 사라진 한국 교회교육의 현주소

2006년 여름, 한국의 전통 있는 P청소년선교회에서 주관하는 전국 초교파 중·고등부 여름 수양회에 강사로 갔다가 겪은 실화다. 둘째 날 밤 2시간짜리 '성경 퀴즈 골든벨' 이벤트가 있었는데 2시간은커녕 단 15분 만에 끝나고 말았다.

1500여 명의 참석자 중 400여 명이 응모했는데 주관식 문제로 바꾼 뒤 두 문제 만에 손을 들었다. 첫 번째 "신구약 성경은 66권으로 되어 있는데, 구약은 몇 권입니까?"라는 질문에 반 정도가 떨어져 나갔다.

두 번째는 신약의 요한복음 3장에 나오는 '니고데모'에 대한 질문이었는데 한 명만 정답을 맞히고 모두 실격되었다. 어쩔 수 없이 15분 만에 끝났다.

이는 한국 교회학교가 양과 질에서 큰 위기를 맞고 있음을 보여준다. 다음날 아침 내가 그 학생들을 지도하는 각 교단에 속한 200여 명의 교육 전도사와 목사들을 위한 특강 시간에 그들에게 물었다.

"여러분이 어떻게 가르쳤기에 유아원에서 고등학교까지 성경을 배운 학생들이 예수님과 거듭남의 비밀에 대한 대화를 나눈 그 유명한 '니고데모'를 모릅니까? 여러분이 그 귀한 교육부 예산을 이렇게 낭비해도 되는 겁니까?"

  우리는 이런 사실에 거룩한 분노를 느껴야 한다. 이러니 자녀들이 대학을 졸업하면 5~10%만 교회에 남는다. 그 중에서도 구원의 확신과 강한 헌신도를 갖춘 이를 찾기란 쉽지 않다.

  이래도 기존의 교회교육에만 의존해야 할까? 물론 1970년대 이전에는 교회학교의 역할이 컸다. 그러나 지금은 아니다. 기독교교육의 새로운 대안을 찾아야 한다. 그것은 역사적으로 검증된 유대인의 인성교육과 쉐마교육이다.

_현용수, 2007년 8월

3. 수직문화와 수평문화의 3단계 차원

A. 수직문화의 3단계 차원

위에서 인간의 내면적 영역에 속하는 수직문화에 대해 개론적으로 설명했다. 그러나 이를 더 구조적으로 분석해 본다면 수직문화에는 3단계의 차원이 있다.

낮은 데서 깊이 있는 순서로 ① 심연의 가치 및 지혜의 차원 ② 철학적 차원 ③ 종교적 차원이 그것이다. 모두 인생의 의미를 찾는 형이상학적인 문화다.

1단계, 심연의 가치 및 지혜의 차원

심연의 가치와 지혜에 관심을 갖는다는 것은 인간의 마음에서 선과 악이 무엇이고, 인간다운 생활을 위해서는 자신의 마음에 무엇이 유익한지를 분별하여 유익한 것에 관심을 갖는다는 뜻이다.

이러한 심연의 가치에 관심을 두는 사람은 자신의 전통, 클래식, 뿌리, 효도, 역사 등에 관심을 갖는다.

2단계, 철학적 차원

철학적 차원은 인간의 형이상학적인 영역이면서도 특히 인간과 우주의 본질(real)을 찾는 영역이다. 인간의 정신세계의 영역을 깊이 탐구하여 진리를 찾는 사람들이 여기에 속한다. 따라서 철학적인 사람은 자신의 인생의 목표나 행동의 규범이 나름대로 잘 정리된 사람이다.

수직문화의 3단계 차원

심연의 가치 및 지혜의 차원
인간의 마음에 좋은 것들: 전통, 클래식, 뿌리, 역사

철학적 차원
형이상학적인 영역,
인간과 우주의 본질(real)을 추구, 사상

종교적 차원
신성,
전문 종교들 및
인간의 근원

인생의 의미를 찾는 문화

3단계, 종교적 차원

종교적 차원은 인간의 종교성의 영역을 담당한다. 인간의 마음에 자리 잡은 가장 깊은 수직문화적 차원이다. 이는 인간이 수용하는 믿음의 종교들, 즉 신성, 전문 종교들과 인간의 근원 등이다.

종교적 영역은 인간이 인간의 한계를 느끼고 초월적인 하나님을 찾는 심성을 말한다. 비록 기독교인이 아니더라도 인간은 연약하기 때문에 무언가 전능자의 진리를 찾으려는 심성이 있다.

인간의 심연의 가치와 지혜의 내용도 사실은 각 민족이 믿는 종교에서 나온 경우가 많다. 따라서 어떤 민족의 전통이나 뿌리 및 고전에는

종교를 바탕으로 형성된 내용이나 형식들이 많다. 예를 들면, 대부분 서구의 가치관이 성경에 근거했다면 동양은 유교나 불교에 근거했다.

　인성교육학적 측면에서 이 3단계 수직문화의 차원들 모두 자신의 정신적 수양을 위해 그리고 육의 수평문화에 물들지 않고 경건생활을 지키는 데 중요한 역할을 한다.

　특히 그 가운데 가장 심오한 것은 종교적인 차원이다. 왜냐하면 정신세계 중에서도 영혼의 영역에 해당되기 때문이다. 따라서 종교를 가지고 선한 마음으로 그 종교의 계율에 충실하려고 노력하는 사람은 EQ가 높은 사람이다.

**인성교육학적 측면에서
이 3단계 수직문화의 차원들 모두 자신의 정신적인 수양을 위해
그리고 육의 수평문화에 물들지 않고
경건 생활을 지키는 데 중요한 역할을 한다.**

유대인의 생존 비밀

유대인은 수직문화를 지니고 다녔다
Tokayer

오늘날의 인류 중에서 유대인은 1200만 명밖에 안 된다(편저자 주: 1960년대 통계). 1200만 밖에 되지 않는 민족은 보통 화제가 되는 일이 없다. 한국의 약 3분의 1, 대만 인구보다도 적은데도 유대인만큼 세계 속에서 화제가 되는 민족도 없을 것이다.

지금까지 인류 역사상 위대한 문화는 수없이 존재해 왔다. 그러나 고대 그리스 문명은 500년밖에 영화를 누리지 못했다. 여기에서 내가 '…밖에'라고 쓰고 있는 점에 주목해 주었으면 한다.

유대인은 구약 성경의 백성이라 불리며, 성경과 함께 오랜 전통과 역사를 지니고 있다. 그리스를 볼 것 같으면 고대 그리스 문화는 쇠퇴하여 과거의 영광을 잃고 목축 생활에 전념해 왔다. 또 이집트의 경우를 예로 보아도 좋다. 그 밖에도 과거의 거대한 유적에 의해 기억되고 있는 위대한 문화가 많다.

거기에 비교해 보면 유대인은 유적을 전혀 갖고 있지 않다. 아마도 유대인의 유적이라는 말은 누구도 들어 본 적이 없을 것이다. 유대인은 자신의 문화를 항상 인간에 의해 전해 왔다.

저자 주 여기에서 말하는 유적은 각 문명의 발상지에서 볼 수 있는 유적들을 말한다. 그러나 이스라엘에는 예루살렘 성전 이외에는 그런 거대한 유적지가 거의 없다는 말이다. 왜냐하면, 유대인은 눈에 보이는 유적(수평문화)을 중요하게 여기는 것이 아니라, 눈에 보이지 않는 정신세계의 문화(수직문화)를 중요하게 여기기 때문이다. 아래 편역자 주 참조

유대인은 끈질기게 살아남아 자기네의 이상에 따라 노력해 왔다. 3천 년 동안이나 나라 없이 지내 왔는데도, 이질적인 문화 속에서 스스로 독자성을 잃은 적이 없었다. 유대인은 자기들의 언어가 아니라, 다른 민족의 언어를 사용하여 숱한 업적을 남겨왔다. 프랑스어·독일어·영어·아랍어·라틴어·그리스어와 같은 모든 언어를 유대인들은 사용해 왔다.

유대인은 자기네 국가를 갖고 있지 않았으므로 힘이 없었다. 그렇다면 그들을 유지시키는 힘은 무엇이었던 것일까?

이미 기원전부터 유대 민족은 소멸할 위험에 처해 있었다. 처음에 유대인은 사막을 방황하는 유목민이었다. 그들을 에워싸고 있던 나라들은 바빌로니아·아시리아·페니키아·이집트·페르시아 같은 대제국이었다. 그러나 유대인은 자신들의 독특한 수직문화를 잃지 않았다.

유대인이 오늘날까지 살아남을 수가 있었던 것은 기적에 가까운 일이다. 그것은 재력에 의한 것도 아니요, 무력에 의한 것

도 아니었다. 그것은 의지와 지력에 의한 것이었다. 유대인은 다른 민족과 달리 지위·재력·무력에 의지하는 일이 없었다. 아니, 의지하고 싶어도 의지할 수가 없었던 것이다.

그리고 자신들의 문화를 꽃피울 수 있는 국토도 없었다. 그리하여 그들 유대 문화를 간편한 것으로 하여 항상 자신들의 몸에 지니고 다녀야만 했다. 유대의 전통과 발상법과 같은 것을 지키는 데는 한 사람 한 사람의 인간밖에는 없었다. 흔히 유대인이라고 하면 부자가 많다고 오해를 하는 사람들이 많은 것 같은데, 결코 그런 것만은 아니다.

세계 각국에서 박해 받고 추방당하고 도망쳐 다니는 유대인들에게 그러한 행운이 있을 리 없다. 어디를 가나 유대인이 사는 거리의 생활은 가난하고 까다로운 것이었다. 극히 일부의 사람은 확실히 부자가 되기도 했다. 그러나 많은 유대인은 무력(無力)했다. 만약 유대인에게 힘이 있었다면, 그것은 인간으로서 갖추고 있는 힘이었다. 그와 같은 힘은 유대인들이 가진 사고방식·교육 방법·신념 같은 것들로부터 생겨난 것이다.

_탈무드 3(탈무드의 처세술), 동아일보, 2008

저자 주   저자가 여기에서 말하는 문화는 육적 쾌락을 찾는 수평문화가 아니고 인생의 의미를 찾는 수직문화이다.

B. 수평문화의 3단계 차원

수평문화는 인간의 외면적인 것이며 땅에 속한 것이다. 그러나 이를 더 구체적으로 분석해 보면 다음의 3단계 차원이 있다. ① 외형적인 표면의 차원 ② 인간의 기본 욕구 차원 ③ 지식의 차원(IQ)으로 구분할 수 있다. 대부분 인생의 재미와 육의 욕구를 추구하는 형이하학적인 문화다.

1단계, 외형적인 표면의 차원

이는 인간의 외형적 눈에 보이고, 육을 자극하는 유행 문화에 속한 차원이다. 인간이 자아 형성(self-esteem)과 아이덴티티가 약하고 정신적 수직문화가 약할 때 외형적인 것에 더 가치를 둔다.

이러한 표면의 가치에 관심을 두는 사람은 내면의 정신세계가 약하기 때문에 남에게 더 많은 호감과 관심을 끌기 위해 외형적 모습을 더욱 계발한다. 그리고 과거와 현재의 것에 쉽게 싫증을 느끼고 항상 새 것을 찾아 헤맨다.

2단계, 인간의 기본 욕구 차원

이는 인간이 태어나면서부터 갖고 있는 살기 위한 기본적인 욕구들, 즉 물질, 권력, 명예, 성(sex)을 말한다. 이러한 요소들은 인간 육(肉)의 기본 욕구들이며 탐욕의 죄를 짓게 하는 기본 요소들이다.

이러한 욕구들이 근본적으로 나쁜 것은 아니다. 왜냐하면 하나님께서 이 모든 것들도 창조하셨기 때문이다. 문제는 이러한 욕구 자체가 아니라 이러한 욕구들의 남용이다. 즉, 이러한 욕구들이 하나님의 영

수평문화의 3단계 차원

외형적인 표면의 차원
인간의 외형적 눈에 보이고,
육을 자극하는 유행 문화

인간의 기본 욕구 차원
물질, 권력, 명예, 성(sex)

인간의 지식 차원(IQ)
현대 학문과
현대 과학의 영역

인생의 재미를 찾는 문화

광을 위해 쓰임 받느냐, 아니면 자신의 육의 욕구를 만족하기 위해 쓰임 받느냐에 따른 문제이다.

이러한 욕구를 자신만을 위해 계발한다면 그는 물질, 권력, 명예, 성의 노예가 될 수 있다. 과도한 육의 유혹을 절제할 수 있는 능력을 가지고 하나님의 자녀답게 사는 비결은 강한 정신 세계인 수직문화의 사람이 될 때에 가능하다.

유대인은 돈, 술, 여자 같은 것들을 그리스도인들처럼 죄악시하지 않는다. 하나님이 제공해 주신 쾌락을 즐기지 못하는 것도 죄가 된다고 생각하고, 반대로 도가 지나친 것도 죄가 된다고 생각하고 있다.

3단계, 인간의 지식 차원(IQ)

이는 인본주의적 세상 학문을 연구하는 현대 학문의 영역을 말한다. 물론 현대 과학도 여기에 속한다. 물론 지식 자체가 나쁜 것은 아니다. 그러나 지식도 인간의 육에 속한 성취욕의 일부분에 속한다. 위에서 언급했듯이 인본주의적 세상지식은 수평문화에 속하기 때문에 현대학문을 많이 했다고 수직문화인 사상과 종교를 갖는 것은 아니다. 오히려 그 반대가 될 수 있다.

왜냐하면 자녀들이 IQ교육을 많이 받다 보면 이기주의와 개인주의가 팽배해지기 때문이다. 그러나 자녀들에게 종교교육과 함께 지식교육을 더한다면 더 바람직한 교육이라 하겠다.

한국에 "재승덕(才勝德) 하지 마라."는 속담이 있다. 재(才)는 재주, 즉 IQ교육의 결과를 말하고, 덕(德)은 수직문화의 결과로 마음이 바르고 사람들에게 모범이 되는 인격적 능력을 말한다.

따라서 "재승덕(才勝德) 하지 마라."는 재주가 덕을 앞지르면 안 된다는 뜻이다. 아무리 세상 공부를 많이 했어도 덕이 없으면 패가망신하기 쉽다. 수직문화로 덕을 키워 덕이 재주를 다스려야 한다는 뜻이다.

이 3단계 수평문화의 차원들 가운데 가장 타락하기 쉽고 위험한 차원은 첫 번째 '외형적인 표면의 차원'이다. 물론 두 번째 '인간의 기본 욕구 차원'도 남을 위한 나눔에 목적을 두지 않고 얻은 것을 자신만의 쾌락을 위하여 남용하게 될 때에 교만하거나 육이 타락하게 된다.

그리고 세 번째 '인간의 지식 차원(IQ)'은 자신의 생업을 위하거나 남을 돕는 데 목적을 두지 않고 자신의 출세만을 위해 사용될 때에는 교만의 선봉자로 만들 수 있으며 하나님이 주신 EQ와 인성을 파괴하는 독소가 될 수 있다.

**정신 세계인 수직문화에는 세대차이가 있어서는 안 되지만,
수평문화 중 현대 학문과 현대 과학에는 세대차이가 있어야 한다.**

III. 수평문화가 아동의 인성교육에 해로운 이유
- 왜 자녀와 코드가 맞지 않을까

1. 13세 이전 자녀의 백지 같은 두뇌에 그리는 그림의 영향

이미 수평문화의 문제점 중 일부는 현대 교육의 환경에서 비롯됨을 언급했다. 수평문화가 자녀교육에 얼마나 위험한가? 왜 위험한가? 왜 부모는 자녀와 코드가 맞지 않을까? 이제 구체적으로 수평문화가 왜 자녀의 성격과 행동에 엄청난 돌이킬 수 없는 부정적인 영향을 미치는지에 대한 이유를 정신의학적 입장에서 알아보자.

인간은 누구나 태어날 때 하얀 종이와 같은 두뇌를 하나씩 갖고 태어난다. 두뇌에는 사건이나 사물에 대한 기억들을 저장하는 대뇌가 있다. 자녀의 대뇌에 어떠한 그림을 그려 넣느냐에 따라 수직문화의 사람이 되기도 하고, 수평문화의 사람이 되기도 한다.

어른들과 유아들은 각각 사물을 인식하는 방법이 다르다. 어른들은 논리가 발달되어 사물을 논리적으로 설명해야 이해가 쉽다. 그러나 유아기에는 사물을 논리적으로 파악하기보다는 사물 자체의 이미지(Image, 형상)가 사진처럼 그대로 대뇌에 찍힌다. 따라서 어린아이들은 빨간 것은 사과, 노란 것은 바나나, 긴 것은 기차 등으로 이해한다.

이를 정신의학 분야에서는 사물이 '기억(memory)'으로 '입력된다 (Encoding)'라고 말한다. 말로 표현할 수 없는 유아기 기억들을 '조기 기억(Early memory)', '유아 기억(Infantile memory)', '표현할 수 없는 기억(Non-declarative memory)'이라 부른다. 그리고 말을 배운 이후(3세 이후)에 생긴 사건에 대한 기억들은 '자서전적 기억(Autobiographical memory)', '말로 표현할 수 있는 기억(Declarative memory)' 또는 '사건 기억(Episodic memory)'이라고 부른다(Susan Chung, Educational Advices, 2001, p. 9).

이제 자녀에게 교육시킬 좋은 이미지 교육의 시기와 어떠한 좋은 이미지 교육을 시키느냐에 대하여 알아보자. 이것은 부모와 자녀 사이에 코드를 맞게 교육시키는 방법이기도 하다.

첫째, 부모는 백지와 같은 자녀들의 대뇌에 언제쯤 그림을 그려 넣는 것이 효과적인가?

어릴수록 좋다. 자녀들이 어린 아기였을 때에 그려 넣은 그림들은 마치 끌로 돌판에 새긴 글씨처럼 선명하고 잘 지워지지 않는다. 그리고 거의 영구적이다. 반대로 나이가 들어서 그려 넣은 그림들은 희미하고 잘 지워진다. 특히 13세 이전의 기억은 평생 동안 잘 지워지지 않는다.

탈무드는 이렇게 말한다. "아이들을 가르치는 행위는 아무것도 적혀 있지 않은 백지 위에 무엇인가 그리거나 쓰는 일과 같다. 노인을 가르치는 것은 글자가 가득 적힌 종이에서 빈 곳을 찾아내 무엇인가 써 넣는 행위와 같다." 조기교육의 중요성이 여기에 있다.

종교교육의 시기도 13세 이전에 예수님을 믿어 구원의 확신을 갖고 하나님께 헌신하도록 교육시키는 것이 무엇보다 중요하다. 이는 통계에서도 증명된 사실이다. 미국 캘리포니아 벤추라에 있는 바나 리서치그룹이 전국 4200명의 10대들과 성인들을 상대로 조사한 바에 의하면, 5~13세 사이에 예수님을 영접할 확률은 32%, 14~18세 사이에 영접률은 4%로 나타났다. 반면 19세 이상의 나이가 되면 영접률이 6%인 것으로 나타났다[크리스천 투데이, *복음을 14세 전(5~13세)에 심어야*, 1999년 12월 4일].

또한 크리스차니티투데이 인터내셔널(CTI)의 조사에 의하면, 미국 목회자들 67%도 13세 이전에 예수님을 영접한 것으로 나타났다. 이것은 전체 개신교인들의 평균 17세 이전의 중생 기간에 비해 약간 앞서는 비율이다(크리스천 투데이, *미국 목회자들 67%는 13세 이전에 예수 영접*, 2000년 11월 4일).

탈무드는 13세 이전의 교육이 중요한 다른 이유를 이렇게 들었다. "죄악은 태어날 때부터 이미 인간의 마음에 싹터, 인간이 성장함에 따라 점차 강해진다. 마음속에 들어 있는 악의 충동은 열세 살에 접어들면 점점 선의 충동을 누르고 강해져 간다"(Tokayer, Marvin, 탈무드, 1989a. p. 82). 따라서 악이 강해지기 전에 선의 그림을 심어 놓아야 한다.

둘째, 부모는 백지와 같은 자녀들의 대뇌에 어떠한 그림을 그려 넣어야 하는가?

어려서부터 자연과 성경교육을 비롯한 수직문화를 그려 넣어야 선악을 분별하고 깊이 있게 생각하는 사람이 된다. 그러나 수평문화만 그려 넣는다면 선악도 모르고 육에 취하게 되며 가벼운 사람이 된다. 어린 자녀들의 교육 환경과 교육 내용이 그만큼 중요하다.

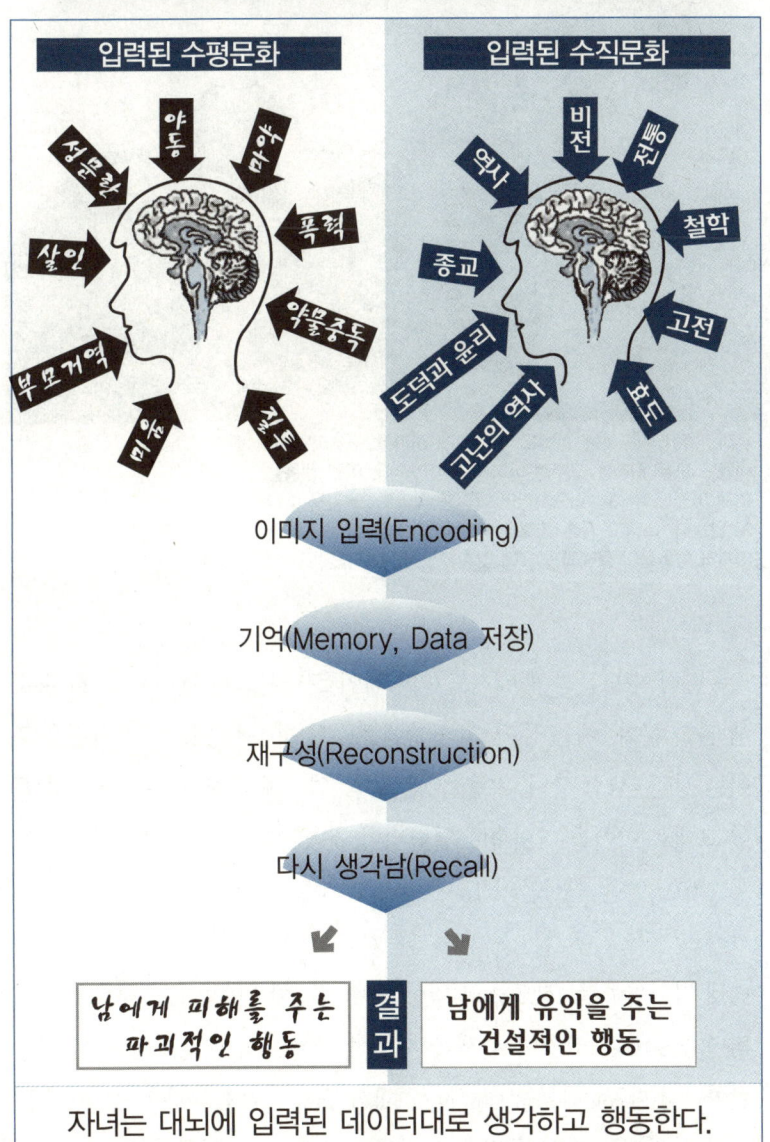

인성교육의 본질과 원리: 수직문화와 수평문화

유대인들이 기도하는 방법도 아버지가 허리를 구부리면 자녀들도 모두 허리를 구부려 아버지를 따라한다. 이런 전통을 13세 이전에 두뇌에 입력시키면 나이를 먹어도 그 길을 떠나지 않는다. 그리고 자손 대대로 세대차이가 없다. 사진은 아버지와 아들들이 율례와 법도에 맞춰 기도하는 모습.

특별히 수평문화 중에서도 외형적인 표면문화나 인간의 기본 욕구에 관한 문화, 예를 들어 그 시기에 TV 화면에서 총을 쏘아 사람을 죽이는 장면, 섹스 장면, 로큰롤, 춤 등을 연속해서 보여 주면 이 영상들이 그대로 아이들 머릿속에 입력되어 기억된다.

그러한 악한 영상들이 13세 이전에 계속 기억으로 남으면 죽을 때까지 그것을 지우기는 거의 불가능하다. 어린이들의 대뇌 안에 TV 화면에 나타난 악한 장면들의 영상들(Images)이 기억(memory)으로 입력되면(Encoding) 그것이 언젠가 재구성 단계(Reconstruct)를 거쳐 다시 살아난다(Recall)(Susan Chung, Educational Advices, 2001, p. 9). 특히 어린 시기에는 자신이 겪은 사건이나 영상 같은 것들이 잘 기억된다

(Ian Neath, Human Memory, 1998, p. 355).

그러면 자신도 모르게 잘못된 행위를 그대로 행동으로 옮기고 싶은 충동을 갖게 된다. 그리고 종종 그런 행동을 모방하는데 이를 '모방범죄'라고 한다. 범죄 심리학에서는 이런 심리상태를 '동일시(同一視)'라고 말한다.

특히 선악에 대한 가치관 교육을 받지 않고 TV만 보아온 아이들은 모방범죄를 하면서도 양심의 가책을 느끼지 않는다.*

2. 자녀들은 얼마나 위험한 수평문화에 노출되어 있나 (왜 1970년대 이전보다 2000년대에 자녀교육이 더 힘든가)

한국의 구세대는 1970년도 이전에 청소년기를 보낸 사람들이다. 구세대는 6·25 전쟁 이후 농경사회와 빈곤, 대가족 제도 그리고 대중매체가 주로 신문이었고, 정보통신망은 유선전화에 의존했다. 즉 유교적 수직문화가 강하고 수평문화의 영향이 거의 없던 시대에 살았다. 교육 수준도 대부분 낮았다. 대학은 특수층만 다니거나 가난한 사람은 고학으로 다녔다. 즉 고난을 많이 겪은 세대다.

반면 신세대는 1980에서 1990년대에 청소년기를 보냈다. 물론 2000년대는 더욱 신세대라고 말할 수 있다. 신세대는 현대문명의 이기를 최대한 누리고 있다.

---

* 실례는 이어지는 Ⅳ. 3. '폭력적 모방범죄가 급증한다'의 A. '성폭행 사건의 피해 급증' 참조.

신세대의 성장 배경을 대략 7가지로 정리할 수 있다.

첫째, 한국의 정신적 수직문화 대신 서구의 IQ교육 중심,

둘째, 갑작스런 경제성장으로 인한 물질 풍요,

셋째, 높은 학교 진학률(EQ 대신 IQ교육 선호),

넷째, 대가족 붕괴와 핵가족화,

다섯째, 대중매체의 급속한 발달과 확산,

여섯째, 빠른 정보통신망의 발달,

일곱째, 유교적 수직문화를 배척하면서 서구의 저급한 수평문화를 무분별하게 선호한 세대다.

오늘날 자녀들이 얼마나 위험한 수평문화에 노출되어 있나? 1970년대 이전과 얼마나 다른가? 미국의 경우 TV에 1년에 1만 4천 번의 섹스 장면이 나오고, 폭력 장면은 매달 2605건이 방영된다(중앙일보 미주판, 1994년 12월 15일). 그런데도 어린 자녀들은 TV 앞에 방치되어 있다.

미국의 'TV 가이드'가 조사한 통계에 의하면, 미국의 어린이들은 1년에 평균 1500시간 이상을 TV와 함께 보낸다. 초등학교 어린이가 하루 평균 4시간이나 TV 앞에서 보낸다. 미국 어린이들은 6학년이 끝날 무렵에는 10만 건의 폭력 장면을, 18세까지는 20만 건의 살인 장면을 TV에서 목격한다(크리스천 신문, 아이들 TV 너무 많이 본다, 1996년 1월 21일).

TV를 끄고 인생을 켜라!

1994년부터 'Turn off TV, Turn on life!'(TV를 끄고 인생을 켜라)라는 구호 아래 TV 안보기 주간 행사 및 책 읽기 등의 적극적 운동을 펼쳐온 미국의 비영리단체 TV-Turnoff Network의 웹사이트인 www.tvturnoff.org에 게재된 각종 데이터를 이렇게 정리했다
(중앙일보, *TV를 끄고 인생을 켜라!* 2005년 4월 24일).

TV는 어떻게 가족생활을 방해하나?
- 미국 가정에서 TV가 켜져 있는 시간은 하루 평균 7시간 40분.
- 6세 이하 미국 어린이가 TV 등 영상매체에 노출된 시간은 하루 평균 2시간.
- 저녁식사 자리에서 TV를 늘 또는 자주 시청하는 가정이 40%.
- 미국 가정에서 아이들과 부모가 대화하는 시간은 일주일에 38.5분.

TV는 어떻게 자녀교육을 방해하나?
- 2~17세까지의 미국 학생들 중 일주일에 TV 시청으로 보내는

평균 시간은 19시간 40분.
- 8~16세의 미국 학생들 중 자기 방에 TV가 있는 비율이 56%.
- 2~7세의 미국 아이들 중 혼자 TV를 보는 비율이 81%.
- 데이케어 센터에서 일과 시간 중 TV를 틀어놓는 비율은 70%.
- TV나 인터넷 때문에 취침시간을 넘기는 미국 청소년의 비율이 55%.
- 6세 이하의 미국 어린이 중 일주일에 책 읽는 시간에 들이는 시간은 평균 41분밖에 되지 않는다.

TV가 조장하는 청소년 폭력
- 18세가 되기까지 미국 학생들이 보게 되는 TV의 폭력장면은 20만 건.
- 18세가 되기까지 미국 학생들이 보게 되는 TV의 살인 장면은 1만6천 건.
- TV 시청으로 인해 직접적으로 유발되는 청소년 폭력 비율은 10%.

TV가 조장하는 과소비
- 1년에 미국 어린이들이 보게 되는 TV 광고는 4만 건.
- 65세까지 미국 사람들이 보게 되는 TV 광고는 200만 건.

- 1997년 미국의 어린이들이 시청한 TV 광고를 액수로 환산하면 10억 3천만 달러에 달한다.
- 결과적으로, 6세 이하의 미국 어린이 중 TV나 영화에서 보여준 상품을 갖고 있는 비율은 97%에 달한다.

이런 현실은 음악에서도 마찬가지이다. 자녀들의 영혼을 선과 아름다움으로 살찌우는 클래식이나 찬송가 대신, 빠르고 파괴적이며 충동적인 노래를 계속 반복하여 들을 경우 어린이들의 기억 속에 그 가사와 곡이 각인되어 영혼과 삶이 심각하게 황폐해진다. 그러한 음악은 대부분 가사도 퇴폐적이고 파괴적인 것들이 많기 때문이다. 뿐만 아니라 이는 자녀 주위의 부부싸움, 욕하는 것, 동네 환경 등 모든 영역에 적용된다.

현대의 가장 큰 수평문화의 문제는 음란물이다. 한국의 청소년보호위원회가 조사한 '2002년도 유해환경 접촉 종합실태' 결과를 보면 일반 청소년은 2명 중 1명이, 비행 청소년은 5명 중 4명이 성인용 만화, 소설, 잡지, 비디오 및 영화를 이용한 경험이 있는 것으로 조사됐다. 특히 비행 청소년들이 초등학교 때 경험한 사실을 묻는 질문에 다음과 같이 답해 어린 나이에 음란물에 노출된 아동일수록 비행을 저지르는 비율이 매우 높은 것으로 조사됐다(국민일보, 2003년 7월 11일, p. 1).

- 성인용 만화나 잡지를 본 적이 있다(30.9%).
- 성인용 비디오나 영화를 본 적이 있다(30.2%).
- 음란 사이트를 본 적이 있다(11.2%).

음란물 접촉 장소를 묻는 질문에는 다음과 같이 답했다.
- 집(85%)
- 학교(7.6%)
- 비디오 방(3.4%) 및 영화관(3.2%)

오늘날 우리 사회에 만연한 수평문화. 이는 문명이 발달된 나라일수록 심하다. 오직 철저한 종교교육만이 우리 자녀를 수평문화라는 죽음의 바다에서 구원할 수 있다.

음란 사이트 접속 장소를 묻는 질문에는 다음과 같이 답했다.

- 집(91.8%)
- 학교(6.4%)

결국 심각한 가정교육의 문제점이 노출된 셈이다. 더구나 컴퓨터의 음란물 노출은 갈수록 심각하다. 정신과 의사 이홍식은 "2차 성징이 나타나기 이전인 초등학생이 음란물에 노출될 경우 인격 발달과 형성에 결정적 타격을 입는다. 그리고 음란물의 폐해는 평생에 걸쳐 나타난다."라고 말했다(국민일보, 2003년 7월 11일, p. 14).

청소년의 인터넷 중독도 문제다. 청소년들은 얼마나 인터넷에 중독되어 있는가? EBS TV토크 한마당 사제부 일체팀이 미디어 리서치에 의뢰해 전국의 중·고교생 300명에게 전화 조사를 실시한 결과, 자신이 "인터넷에 중독됐다고 생각하느냐?"는 질문에 11.%와 0.7%가 각각 "중독된 편이다"와 "매우 중독됐다"고 답했다(문화일보, 중고생 11. 7% "나는 인터넷 중독" 2003년 7월 28일).

미국의 인터넷 공해는 얼마나 심한가? 인터넷 환경운동가인 다나 라이스 휴즈가 운영하는 EIE(Enough is Enough)에 의하면, "미국인의 25%가 음란물 사이트를 일주일에 1시간에서 10시간 탐닉한다. 8~16세의 청소년 중 90%가 포르노 사이트를 방문한 적이 있다. 숙제를 하다가 우연히 방문하게 된 경우가 대부분이다. 성인 사이트 업계에 의하면 웹사이트 방문자의 20~30%가 어린이다."(http://www.enough.org, http://www.protectkids.com).

2000년부터 휴대전화 문자 메시지도 중독현상을 일으키고 있다. 이제 떼려야 뗄 수 없는 생활필수품 휴대전화. 몸에 지니지 않으면 불안할 정도로 널리 이용되는 휴대전화는 때때로 초조감과 환청 등 중독 증세를 야기하기도 한다.

휴대전화 중독과 그 대책에 대해 SBS '김미화의 U'에서 방송되어 시청자들의 관심을 끌었다. 방송에 따르면 우리나라 청소년들의 97% 이상이 휴대전화를 사용하고 있으며 고교생 10명 중 7명은 휴대전화 중독이라고 한다(일간스포츠, *휴대전화 사용 고교생 70% 중독증세*, 2005년

유대인 자녀들도 컴퓨터를 사용하다가 음란물에 접촉하는 일은 없을까? 유대인 부모는 어린 자녀들이 음란물에 접촉하지 못하도록 컴퓨터에 안전장치를 하며, 자녀들은 율법을 지키기 때문에 이를 풀지 않아 세속의 수평문화에 물들 수 없다. 사진은 정통파 유대인 크래프트 씨 자녀들이 컴퓨터로 유대인의 절기에 대해 배우는 모습.

12월 16일).

지난해 한국정보문화진흥원 미디어중독대응팀이 청소년들의 휴대전화 사용실태를 조사한 결과 청소년들이 휴대전화로 가장 많이 이용하는 서비스는 문자메시지다. 휴대전화의 주요 용도를 조사한 결과 문자 보내기가 34.3%로 전화통화(27.2%)보다 많았다. 한 달 동안 1천 건 이상의 문자 메시지를 보낸다는 학생도 38.2%나 됐다. 수업 중에 문자로 친구와 대화한다는 학생도 절반에 가까웠다. 이 경우 부모와의 심한 갈등, 또는 비용 마련을 위한 불법행위, 극단적으로는 자살에까지 이르게 된다(머니투데이, *휴대전화 중독 심각*, 2007년 4월 20일).

휴대전화가 동영상 음란물과 게임, TV 등이 결합된 유해 콘텐츠의 백화점으로 변질돼 아이들의 학습능력을 떨어뜨리고 성(性)비행을 부추긴다는 우려의 목소리가 크다. 휴대전화가 빠른 속도로 보급되면서 10대 청소년의 휴대전화 중독율은 지난해 사상 처음 인터넷 중독율을 2% 포인트 차이로 앞질렀다(한국정보문화진흥원 2005년 9월 보고서).

교실에서 벌어지는 문자 중독 현상은 어른들의 상상을 초월할 정도로 심각하다. 서울 A여고 국어교사 이모(40)씨는 "대학 입시에서 논술의 중요성이 갈수록 강조되는 추세지만, 철학적이거나 어려운 주제로 글을 쓰게 할 생각은 엄두도 내지 못하는 실정"이라고 말했다(한국일보, *문자·게임…학습부진 주범*, 2006년 1월 30일).

1970년대 이전에 자랐던 어른들은 "우리 자랄 때는 이렇지 않았던 것 같은데, 요즘은 자녀 키우기가 왜 이렇게 힘든지 모르겠습니다."라는 말을 자주 한다. 그 이유는 과거와 현재의 교육 환경 차이에서 찾을 수 있다.

내가 초등학교를 다닐 때는 우리 시골 동네에 귀로 듣는 라디오조차 갖고 있는 집이 없었다. 온통 지혜를 가르치는 서당교육과 효도교육 및 민족의식 등 수직문화뿐이었다. 반면 1970년대 이후 가정의 컴퓨터에서부터 학교 및 동네 PC방 등 어딜 가나 최첨단 영상의 수평문화 환경이 자녀들을 유혹한다. 그리고 부모들은 자신이 자랄 때의 환경만 생각하고, 현대 수평문화 환경이 얼마나 무서운 해악인지도 모른 채 자녀들을 그냥 방치하고 있다.

더 심각한 사실은 어떤 부모는 자녀들이 현대 수평문화를 모를 경우 시대에 뒤떨어질 것을 염려해 아예 적극적으로 수평문화에 물들도록 도와주고 있다는 점이다. 얼마나 무지한 일인가?

그렇다면 유대인 자녀들은 컴퓨터를 사용하지 않는가? 물론 그들도 컴퓨터를 사용한다. 그런데 어떻게 음란물에 접촉하지 않는가? 부모가 음란물을 접하지 못하도록 컴퓨터에 안전장치를 하고 율법을 지키기 때문에 이를 풀지 않기 때문이다. 그리고 그들은 자신들의 수직문화를 배우는 데만 컴퓨터를 사용하기 때문에 영혼에 해로운 수평문화를 접하지 않는다.

반면 한국에서는 부모가 아무리 안전장치를 해 놓아도 율법이라는 개념이 없기 때문에 어떻게든 이 장치를 풀어서 음란물에 접촉하려 한다. 우리는 선악을 분별하는 율법의 중요성을 강조하고 지키도록 교육시키는 것과 그렇지 못한 것의 차이가 그만큼 크다는 사실을 명심해야 한다.

부모들은 수평문화 환경이 얼마나 무서운 해악인지 모르고
자녀들을 방치한다.
더구나 어떤 부모는 자녀들이 현대 수평문화를 모를 경우
시대에 뒤떨어질 것을 염려해 아예 적극적으로
수평문화에 물들도록 도와주고 있다.
얼마나 무서운 일인가!

IV. 자녀들이 수평문화에 노출된 결과

1. 수평문화에 물든 사람의 특성:
깊은 생각 대신 얕은 생각, 인내보다는 충동적

현대 TV나 컴퓨터 그리고 영상문화 등 수평문화에 물든 자녀들은 자신의 주체성이 약하기 때문에 남이 하는 대로 따라한다. 판단하는 것이 어린아이와 같아서 사람의 궤술과 간사한 유혹에 빠져 모든 교훈의 풍조(風潮)에 밀리기 쉽다(엡 4:14).

무조건 빨리 움직이는 영상과 빠른 행동을 좋아한다. 오래 깊이 생각할 수 있는 전통은 구식이라고 싫어하며 빨리 변하는 것을 요구한다. 따라서 생각이나 행동 및 컴퓨터의 작동 모두가 빠르지 않으면 안 된다.

이것은 이미 성경에서 마지막 시대는 고통의 때(terrible times)로 이런 것들이 나타날 것을 예언했다.

> 사람들은 자기를 사랑하며, 돈을 사랑하며, 자긍하며, 교만하며, 훼방하며, 부모를 거역하며, 감사치 아니하며… 절제하지 못하며, 사나우며… 조급하며, 자고하며, 쾌락을 사랑하기를 하나님 사랑하는 것보다 더 한다. (딤후 3:2-4)

유아기부터 TV에서 총격이나 섹스 장면을 계속 보게 되면 그 장면의 이미지가 머릿속에 박혀 무심코 범죄에 빠지기 쉽다. 사진은 동료 학생들과 교사들을 향해 총기를 무차별 난사한 11세 중학생이 어린 시절 총을 들고 있는 모습. 범인은 항상 총을 가까이 한 사냥꾼의 아들이었다. 1998년 4월 27일 〈타임〉지 커버 스토리 '위험한 무장'의 표지 사진.

많은 사람이 빨리 왕래하며 지식이 더 한다. (단 12:4)

현대는 눈에 보이는 사람이나 화물을 나르는 교통뿐 아니라 눈에 보이지 않는 모든 정보가 TV나 인터넷 등 전자매체를 통해 너무 빨리 왕래한다. 그럴지라도 세상의 지식(정보)이 더하면 더할수록 지혜는 부족한 시대다.

수직적인 가치관에 따른 진리를 따라가는 것이 아니라 수평적 유행을 따라간다. 과거의 역사적 교훈이나 지혜, 그리고 미래의 희망보다는 현재의 외형적 출세를 중요시한다. 그들은 구세대 사람들보다 창조력이나 잔재주는 많을지 모르지만 인간의 내면적인 철학 및 사상적

유대인들은 자녀에게 어려서부터 철저하게 수직적인 종교교육을 시키기 때문에 그들은 얕은 생각 대신 깊은 생각을 하고, 충동보다는 인내를 기른다. 사진은 수카 절기(초막절)에 뒤뜰에 지은 초막에서 기도하는 유대인 소년. 초막절은 과거 이스라엘 백성이 광야에서 40년 간 방랑하던 고난의 역사를 기억하기 위한 절기다. 감사 절기도 함께 지낸다.

인 깊이가 부족하다.

저자가 언론사로부터 원고청탁을 받을 때마다 함께 듣는 요구사항이 있다. 첫째, 짧게 쓸 것. 길면 독자가 안 읽는다. 둘째, 쉽게 쓸 것. 어려우면 독자가 안 읽는다. 셋째, 재미있게 쓸 것. 철학적으로 생각하게 하는 글을 쓰면 독자가 안 읽는다. 따라서 요즘은 만화나 사진으로 장식된 3류 잡지가 더 잘 팔린다.

〈중앙일보〉 조사에 의하면 10대의 64%가 소설보다 만화를 좋아하고, 48.8%가 깊이 생각하지 않는 편이다(중앙일보, 1996년 5월 2일). 이들이 좋아하는 책은 '유행과 첨단 문제에 관한 책'(41%)이 가장 많았으며, 다음으로는 '현대물'(24%), '연예 및 스타 이야기'(19%)를 차지했다. 편집 스타일에선 '디자인이 깔끔한 책'(43%), '글자가 크고 시원한 책'(27%), '그림이나 화보가 많은 책'(23%)의 순으로 나타났다(스포츠서울, 청소년 16% 책 안 읽는다, 1994년 5월 23일).

신세대들은 옛것에 쉽게 싫증을 느끼고 변화를 좋아한다. 그들은 감각적이며 즉흥적인 면이 많다. 그리고 참을성도 약하다. 깊이 생각하게 하는 고전 읽기를 싫어하고 공동체의 관심보다 자신의 오락에 몰두한다. 개인주의와 이기주의가 뚜렷해진다.

수직문화의 사람이 인간다운 무게가 무겁다면 수평문화의 사람은 인간다운 무게가 가볍다. 수평문화에 물든 사람은 마음이 허(虛)하다. 즉 자신의 자긍심(self-esteem)이 약하다. 자긍심이 약한 사람은 자신의 내면적인 안전감(security) 및 정체성(identity)이 약하기 때문에 항상 주위 사람과 주위 환경을 의식한다. 일종의 열등감이다.

자신의 내면 세계가 허하기 때문에 열등감을 해소하기 위해 외형적인 것, 즉 땅의 것으로 자신을 과시하고 싶어 한다. 비싼 외제 옷이나 자동차, 이상한 머리 모양과 색깔 등 허세가 강하다. 이것이 바로 한국인의 거품 현상의 원인이 된다.

이러한 수평문화의 바람은 국민 전체에 급속히 확산되었다. 한국소비자보호원의 발표에 의하면, 세탁기 교체 주기를 비교하니 미국은 13년인데 한국인은 6년으로 나타났다. 냉장고 크기는 일본의 2배, 외식비는 일본의 3배, 그리고 유명 점퍼 값은 미국의 5배로 나타났다(중앙일보, 1997년 12월 2일).

2. 비속어나 욕설(수평문화적 언어)의 범람

A. 한국 청소년이 사용하는 비속어와 욕설

언어에도 수직문화적 언어와 수평문화적 언어가 있다. 수직문화적 언어는 예의 바르고 다듬어진 고급언어다. 남을 배려하기 위해 자신의 감정을 절제하고 깊이 생각하고 사용하는 고운 말이다. 국가나 사회를 이끄는 정신적 지도층이 사용하는 언어다.

반면 수평문화적 언어는 남을 배려하지 않는 경박스러운 저급 언어다. 다른 사람에게는 불쾌감을 주는 비속어나 욕설 등을 말한다. 깊이 생각해 보지 않고 절제 없이 사용하는 언어다. 주로 뒷골목 사람들이 사용하는 언어다.

한국의 청소년들이 사용하는 언어공해는 심각하다. 그들은 얼마나 수평문화적 언어에 물들어 있는가? 〈뉴스앤조이〉의 김형태 기자는 '대한민국은 욕설왕국인가?' 라는 칼럼에서 청소년의 불건전한 언어 세태를 이렇게 표현했다.

예전에는 일명 노는 남학생들만 주로 욕설과 심한 비속어를 썼는데 반해, 요즘은 여학생들까지 가세를 하고 있다는 점입니다. 교복을 입은 예쁜 여학생의 입에서 육두문자가 아주 자연스럽게 튀어 나올 때는 정말 가슴이 철렁 내려앉습니다. 그리고 이른바 모범생들도 욕설에서 예외가 아니라는 점입니다. 선생님과 부모님만 없으면 이들의 입에서도 아주 자연스럽게 욕설과 비속어가 튀어나옵니다. '서울대 여학생들도 복도에서 스스럼없이 욕을 해댄다' 는 사실은 이제 공공연한 비밀이 되어버렸습니다(뉴스앤조이, 2006년 5월 22).

소위 한국의 최고 엘리트 집단을 양성하는 대학의 여학생마저 수평문화적 언어를 일상어로 사용한다는 얘기다. 현재 청소년들은 비속어와 욕설에 너무 쉽게 물들어져 가고 있다. 대구대 국문학과 이정복 교수가 발표한 〈바람직한 통신언어 확립을 위한 기초 연구 보고서〉에 따르면 각종 게시판 등 PC통신과 인터넷을 사용하는 20대 네티즌의 83.3%가 비속어를 사용하고 있으며, 10대의 39.1%가 은어를 상습적으로 표현하고 있다(이원구, 인터넷 사이버 언어의 등장과 대책, leewongu.byus.net/spboard/board.cgi?id=leewongu_1&action= download &gul=87).

- 청소년들이 많이 쓰는 비속어의 예

'안냐세요(안녕하세요), 추카(축하해), 방가(반가워), 겜방(게임방), 띰띰하다(기분이 좋지 않다)... 즐팅해여(즐거운 채팅하세요), 짱난다(짜증난다), 중딩/고딩/대딩/직딩(중학생/고등학생/대학생/직장인) (이원구)

- 청소년들이 많이 쓰는 욕설의 예

fuck you, 뻐큐, 빠큐, 凸, 가운데손가락 등등

X까, X빨아, X도, X나, 존나, 존내, 조낸, 졸라, 욜라, 열라 등등

(김형태)

서울교대 황정현(국어교육) 교수는 "인터넷, 대중매체 등 아이들의 의사소통 네트워크가 넓어지면서 언어교육을 담당할 주체가 사라졌다. 학교는 힘이 없고, 가정은 무지하며, 사회는 무책임하다. 관심을

갖지 않으면 우리의 언어생활은 무너질 것"이라고 우려를 표시했다 (김형태, 대한민국은 욕설왕국인가?, 뉴스앤조이, 2006년 5월 22일).

수평문화적 언어가 일종의 유행처럼 번지고 있다. 수직문화적 언어를 사용하는 사람도 이제는 자신도 모르게 수평문화적 언어 사용에 물들어 가고 있는 실정이다. 이것이 교회 강단에까지 번지고 있다. 성도들을 웃기기 위해서라고 변명한다. 이제는 오히려 수직문화적 언어를 사용하는 사람이 오히려 그렇지 않은 사람들로부터 왕따를 당하기 쉬운 세상이다.

B. 한국과 미국 교육정책의 차이

미국의 초·중·고 공립학교의 자녀들도 비속어와 욕설을 사용하기는 마찬가지다. 그래도 미국은 다른 데가 있다. 예를 들어보자. 미국 샌프란시스코 근교에 두 명문대학이 있다. UC 버클리와 스탠퍼드 대학이다. UC 버클리는 미국 전국 공립학교 중 순위가 1등이다. 스탠퍼드 대학은 서부의 하버드 대학으로 불린다. 두 대학 사이는 자동차로 불과 40분 거리다. 스탠퍼드 대학에서 방학을 이용하여 주최한 국제 프로젝트에 한 달 동안 참석했던 UC 버클리 학생에게 물었다.

"두 대학의 가장 큰 차이가 무엇인가요?"

그 학생이 이렇게 대답했다.

"일단 스탠퍼드 대학에 다니는 학생들은 언어가 다릅니다. 상류층이 사용하는 고급영어를 사용해요. 그들이 성장해온 배경이 지도층이기 때문입니다."

이 얘기는 영어에도 수직문화적 고급영어와 수평문화적 하급영어가 있다는 말이다. 그렇다면 왜 UC 버클리 학생들이 더 수평문화적 영어를 사용하는가? UC 버클리는 주로 캘리포니아 주에 거주하는 학생들에게 등록금을 할인해 주는 주립대학, 즉 공립학교다. 그래서 머리는 좋지만 가정 형편이 넉넉지 못한 자녀들이 많이 다닌다. 대부분 초·중·고도 공립학교 출신들이다.

반면 스탠퍼드 대학은 학비가 대단히 비싼 사립학교다. 그래서 주로 머리도 좋지만 가정 형편이 넉넉한 학생들이 다닌다. 초·중·고도 등록금이 비싼 사립학교 출신들이 많다. (물론 두 대학 모두에 그렇지 않은 학생들도 있다.)

여기에서 한 가지 질문이 있다. 사립학교는 부자의 자녀들만 가는가? 아니다. 그보다는 설사 경제적으로 형편이 어려워도 수직문화가 강한 부모들(예: 교사, 교수들)은 자녀들의 장래를 생각해 생활비를 아껴서라도 사립학교에 보내는 경우가 많다.

이것은 무엇을 뜻하는가? 미국에는 눈에 보이지 않는 엘리트 계급이 있다는 말이다. 그들은 품격 높은 교육, 즉 가정이나 학교에서 인성교육을 잘 받은 자녀들이다. 수직문화적 언어와 문자를 사용하며 바른 행동을 한다. 그리고 하버드나 예일대 같은 거의 모든 사립 명문대는 부모가 그 대학 출신이면 자녀들이 입학할 때 특혜를 준다. 즉 집안의 내력을 따진다는 얘기다.(물론 기부금을 더 모금하기 위한 목적도 있다고 한다.)

한국식으로 얘기한다면 가문을 중히 여기는 양반교육을 받은 자녀들에게 혜택을 그만큼 더 준다는 얘기다. 미국이 쉽게 무너지지 않는 이유가 여기에 있다. 수직문화 교육을 받은 고품격 엘리트 그룹이 지도층을 형성하고 있기 때문이다.

그런데 김대중 전 대통령이 이끄는 국민의 정부와 노무현 전 대통령이 이끄는 참여정부가 들어서면서 한국의 평준화 교육정책은 엘리트 집단을 파괴하는 데 온 정열을 쏟았다. 언뜻 보기에 이것이 대단히 공평한 민주주의 같지만 대단히 위험한 발상이다. 그래서 한국은 갑자기 수평문화에 물들고 있다.

수준 낮은 학생을 위로 끌어 올리는 상향 교육이 아니고, 수준 높은 학생을 아래로 끌어 내리는 하향 교육이다. 그뿐인가? 소위 정권을 잡은 지도층 자체가 수평문화적 언어를 사용하기 때문에 어린이까지 무차별적으로 수평문화에 물들고 있다. (예: "깜도 안 된다." "그놈의 헌법 때문에…" "군대 가서 3년간 썩는다." "이제는 나를 도와주던 언론까지 나를 조진다.")

더욱이 그 지도자가 한 말의 내용은 대한민국이라는 국가의 정체성을 뒤흔들었다는 데 더 큰 문제가 있다. (예: "그놈의 헌법" "군대 가서 3년간 썩는다.") 어린이는 물론 젊은이들이 국가의 신성한 헌법이나 국민의 의무를 무엇으로 보겠는가?

왜 미국의 학부모들이 공립학교를 기피하는지 그 이유를 알아야 한다. 정통파 유대인은 자녀교육을 위해 자기들끼리 힘을 모아 유치원부터 고등학교까지 사립학교를 만든다. 미국의 상류층 부모들도 자신들의 자녀들을 사립학교에 보내는 경우가 많다. 인간은, 특히 어린 자녀들은 육을 절제하는 좋은 수직문화보다 육의 소욕대로 따르는 수평문화에 더 물들기 쉽다는 것을 명심해야 한다.*

언어와 문자는 문화를 이루는 가장 강력한 도구다. 건전한 수직문화적 언어나 문자 없이 수직문화 사회를 이루는 것은 불가능하다.

---

* 더 자세한 것은 제2권 제3부 제2장 III. 2. '그래도 미국 공립학교가 한국보다 나은 이유' 참조.

> "서울대 여학생들도 복도에서 스스럼없이 욕을 해댄다는 사실은
> 이제 공공연한 비밀이 되어버렸습니다."
> 언어와 문자는 문화를 이루는 가장 강력한 도구다.
> 건전한 수직문화적 언어나 문자 없이
> 수직문화 사회를 이루는 것은 불가능하다.

3. 폭력적 모방범죄가 급증한다

자녀들이 수평문화에 노출될 경우 그 결과는 가공할 만하다. 사물을 깊이 생각하는 능력을 상실한다. 인성에 유익하고 삶에 선과 의에 대한 가치관 대신에 짐승보다 못한 악한 가치관이 두뇌에 입력되어 평생 지워지지 않는다. 어른들도 잘 모르는 잔인한 폭력, 살인은 물론 성행위와 성폭력을 너무나 잘 알고 있다.

그리고 그런 장면들을 늘 생각하고 그런 시각에서 사물을 보고 판단한다. 순진한 어린이다움이 없어진다. 성격이 난폭해진다. 더 잔인하고 폭력적인 것을 원한다. 더 자극적이고 흥분되는 장면을 보고 싶어지고 그렇지 못할 때는 무기력해진다. 그리고 보았던 장면을 현실로 옮기고 싶어 한다.

약자를 보면 때리고 싶고, 여자를 보면 성희롱은 물론 성폭행하고 싶어진다. 힘들게 노동하여 돈 벌기를 싫어하고, 수단과 방법을 가리지 않고 돈을 벌려고 하며, 돈이 되면 설사 그것이 남의 생명과 재산에 해를 입힌다고 해도 쉽게 손을 대려 한다. 더구나 가정이나 학교

및 사회에서 윗사람들의 권위에 도전한다. 전통적인 기본 질서를 파괴하고 싶어 한다. 이미 정신세계가 피폐해졌다. 수직문화에 의한 가치관이 전혀 입력되지 않았기 때문이다.

설사 그들이 마음이 착한 학생들이라 해도 그런 폭력물이나 음란물 동영상을 접하게 되면, 마음은 원이로되 육체가 말을 듣지 않아 본연의 공부보다는 육의 본능에만 몰입하기 쉽다. 물론 그러고 나서 후회는 할 수 있다. 그러나 쾌락의 고리를 쉽게 끊기가 힘들다. 수평문화에 물들면 성인들도 일상적인 생활을 유지하기 힘이 드는 데, 그들은 얼마나 더 힘들겠는가?

이런 육의 본능을 절제하는 능력은 전통적인 도덕과 윤리교육, 특히 종교교육(수직문화)에서 나온다. 따라서 인성교육에는 반드시 전통적인 가치관 교육과 종교교육이 필요하다.*

특히 어린 시기에는 시각적인 영상의 기억이 청각적인 기억보다 더 강하게 각인된다. 보는 것이 어린이에게 얼마나 강렬한 영향을 미치는가? 미국의 행동과학자 〈데커 의사소통 보고서(Decker Communication Report)〉는 '배우고 믿는 것의 56%는 눈으로 보는 것' 이라고 말했다(중앙일보, 1999년 9월 14일).

자녀들은 TV나 인터넷에서 본 것을 그대로 믿고 모방하려고 한다. 한국에서도 '슈퍼맨'을 즐겨 보던 어린이들이 이를 흉내 내려고 높은 곳에서 뛰어내리다 죽은 사례도 있다(중앙일보, '슈퍼맨' 흉내 어린이 2명 사망, 1996년 3월 26일). 그 피해 사례들을 더 알아보자.

---

* 더 자세한 내용은 제5부 제1장 '왜 인성교육에 종교교육이 필요한가' 참조.

자녀들이 수평문화에 노출될 경우 인성에 유익하고
삶에 선과 의에 대한 가치관 대신에
짐승보다 못한 악한 가치관이 두뇌에 입력되어 평생 지워지지 않는다.
그리고 그것을 현실로 옮기고 싶어 한다. 이것이 모방범죄다

A. 성폭행 사건의 피해 급증

2008년 5월 1일. 온 한국이 경악했다. 대구 초등학교 남학생 10여 명이 여학생 3명을 집단으로 성폭행한 사건이 있었기 때문이다. 그것도 대낮에 학교 교정에서 벌어진 일이다. 이 학교가 2월에 자체 조사한 결과 음란행위를 했던 학생이 40여 명으로 나타났다. 남학생들은 "인터넷과 케이블 TV를 통해 방송되는 성행위 장면을 흉내 냈다."고 털어놨다(동아일보, *대구 초등교 2월 자체 조사 '40여명 음란 행위'*, 2008년 5월 1일).

왜 이런 끔찍한 사건이 일어나는가? 그들이 수평문화에 무차별적으로 노출되었기 때문이다. 그 중에 시각을 통해 들어오는 음란물 동영상 장면은 청소년들에게 엄청난 정신적 충격을 준다. 그리고 인격을 파괴시킨다. 인성이 아직 제대로 형성되기도 전에 그런 충격적인을 장면을 보면 그것을 절제할 수 있는 이성의 힘이 약하기 때문에 동물적인 심성으로 몰입되기 쉽다.

더구나 사춘기는 성적 욕구가 강한 시기이기 때문에 참기가 힘들다. 그래서 그들은 음란물의 그 장면이 대뇌에 입력되어 기억되고 그 기억이 다시 떠올랐을 것이다. 그리고 참지 못하고 그 장면들을 실행

에 옮겼을 것이다. 이것은 전형적인 모방범죄다.

그런데 이 사건은 남학생들이 1 대 1이 아니라 여학생들을 집단적으로 성폭행 했다는 데 더 심각한 문제가 있다. 성폭행 중에서도 더 잔인한 것이다. 그들은 왜 그렇게 잔인했을까? 그 이유는 그들이 본 음란물은 남자와 여자 1 대 1의 관계를 본 것이 아니라, 남성 여럿이서 집단적으로 여성을 성폭행 하는 장면을 보았기 때문이다.

이것은 무엇을 뜻하는가? 육체의 욕망은 더 자극적인 것을 원한다. 그들도 처음에는 남자와 여자가 1 대 1로 성관계 하는 것을 보고 즐겼겠지만, 보는 회수를 더해 가면서 더 자극적인 것을 원했을 것이다. 다음에는 그룹 섹스, 그 다음에는 개인이 한 여성을 강제 성폭행하는 것, 더 나아가 여러 남성들이 여성을 집단 성폭행하는 것으로 발전했을 것이다. 이것은 인간이 수평문화에 물들기 시작하면, 얼마나 더 악해질 수 있나 하는 가능성을 보여준다. 짐승보다 못한 예가 허다하다.

성경은 육체의 일을 이렇게 적고 있다.

> 육체의 일은 현저하니 곧 음행과 더러운 것과 호색과……투기와 술 취함과 방탕함과 또 그와 같은 것들이라 전에 너희에게 경계한 것같이 경계하노니 이런 일을 하는 자들은 하나님의 나라를 유업으로 받지 못할 것이요. (갈 5:19-21)

또 다른 큰 문제가 있다. 그것은 인성교육과 IQ교육을 해야 할 교육현장에서 이런 일이 일어났다는 것이다. 그리고 이 사건이 터지자 언론들이 예견이라도 했듯이 일어날 것이 이제 일어났다고 보도 했다. 다른 학교에서도 이런 사례가 많다는 것이 그들의 주장이다. 그동안 쉬쉬하면서 숨겨왔다는 것이다. 아예 그 자녀들을 그 학교를 보내지 않았다면 그런 일을 당하지 않았을 것 아닌가!

이것은 무엇을 뜻하나? 학교가 자녀들이 범죄를 배울 기회를 제공한다는 사실이다. 가정이나 교회에서 아무리 성결교육을 시켜도 학교에 다니기 시작하면 잘못된 가치관에 물들어 욕을 배우고 나쁜 짓을 하는 경우가 많다고 한다.

아동 성폭력도 심각하다. 경찰청 자료에 따르면 2005년 한해 동안 발생한 아동 성폭력은 738건, 다음해에는 242건이 더 발생했다. 아동 인구 수는 점점 줄어드는데 아동 성폭력은 오히려 늘고 있는 셈이다. 더욱 큰 문제는 아동에 대한 아동의 성폭력 범죄 건수가 급증하고 있다는 점이다. 2006년 해바라기아동센터에 접수된 아동 성폭력 645건 가운데 232건이 가해자가 미성년자였고, 그 중 159건은 가해자가 13세 이하의 아동이었다. 아동 성폭력 사건 10건 가운데 3건 이상이 미성년자에 의해 저질러진 것이다. 집 앞도, 또래 아이들도 이젠 더 이상 안전하지 않은 현실. 우리 아이들이 점점 폭력적인 환경에 내몰리고 있다(노컷뉴스, 아동 성폭력 사건 10건 중 3건, 가해자는 미성년자, 2007년 5월 16일).

어른이 아동을 성폭행하는 사례도 이미 도를 넘었다. 2007년 한해 실종 어린이 수는 8602명에 달한다. 이 많은 수가 모두 성폭행 사건에 연루되었다고 단정지을 수는 없지만 그럴 가능성이 많다는 것이다 (머니투데이, 올해 주목해야 할 7대 블루슈머, 2008년 4월 29일).

경기도 안양 초등생 이혜진 양(피해 당시 8세)과 우예슬 양(피해 당시 9세)을 유인해 살해한 혐의를 받고 있는 정성현(39세) 씨도 음란 동영상 이외에도 사람을 살해하는 과정이 담긴 범죄 폭력물 동영상을 보고 그 영향을 받아 범행을 저지른 것으로 드러났다. 성폭행·성추행 혐의도 기존에 알려진 것을 포함해 2건이 더 있었던 것으로 조사됐다. 검찰은 범행동기에 대해 "정씨는 지난 10여 년간 각종 음란 동영상 이외에 사람을 잔인하게 살해하는 과정이 담긴 동영상 70편을 인터넷에서 다운받아 반복 시청했다."며 "그 영향을 받은 상태에서 작년 성탄절 저녁에 외로움을 해소하고 성적 욕망을 충족시키려는 충동으로 범행했다."고 밝혔다(세계일보, 안양 초등생 살해범 정씨, '음란·폭력' 동영상 영향 받아, 2008년 4월 11일).

어른도 음란물과 폭력물의 동영상을 보고 참기 힘든데, 하물며 어린이는 얼마나 더 힘들겠는가? 성인 남녀가 불륜을 저지르는 것도 비판받아 마땅하다. 그리고 성인 남성이 성인 여성에게 성폭행하는 것도 큰 죄인데, 하물며 성인 남성이 전혀 성에 대하여 알지 못하는 8~9세 여아에게 성폭행을 했다는 것은 그만큼 세대가 악하다는 증거다. 이런 어른들이 점점 더 늘어가는 현실이 매우 무섭다.

이런 범죄인들에게 더 강한 처벌을 주기 위해 법을 개정해야 한다는 여론이 높다. 그러나 처벌보다 예방이 더 중요하다. 많은 사람들이 설사 법이 무서워 그런 범죄를 저지르지 않는다고 해도, 이미 그들의 대뇌에 입력된 그 악한 이미지들은 그대로 있지 않겠는가?

대안은 무엇인가? 가정에서 음란물 동영상이나 유사한 불건전한 내용들을 접하지 못하게 해야 한다. 그리고 좀 과격하게 들리겠지만 자녀를 아예 학교에 보내지 않는 방법도 있다. 북미주에서는 자녀들을 학교에 보내지 않고 집에서 직접 자녀에게 인성교육과 학교 교과과정을 교육시키는 가정이 늘고 있다. 이를 '홈스쿨링' 이라고 한다. 최근 한국에서도 홈스쿨링을 하는 기독교 가정들이 늘고 있는 추세다. 차선책으로 유대인이나 기독교인들처럼 종교교육을 철저하게 가르치는 사립학교에 보낸다.

그 다음 방법이 비교적 건전한 공립학교를 찾아 보내는 것이다. 북미주에서 한국인들이 비싼 대가를 치르더라도 유대인이 많이 사는 동네로 이사를 가는 이유가 여기에 있다.(유대인촌은 대부분 집값이 비싼 동네다. 깨끗하고 교육 환경이 좋기 때문이다.) 대부분의 공립학교에서 학생들에게 인성교육을 제대로 시키지 못하는 한, 별다른 방도가 없다.

2008년 5월 1일,
대구 초등학교 남학생 10여 명이 여학생 3명을 집단으로
성폭행한 사건이 있었다.
그것도 대낮에 학교 교정에서 벌어진 일이다.
왜 하필 학생들이 교육의 주체인 학교에서
이런 끔찍한 범죄 방법들을 배우는가?
그 대안은 무엇인가?

쉬었다
갑시다

음란물에 대한 유혹
청소년들 얼마나 강한가?
– 중학교 3학년 아들을 둔 어머니의 고백 –

> **저자 주** 쉐마지도자클리닉을 졸업한 한 어머니의 간증 내용을 익명으로 소개한다.

그에게 중학교 3학년에 다니는 아들이 한 명 있었다. 한국에서는 공부를 잘 해 늘 학교에서 우등상을 받곤 했다. 그런데 미국에 온 지 얼마 되지 않아 비뚤어지기 시작했다. 아이는 컴퓨터 앞에만 붙어 있었다. 아무리 달래도 반항하기만 했다.

속수무책으로 세월만 보내다가 쉐마교육에서 배운 대로 실천했다. 처음에는 아들이 반항했지만 차츰 나아지기 시작했다. 함께 가정예배를 드리는 데 성공했다. 가정예배를 드리기 시작한 지 한 달 뒤 아들은 성령체험을 했다. 방언도 받았다. 그리고는 어머니가 공부할 시간을 뺏는다고 말리는데도 매일 새벽 예배에 따라나섰다. 매일 성경을 몇 장씩 읽었다. 담임 목사님이 어른들을 위해 시작한 제자교육 반에도 간청하여 참석하곤 했다.

아들의 행동이 서서히 그러나 놀랍게 변하기 시작했다. 머리를 염색하지 않고 복장도 깔끔해졌다. 부모와 어른들에게 예의바르고 순종적이었다.

　그런데도 끊기 힘든 것이 하나 있었다. 바로 음란물을 보는 습관이었다. 컴퓨터만 켜면 자동적으로 음란물 사이트에 들어가곤 했다. 어머니는 전혀 모르는 일이었다. 마지막 방법으로 아들은 컴퓨터 전화선을 뽑아버렸다. 자신의 의지대로 되지 않으니까 아예 인터넷 접속을 포기한 것이다. 그만큼 청소년들에게 음란물에 대한 유혹은 강하다. 그 뒤 아들은 어머니에게 속사정을 털어놓았다. 그리고 어머니는 이것을 쉐마교육을 배우는 후배 부모들에게 간증했다(1998년 봄학기).

　그나마 그 학생이 변한 것은 하나님의 은혜라는 종교의 힘을 받았을 뿐만 아니라, 컴퓨터 전화선을 뽑을 수 있는 의지가 있었기에 가능했다. 그마저 없는 일반 청소년들은 얼마나 힘들겠는가? 만약 그 학생도 그의 어머니가 인성교육을 배우지 않고 그를 그대로 방치했더라면, 지금쯤 무엇을 하고 있을지 생각해 보라. 얼마나 끔찍한 일인가!

B. 총기 난사 사건의 피해 급증

미국에서는 초·중·고등학교 내 학생들의 총기 사건이 위험 수위를 넘고 있다. 1998년 3월 24일에는 아칸소 주 존즈 보로에 있는 웨스트사이드 중학교에서 2명의 학생이 화재경보기를 울린 뒤 밖으로 뛰쳐나오는 학생들과 교사들을 향해 무차별로 총을 쏴 학우 4명과 교사 1명을 숨지게 하고 10여 명에게 부상을 입힌 사건이 있었다. 범인은 11세 된 앤드루 골든과 13세 된 미첼 존슨이었다. 뚜렷한 이유 없이 총을 쏘아댄 이들은 어려서부터 TV에서 총격 장면을 수없이 보아 왔고 사냥을 즐기는 집안의 아이들이었다(Time, *Armed & Dangerous*, April 27, 1998).

총기 사건의 연령도 점점 더 내려간다. 미시간 주 마운트모리스 타운십에 소재한 부엘 초등학교에서 여섯 살 된 남학생이 같은 또래 소녀를 총으로 살해한 사건이 있었다. 그의 아버지는 교도소에서 복역 중이고 어머니는 마약에 찌들어 아이를 TV와 총기에 내팽개쳤다고 한다. 담당 검사인 부시는 "현재 소년은 자신이 저지른 범죄를 마치 TV에서 시청한 것처럼 심각하게 생각하고 있지 않다."고 말했다(중앙일보, *여섯 살 학생이 총격 교실서 친구 살해*, 2000년 3월 1일).

이런 총기 사건은 미국만의 일이 아니다. 2002년 4월 26일 독일 에어푸르트의 구텐베르크 김나지움에서 고등학교 퇴학생 로베르트 슈타인하호이저(19)가 스승 13명을 포함한 16명을 쏘아 죽였다(중앙일보, *老스승 용기가 피해 줄였다*, 2002년 4월 29일). 선진국이든 후진국이든 이런 예를 들자면 한이 없다. 학교 폭력을 다루는 전문가들은 "1994년에서 1999년 사이 220건의 학교 내 총격이 벌어져 253명이 숨졌다."

고 말한다(중앙일보 미주판, '콜럼바인'은 끝나지 않았다, 2007년 4월 21일).
이제 청소년의 총기 사건도 세계화되고 있는 추세다.

C. 미국 최악의 조승희 총기 참사 분석

전 세계에 너무나 큰 충격을 안겨준 이 사건을 인성 교육적 측면에서 분석해 보자.

1) 사건 개요

언론 보도들을 종합하면 이렇다. 미국 현지 시간으로 2007년 4월 16일 오전 7시 15분부터 9시 45분까지 2시간여에 걸쳐 미국 중동부 버지니아 주 블랙스버그에 위치하고 있는 버지니아 공대(버지니아텍)에서 미국 역사상 최악의 총기 참사 사건이 발생했다. 미국 언론들이 '버지니아 공대 학살'로 명명한 충격적 학살극으로 범인을 포함한 33명이 숨지고 20명이 부상당했다.

미국은 물론 전 세계를 충격과 경악, 전율에 떨게 만든 잔인무도한 학살극을 벌인 범인은 놀랍게도 버지니아 공대 영문과 4학년에 재학 중인 한국 국적의 미국 영주권자인 조승희(23)로 밝혀졌다. 범인 조승희는 초등학교 3학년 때 미국으로 이민 갔으며, 세탁소를 경영하는 부모와 함께 버지니아 주 센터빌에서 살다 대학 입학 후부터는 학교 기숙사 하퍼홀 2층에서 생활해 왔다고 한다.

참사가 발생한 버지니아 공대는 2만 6천여 명의 학생이 재학 중인 미국 중동부 지역의 우수 명문 공과대학으로 한국인 학생은 유학생 500여 명과 동포자녀 500여 명 등 모두 1천여 명 가량이 재학 중이다. 버지니아 공대는 135년의 역사를 지닌 명문대학이다. 조승희도 고등학생 때는 우수한(honor) 학생이었고 버지니아텍에 들어갈 정도의 실력이라면 부모님 뜻대로 열심히 공부한 학생이었을 것이다.

2) 사건 분석

먼저 다시 생각해 볼 것이 있다. 문제 학생 뒤에는 반드시 문제 부모가 있었다는 말은 항상 맞는가?

많은 가정교육 전문가들이 이렇게 말한다. "문제 학생 뒤에는 반드시 문제 부모가 있다." 문제 부모란 흔히 부모가 알콜이나 마약에 중독 되었거나 폭력 및 도덕적으로 문제가 있는 사람들을 말한다. 물론 그 이유로 이혼을 해 정상적인 가정생활을 하지 못하는 가정들도 여기에 속한다.

그러나 조승희의 부모는 세탁업을 하면서 그야말로 부부가 열심히 성실하게 살아온 한국계 이민자였다. 조 씨 아버지는 한국에서 헌책방을 운영했다고 한다. 그러나 1992년 11월 '아메리칸 드림'을 안고 가족과 미국행 비행기에 몸을 실었다. 미시간 주 디트로이트를 통해 미국에 입국한 조 씨 부모는 처음에 한식당에서 허드렛일을 했다. 식당 수입이 형편없었지만 보다 나은 내일을 꿈꾸며 한 푼 두 푼 모아갔다.

조 씨 가족은 1997년 마침내 버지니아 주 센터빌에 자리를 잡았다. 이곳에서 조 씨 아버지는 지인의 소개로 세탁소를 차렸다. "항상 미소를 짓는 친절한 사람들"이라고 이 지역 주민들은 전했다. 조 씨 부모는 한국인 특유의 성실성을 바탕으로 수입을 늘려 나갔다. "10년 가까이 밤낮을 가리지 않고 일했다."는 것이 현지 주민들의 얘기다. 그리고 한인 교회에서 신앙생활도 열심히 했다.

조 씨 누나는 2000년 명문 프린스턴 대학에 입학했다. 경제학을 전공한 조 씨 누나는 재학 시절 미 국무부와 태국 주재 미국 대사관에서 인턴십을 하기도 했다. 이곳에서 스톤 중학교와 인근 샌틸리 소재 웨스트필드 고교를 졸업한 조 씨도 2002년 버지니아공대에 들어갔다.

결론적으로 조 씨의 사건은 부모의 문제가 아니다. 실제 대형사건을 일으킨 사람의 부모는 대부분 문제 부모가 아니다. 유학까지 갔다 온 박한상 군의 아버지 살해 사건(1994년 5월 19일), 그리고 대학교수가 아버지를 살해한 사건(1995년 3월 14일), 한국의 명문 K대생 아버지 토막 살해 사건(2000년 5월 30일), 그리고 K대 교수인 아버지를 살해한 S대생 J군(월간중앙, 2002년 7월호) 등도 그 부모가 매우 착실한 사람들이다.

이것은 무엇을 뜻하는가? "문제 학생 뒤에는 반드시 문제 부모가 있다."는 선입견이 항상 맞지는 않음을 뜻한다. 예외도 많다. 현재 목사의 가정이나 장로의 가정에서도 불량청소년들이 많이 나온다. 그 이유는 무엇인가? 어떤 부모든 간에 가정에서 자녀들을 수평문화에 방치해 두면 위험하다는 것을 말해 준다.

미국 버지니아 공대 학살 사건의 범인 조승희가 1차 범행 직후 미국 방송국에 부유층을 저주하고, 피로 보복하겠다는 메모, 동영상, 사진 등을 보냈다. 그가 쓴 희곡 작품에서 청소년이 아버지와 교사 등을 변태, 사탄으로 묘사하고 죽이겠다는 말을 되풀이하는 등 사회에 대한 증오심으로 가득 차 있었다고 한다.

그 이유는 무엇인가? 조 씨는 전투와 살인을 일삼는 인터넷 게임에 몰두해 있었다는 데서 찾아야 한다. 그가 총기 전문가도 아닌데 어떻게 그렇게 수많은 학생들을 정확하게 죽일 수 있었겠는가? 이것은 13세 이전에 수평문화에 물들어 있었고 그것이 그릇된 생각을 하게 된 뿌리가 되었다. 그리고 폭력 영화 등을 본뜬 모방범죄를 저지르게 되었다.

즉 13세 이전에 하얀 종이와 같은 두뇌에 입력된 데이터가 폭력물을 비롯한 반사회적인 것들이었다는 것이다. 만약 그 두뇌에 수직문화를 입력했다면 입력된 데이터에 의해 그는 선량한 시민이 되어 있을 것이다.

"문제 학생 뒤에는 반드시 문제 부모가 있다."는 선입견은 항상 맞지는 않는다.
조 씨 사건, 박한상 군의 아버지 살해, 대학교수가 아버지를 살해,
한국의 명문 K대생 아버지 토막살해, 그리고 K대 교수인 아버지를 살해한
S대생 J군 등도 그 부모가 매우 착실한 사람들이다.
그 이유는 무엇인가?

3) 학교 공부만 잘하면 모범생인가

현재 한국인은 IQ교육에 너무 심혈을 기울이는 경향이 있다. 학교 공부만 잘하면 모범생처럼 그를 부러워한다. 이는 한국뿐만 아니라 전 세계적인 추세다. 물론 인성교육의 바탕 위에 학교교육도 잘 하면 그 외에 더 좋은 것은 없을 것이다. 그러나 대부분 부모들이 인성교육은 뒷전이고 IQ교육에만 열성이기 때문에 문제다.

대부분 대형사건의 범인들이 고학력 출신이다. 유학까지 갔다 온

박한상 군의 아버지 살해 사건(1994년 5월 19일), 그리고 대학교수가 아버지를 살해한 사건(1995년 3월 14일), 한국의 명문 K대생 아버지 토막살해 사건(2000년 5월 30일), 그리고 K대 교수인 아버지를 살해한 S대생 J군(월간중앙, 2002년 7월호) 등을 보면 IQ교육을 많이 받은 사람들도 패륜아가 될 수 있다는 것을 보여준다.

4) 왜 한국은 미국보다 총기 난사 사건이 적은가

최근 들어 미국을 비난하는 이들이 늘고 있다. 총기 사건은 미국의 전유물처럼 여기고 있다. 과연 그런가? 한국인도 IT산업의 발달로 수평문화에 많이 물들어 있는데 왜 미국보다 총기 난사사건이 적은가?

여러 가지 이유가 있겠지만 가장 큰 이유는 한국에서는 개인이 총기를 갖기가 힘들기 때문이다. 미국은 총기를 자기 방어라는 이유로 구입하기가 매우 쉽다. '전미 총기 폭력방지를 위한 연대'에 따르면 2000년 현재 미국내 개인 소유 총기가 무려 2억 정에 권총을 소지한 개인만도 6500만 명이다. 이처럼 총기 소유가 보편화 다량화되어 있다 보니 권총 자살이 1만 6586명, 총기 살인 1만 801명 등 총기에 의한 사건, 사고가 엄청나게 많이 발생하고 있다(중앙일보, *미국 최악 조승희 총기 참사*, 2007년 4월 18일).

한국인도 미국에 이민 온 한국인도 총기를 구입해 사용하다가 가정불화나 개인 원한으로 총기 사고를 일으키는 경우가 종종 있다. 더구나 한국인은 성미가 급하기 때문에 총기를 소유했을 경우 더 위험할 수도 있다. 저자가 아는 한국인은 군 출신인데 일부러 총기를 사지 않는다고 했다. 자기 성격에 총을 소지하고 있으면 가정에서 갈등이 있을 경우 절제하기 힘들기 때문이라고 설명했다. 지혜로운 처신이라고 생각된다. 그러나 한국도 총기를 소지한 군인들의 총기 난사 사건도 점점 늘어나고 있다. 그것은 다름 아닌 수평문화에 물든 젊은이들이 군대에 들어가 사고를 친다고 봐야 한다.

그 대표적인 예가 2005년 6월 19일 경기도 연천군 비무장지대내 GP에서 내무반에 수류탄을 터뜨리고 총기를 난사해 소초장 김종명(26) 중위 등 8명을 살해하고 4명에게 파편상을 입힌 김동민(22) 일병 사건이다. 그는 일부 동료들이 잠을 자고 있던 내무반에서 수류탄 1발을 터뜨리고 개인화기인 K-2 소총을 40여발 난사한 것으로 알려졌다(연합뉴스, 총기 난사 김동민 일병 수감, 2005년 6월 22일).

"잔혹한 살인 장면이 담겨 있는 컴퓨터 게임을 보는 듯 참혹했습니다." 전방 GP를 방문하고 돌아온 군의 한 관계자가 전한 말이다. 군 관계자는 "김 일병이 컴퓨터 게임을 즐겼다는 병사들의 진술이 있었다."며 "만약 그가 컴퓨터 게임을 광적으로 즐겼다면 순간적으로 내부구조가 사각형인 GP 내부를 같은 사각형 컴퓨터 화면 속의 가상현실로 착각했을 가능성도 배제할 수 없다."고 말했다(동아일보, 김일병 게임광…현장 PC게임처럼 끔찍, 2005년 6월 20일).

범죄가 점점 어린 세대로 전이된다. 청소년폭력예방재단(이사장 김종기)은 교육인적자원부와 고려대 김준호 교수와 함께 전국 39개교 초·중·고생 3977명과 교사 270명, 학부모 241명을 대상으로 금품갈취, 언어폭력, 신체폭력 피해율을 조사하여 '2001년 학교폭력 실태조사'를 발표했다. 1970년대에는 고등학교에 불량배가 많았는데 요즘은 중학교가 가장 많고, 그 다음이 초등학교 남학생들, 그리고 그 다음이 초등학교 여학생들이다(크리스천 뉴스위크, 학교폭력 가장 큰 피해자는 중학교 남학생, 2002년 4월 13일).

쉬었다 갑시다

다분히 미국적인…

서량(정신과 의사)

저자 주 정신과 의사인 서량 씨는 버지니아 공대에서 벌어진 참사의 범인인 조승희 씨가 영문과 지도교수로부터 정신치료를 권고받았고, 항우울제를 복용했다는 사실을 주목하며 신문 칼럼을 썼다.

서량 씨는 근래 정신과의 치료 추세가 기분이 저조하면 그 이유를 분석하는 것보다 약의 힘으로 우선 기분이 좋아지도록 하는 데 역점을 두고 있다는 점도 지적했다. 이런 치료법을 소위 '반창고 치료(BandAid solution)'라 하는데 몸이나 정신에 문제가 있을 때 그 원인을 추적하지 않고 '눈 감고 아웅' 하는 식으로 고통만 경감시키는 방법이라는 것이다.

또 우리는 자기 행동의 동기의식과 이유가 자신에게 있지 않고 항상 자신 밖에 있다는 생각을 고집하는 문제점에 대해서도 지적했다. 그의 글 중 일부분을 여기에 옮긴다.

어떤 사태가 터졌을 때 우리들은 이렇게 복합적인 문제의식에 휩싸인다. 그리고 우리 각자는 허겁지겁 자기 처지만을 걱정하는 이기심의 노예가 되기도 한다. 어제 오늘 미디어들도 우왕좌왕 그들의 각도를 찾기에 여념이 없다. 그리하여 종국에 우리는 모두 미디어의 여론조성에 굴종할지도 모른다.

솔직히 개인적인 문제는 조승희가 나와 얼굴이 비슷하게 생긴 한국인이라는 점이다. 얼핏 보기에 그의 얼굴은 공부 잘 하던 내

초등학교 동창생을 닮았다. 슬프다. 분노가 치밀어 오른다. 슬픔과 분노는 정서의 맥락을 같이 하고 있다.

아무래도 우리는 이 시점에서 미국인들이 한인들을 해코지 할지도 모른다는 피해망상적인 느낌에서 자기방어에 급급한 대신, 피해자 가족들에 대한 애도의 표시를 해야 마땅할 것이다. 조승희가 대한민국 전체를 대표한다는 것은 천부당만부당한 생각이다. 작금의 사태는 인종이나 국적의 얘기가 아니다. 어디까지나 일개 개인이 저지른 비극이다. 미국적인 다분히 미국적인 현상이다.

다시 한 번 생각해 보라. 하루아침에 청천벽력으로 자식을 잃은 부모들의 뼈저린 고통을. 한 인간이 다른 인간의 생명을 아까워하는 저 처절한 애도의 물결을. 싱싱한 생명들의 존엄성을 깡그리 말살한 광인(狂人)이라기보다는 전대미문의 악인(惡人)이 보여 주는 진면목을.

_중앙일보, 2007년 4월 20일

4. TV가 학업 성적에 미치는 부정적 영향

TV를 많이 보면 범죄만 늘어나는가? 뇌 기능이 부정적으로 변한다. 언어 능력도 떨어지고 학업 성적도 크게 저하된다. 뿐만 아니라 TV 시청은 어린이의 독해력도 방해한다.

2002년 세 살인 성갑이는 같은 또래의 아이와는 달리 의사소통은 물론 대소변을 가리지 못한다. 성갑이가 첫돌이 되기 전 엄마가 조기교육을 위해 영어와 한글 교육용 비디오 테이프를 하루 종일 보여주기 시작한 것이 문제가 된 것. 성갑이는 돌이 지나면서 비디오를 보여주지 않으면 잠을 이루지 못할 정도가 됐다. 동네 소아과에서는 성갑이를 자폐증으로 진단했지만 대학병원에서 정밀진단을 받은 결과 '유아 비디오 증후군'으로 판정이 났다. 신촌 세브란스 병원 정신과 신의진 교수는 "영유아들은 생후 8~9개월부터 부모는 물론 주변 사람들과 상호작용을 통해 사회성을 획득한다."며 "이 시기에 TV나 비디오 시청은 강렬한 시각적 자극으로 정상적인 뇌 발달을 막을 수 있다."고 경고했다. 미국 소아과학회는 만 2세 이전의 아이들은 TV와 비디오 시청을 피하는 게 좋으며, 2세 이상의 어린이들도 TV 시청 시간을 하루에 1~2시간 정도로 제한할 것을 권하고 있다(동아일보, 만 2세 미만 영유아 TV시청, 정상적 뇌 발달 막을 우려, 2002년 5월 6일).

2005년 5일 스탠퍼드 대학과 존스홉킨스 대학 공동 연구팀이 〈소아·청소년의학〉 7월호에 기고한 논문에서 자신의 방에 TV 수상기가 있는 초등학교 3학년생과 TV 수상기가 없는 3학년생을 비교한 결과 읽기, 쓰기, 수학 등의 과목에서 모두 TV가 없는 학생 그룹이 뛰어난 것으로 나타났다고 밝혔다.

연구를 주도한 존스홉킨스 대학 디나 보제코위스키 박사는 "TV를 잘 보지 않으면서 인터넷을 자주 사용하는 학생들이 가장 높은 점수를 보였다."며 "반대로 TV를 많이 보지만 인터넷 접속이 안 되는 그룹의 학생들은 점수가 가장 낮았다."고 말했다.

400여 명의 학생들을 대상으로 한 이 조사에 따르면 각 가구당 TV 수상기는 평균 3대꼴인 것으로 드러났다. 이중 TV 수상기를 자신의 침실에 둔 학생들은 주당 평균 13시간 가량 TV를 시청하며, TV 수상기가 침실이 아닌 거실 등에 있는 집의 학생들은 11시간을 시청하는 것으로 조사됐다.

전문가들은 장시간의 비디오나 TV시청에 빠져 있는 아이는 운동부족과 소아 비만으로 인해 각종 질환이 생길 수 있으며 심한 경우 자폐증과 같은 정신 질환도 생길 수 있다고 지적했다(중앙일보 미주판, *TV 리모콘을 치워라*, 2005년 7월 11일).

TV를 많이 보면 범죄만 늘어나는가?
뇌 기능이 부정적으로 변한다.
언어 능력도 떨어지고 학업 성적도 크게 저하된다.
뿐만 아니라 TV 시청은 어린이의 독해력도 방해한다.

토막 상식

애 봐주는 비디오가 애 잡는다

"비디오가 이렇게 해로운 줄 몰랐어요."
주부 김모 씨(31·서울 강남구 역삼동)가 병원 정신과 진료실에서 흐느끼며 한 말. 두 살배기 딸이 뇌 발달에 '심각한 문제'가 있다고 진단받은 것. 딸이 '엄마', '아빠'를 발음하지 못하고 엄마와 눈을 마주치지 않을 때만 해도 '설마' 했다. 의사는 "오빠를 따라 틈만 나면 영어 학습 비디오를 본 것이 화근"이라고 말했다.

'젖먹이 비디오 증후군.' 엄마가 젖먹이 자녀를 '아이의 눈높이'에서 보듬으며 키우지 않고 TV나 비디오에 애를 맡겨둬 정서와 지능발달에 장애가 온 것이다.

학습비디오 더 안 좋아

수년 전부터 TV와 비디오의 위험을 경고해 온 미국소아과학회(AAP)는 최근 "만 2세 미만의 아이에게 TV, 비디오 등을 보게 해선 안 된다."는 공식입장을 발표했다. 미국 〈뉴욕 타임스〉를 비롯한 주요언론은 이 내용을 보도했고 국내에도 소개됐다(동아일보 1999년, 8월 11일자). 그러나 미국의 일만은 아니다. 엄마들이 '애보는 비디오'나 '학습 비디오'를 경쟁적으로 보여주는 우리나라의 경우 문제가 훨씬 더 심각하다. 연세대 의대 세브란스병원 정신과 신의진 교수는 "말이 지나치게 늦거나 이상한 행동을 보여 병원에 온 4세 미만 아이 중 20~30%가 비디오 증후군에 해당한다"면서 "'애보는 비디오'가 애를 잡고 있는 셈"이라고 말한다.

비디오 증후군을 보이는 아기들은 엄마와 눈을 마주치지 않고 혼자 노는 것을 즐긴다. 처음 TV에 빠져들 때는 밥을 먹으면서도 TV에 눈을 떼지 않고 누가 불러도 거의 돌아보지 않는다. AAP는 젖먹이 비디오 증후군이 △ 주의력결핍장애 △ 과잉행동장애 △ 언어발달장애 △ 사회력적응장애 등 정신장애로 이어진다고 보고 광범위한 증거를 수집 중이다.

'뇌회로망' 형성 방해

뇌를 보면 해답이 나온다. 신생아의 뇌는 태어나자마자 '주체적'으로 주변 환경과 반응하면서 1000억 개의 신경세포와 50조~1000조 개의 시냅스를 조합하고 필요 없는 것은 과감하게 버리는 방법으로 '뇌회로망'을 만든다. 양전자단층촬영(PET) 분석 결과 아기의 뇌는 생존본능, 성욕, 식욕 등을 맡는 '고피질(古皮質·다른 동물에게도 있는 뇌로 변연계가 대표적) 회로망'을 먼저 만들고 이를 바탕으로 논리적 사고와 고도의 판단 등을 주관하는 '신피질(新皮質·사람답게 만드는 뇌로 대뇌피질 전두엽이 대표적) 회로망'을 만든다.

젖먹이의 뇌는 엄마의 사랑이 담긴 말을 배운 뒤 이 말을 바탕으로 세상을 이해하는 회로를 만든다. 이 회로가 제대로 만들어지지 않으면 뇌회로망 전체가 뒤죽박죽이 돼 평생 정신적 문제를 안고 살 위험이 크다. 그런데 '정서'가 빠진 TV나 비디오의 언어는 회로를 만드는데 별 도움이 되지 못한다. 이는 과학적으로 입증된 사실. 게다가 TV 카메라의 현란한 화면은 뇌신경 회로 형성에 혼란을 준다. 평상시의 자연스런 자극을 시시한 것으로 느끼게 해 회로망 형성을 방해하기도 한다.

또 TV나 비디오는 아기의 뇌를 수동적으로 만들 위험이 있다. 특히 주입식 학습비디오가 해롭다. 무엇보다 TV와 비디오는 아기가 부모나 주변 환경으로부터 자연스런 자극을 받아들일 기회를 빼앗기 때문에 큰 문제.

TV를 끊어야

2세 미만의 아기에겐 TV나 비디오를 보여 주지 않아야 한다. 부모도 참고 보지 않는다. 도저히 TV를 보지 않을 수 없다면 글자 대신 사람이 많이 나오는 화면을 보여 주고 엄마가 아기 옆에 꼭 붙어있으면서 자꾸 말을 걸어야 한다. 이미 TV나 비디오를 너무 많이 봐 아기가 말이 늦거나 혼자서 노는 것을 좋아하면 무조건 '끊어야' 한다. 밤에 비디오 테이프를 치우고 최소한 3, 4개월 보여 주지 않는다. 대신 자주 안아 주고 놀이터에 데리고 나가 함께 논다. 그래도 아기가 엄마와 눈을 마주치지 않으려 하거나 말이 늦으면 즉시 병원에서 진단을 받도록 한다.

_이성주, 동아일보, 1999년 9월 7일

토막 상식

'TV 끄면 불안해질까 봐'
미국 과학지 TV중독 분석

사이언티픽 아메리칸 (2004년 3월호)

인간을 포함한 동물은 새로운 자극이 주어지면 그쪽을 바라보거나 몸을 튼다. 자극이 어느 쪽에서 오며, 그에 따라 다가올 위험을 감지하고 예방하기 위한 것이다. 일종의 생존반응이라고 할 수 있다. 이를 심리학에서는 정향반응(orienting response)이라고 한다.

TV 프로그램이나 광고는 생존을 위해 비상시에 써야 할 정향반응을 끊임없이 쓰도록 강요한다. 정향반응은 자극이 있을 때 본능적으로 가동되는데 TV는 1분에 다섯 번씩이나 이를 가동하도록 자극한다는 것이다. 전형적인 정향반응에 따른 생체 변화는 뇌혈관이 팽창하고, 심장 박동이 느려지며, 주요 근육 혈관이 수축된다. 뇌에 자극을 주는 뇌파의 일종인 알파파의 발생이 크게 줄어든다.

미국의 과학잡지인 〈사이언티픽 아메리칸〉 최근호는 이런 내용의 TV 중독이 심리학적으로 어떻게 나타나고 어떤 영향을 미치는지를 특집으로 게재했다. 이에 따르면 실험에 참가한 사람들은 TV를 켜면 긴장이 풀리며 마음이 편해진다고 말했다. 이들의 알파파는 독서할 때보다 낮은 것으로 조사됐다. 즉 TV 시청이 뇌 기능을 활성화시키는 자극을 적게 주는 것이다. 그러나 TV를 끄자 이들은 편안한 상태가 금방 긴장 상태로 바뀌고, 어느 한곳에 집중하지 못하고 산만해졌다. TV를 보고난 뒤엔 그 전보다 기분이 특별히 좋아지거나 집중을 잘 하지 못하는 것으로 나타났다.

 TV 시청 뒤에 나타나는 불만족은 TV를 하루 4시간 이상 보는 사람일수록, 빈곤층보다 중류층일수록 더했다. TV를 시청하는 시간에 다른 보람된 일을 할 수 있었는데 못했다는 후회 때문이다. 이 때문에 TV를 보면서도 즐거운 마음 상태가 되지 못한다는 것이다. 그러면서도 이들은 당초 생각했던 것보다 더 많은 시간을 TV 보는 데 썼다. 이는 신경안정제와 작용 원리가 비슷하다. 약효가 떨어지면 마치 불안과 고통이 엄습할 것 같아 계속 복용하거나 양을 늘리는 것과 같다. TV도 끄고 나면 이완됐던 긴장이나 편안함이 사라질 것 같은 불안감에 '감히' 끄지 못한다는 게 연구진의 분석이다.

 TV중독은 가족 관계에도 악영향을 미친다. 실험에 참가한 가족들은 주기적으로 일주일 또는 한 달씩 TV 시청을 하지 않는 기간을 정했다. 그러자 가족들 간에 말싸움을 하거나 감정이 상하는 일이 많이 일어나는 것으로 조사됐다. 이런 일은 일반 가정에서도 자주 일어난다는 게 연구자들의 말이다. 심리학자들 사이에서 TV는 이제 '바보상자' 라는 곱지 않은 시선을 넘어 생존본능까지 착취해 가는 '흡혈상자' 라는 별명이 붙고 있다.

_중앙일보, 2004년 4월 8일

어린이를 수평문화와 TV 및 오염된 인터넷에서 격리시켜야 한다. 현대 수평문화에 물든 자녀는 수직문화 교육을 받은 부모와 코드가 맞을 리 없다. 대화가 안 된다. 서로 답답해 한다. 인간은 연약한 존재다. 좋은 마음의 양식인 수직문화를 심어도 인간의 기본 욕구가 살아나 타락하기 쉬운 인간인데 하물며 육을 자극하는 폭력이나 잘못된 성 및 마약의 환상을 계속 보거나 접한다면 어떻게 그 유혹을 거절할 수 있겠는가? 더구나 어려서는 성인보다 절제력이 약하여 이성을 잃을 확률이 높지 않은가?

물론 똑같은 수평문화라 하여도 IQ 증진에 관한 조기교육은 필요하다. 그러나 수직문화나 EQ교육이 병행되지 않는 IQ 발달 교육만은 인성을 파괴하는 대단히 위험한 생각임을 명심해야 한다. 유아기부터의 기억에는 시각이나 청각뿐 아니라 인간의 오감(五感) 모두 포함된다.

오감(五感) 이란 무엇인가?

1. 시각: 눈으로 보기
2. 청각: 귀로 듣기
3. 미각: 입으로 맛보기
4. 촉각: 피부로 느끼기
5. 후각: 코로 냄새 맡기

이는 논리가 필요 없기 때문이다. 미각의 예를 들어보자. 나는 생선회 맛을 모른다. 13세 이전에 생선회를 먹어 본 적이 없었기 때문이다. 내 고향은 바다와 거리가 먼 충청북도 산골이다. 당시(1950~60년대)에는 농촌에 냉장고가 없었기 때문에 날 생선은 바다에서 내륙지방으로 오면서 모두 썩기 때문에 소금에 절인 생선밖에 먹을 수 없었다. 그 대신 아직도 13세 이전에 항상 먹었던 김치찌개나 꽁보리밥을 좋아한다. 입맛뿐 아니라 시각, 청각, 촉각 및 후각 모두가 13세 이전에 대부분 길들여진다는 사실을 명심해야 한다.

이렇게 수평문화의 위험성을 경고하여도 자녀들을 수평문화에 그대로 방치하는 부모가 얼마나 많은가? 그런 부모는 아예 인성교육을 포기한 사람들이다. 그러면 그 대안은 어디에서 찾아야 할까? 다음에 이어지는 유대인의 예를 주목하고 여기에서 답을 찾아야 한다.

5. 정신장애에 미치는 부정적 영향

초·중·고교생 4명 중 1명꼴로 정신장애

서울시교육청 산하 학교보건진흥원이 2005년 9~12월 서울 시내 초·중·고 19개교 만 6~17세 소아청소년과 그 부모 총 2672명을 대상으로 실시한 '서울시 소아청소년 정신장애 유병률 조사' 결과를 보면 정신장애의 심각성이 잘 드러난다.

서울시내 초·중·고교생 4명 중 1명꼴로 행동장애와 불안장애 등 정신장애가 있으며, 특정 대상이나 상황을 두려워해 피하게 되는 특정 공포증이 있는 학생이 가장 많았고 동시에 9가지 정신장애가 있는 경우도 있었다. 학교보건진흥원이 펴낸 〈학교보건연보〉는 정신장애를 ▲ 행동장애 ▲ 불안장애 ▲ 기분장애 ▲ 정신분열증 ▲ 물질남용 및 의존 ▲ 기타 장애 등 범주별로 구분했다. 조사 결과는 다음과 같다(연합뉴스, 2007년 4월 15일).

범주별 장애

행동장애: 주의력결핍 과잉행동장애, 적대적 반항장애, 품행장애 25.71%(687명)

불안장애: 특정 공포증과 강박증 등 23%(615명)

기타 장애: 틱장애(근육이 빠른 속도로 리듬감 없이 반복해 움직이거나 소리를 내는 장애) 등 5.79%(155명),

물질 남용 및 의존: 0.23%(6명)

정신분열증: 0.04%(1명)

장애의 중복성 여부

1가지 장애: 22.6%(604명)

1가지 이상 공존장애: 2개 8.35%(223명), 3개 3.29%(88명), 4개 0.79%(21명), 5개 0.45%(12명), 6개 0.3%(8명). 7개 1명, 9개 1명

성별 장애

남아: 주의력결핍 과잉행동장애 18.61%(247명)

여아: 특정 공포증 19.1%(241명)

학년별 장애 특징

초등학생과 중학생: 특정 공포증 비율이 가장 높음

고등학생: 주의력결핍 과잉행동장애가 9.52%(36명)로 가장 높음

학부모의 사회 경제적 수준을 고려한 경우에는 그 수준과 상관없이 특정 공포증이 전 범위에서 높게 나타났다.

왜 이런 증상들이 갑자기 늘어나고 있는가?
그 원인의 중심에는 가정과 사회에 만연한 무분별한 수평문화가 있다.

6. 수평문화로 붕괴되는 가정의 비극

"너를 향한 뜨거운 마음은 영원할 거야."

한 번쯤 이런 말을 던지지 않은 이가 있을까. 그러나 안타깝게도 열정적 사랑은 영원하기 어렵다고 한다. 사랑에 빠지면 뇌 속에 러브 칵테일이란 화학물질이 분비되는데, 시간이 지나며 분비량이 줄어들기 때문이다. 미국 코넬 대학의 심리학자인 하잔 박사가 37개 문화권 5000명을 관찰한 결과 열정적 사랑의 유효기간은 18~30개월로 나타났다(중앙일보, *KBS 특집다큐, 사랑의 수명은 길어야 2년*, 2005년 3월 13일).

수평문화에 물든 현대인은 교회도 이 교회 저 교회로 쉽게 옮긴다. 음식도 정성어린 어머니의 음식보다는 햄버거 같은 패스트푸드를 더 좋아한다. 현대인은 결혼도 쉽게 하고 이혼도 쉽게 한다. 결혼 초기 이혼뿐만이 아니라 중년 이혼도 급증하고 있다.

그 예로 한국의 '95년 인구동태 통계결과'에 의하면, 20년 이상 살다 헤어진 부부가 전체 이혼 부부에서 차지하는 비중이 1986년 4.5%에서 1995년에는 9.1%로 높아졌다. 15년 이상~20년 미만 살았던 이혼 부부 비중도 같은 기간 7.5%에서 14%로 높아졌다(중앙일보, 중년 이혼 *10년 새 2倍*, 1997년 2월 21일). 2003년 한국의 이혼율은 거의 50%로 세계에서 최고다. 하루 840쌍이 결혼하고, 398쌍이 이혼하여 가정 해체 현상이 급속히 진행되고 있다.

그 이유는 수직문화가 점점 약해져 개인주의가 팽배하고 참을성이 적어졌기 때문이다. 따라서 보건복지부는 3~6개월간 '이혼 숙려기간' 설정 방안을 검토하고 있다. 이혼한 뒤 이를 후회하는 사람의 비율이 전체의 80%에 이른다는 조사 결과가 있기 때문이다(조선일보, 복지부, 초고속 이혼 방지 추진, 2003년 11월 23일).

한 남성과 여성이 만나 결혼하여 죽을 때까지 이혼하지 않는 방법은 두 사람이 모두 죽을 때까지 헤어지지 않겠다는 신념이 있어야 한다. 사랑만 해서는 안 된다. 왜 그런가? 미국 뉴저지 주 럿거스대 인류학 교수인 헬렌 피셔의 연구 결과에 의하면, 인간은 서로 사랑하다가도 3, 4년 주기로 권태기가 오기 때문이다(중앙일보, *여성들 4년이면 사랑 식어*, 1999년 11월 29일).

물론 꼭 이혼해야 할 이유도 있겠지만, 그런 특수한 예를 제외하고 부부가 함께 살다가 권태기나 다른 위기가 온다고 해서 이혼한다면 일평생 동안 이혼 안 할 사람이 어디에 있겠는가? 실제로 미국의 영화배우 엘리자베스 테일러가 그 예다. 그녀는 평생 8번을 결혼하고 이혼했다. 그녀는 과연 행복했겠는가?

한국에서는 사귀어 보고 결혼하지만 미국에서는 혼전에 함께 살아 보고 결혼하는 경우가 많다. 하지만 혼전에 함께 살아 보고 결혼해도 80%가 헤어진다. 그 중 반은 결혼 전에, 반은 결혼 후 10년 안에 헤어지고 만다(크리스천 투데이, 1997년 7월 20일, p. 5).

미국 질병통제예방센터(Centers for Disease Control and Prevention CDC)가 미국 여성 1만 1천 명을 대상으로 한 설문조사에서도 5년 이상 동거 커플의 70%는 결혼에 골인하지만 그 중 40%는 10년 내에 이혼한다. 반면 동거한 적이 없는 부부의 경우 31%만이 이혼하는 것으로 나타났다. 미국 여성 4명 중 3명은 30세 이전에 결혼하고, 결혼한 커플 중 43%는 15년 내에 이혼한다(조선일보, 살아 보고 결혼해도 이혼율 더 높아, 2002년 7월 26일).

"허니문(밀월)은 일 개월, 트러블(고통)은 일생이다." 유대인의 속담이다. 이는 사랑만으로는 결혼생활을 죽을 때까지 유지할 수 없다는 좋은 예다. 결혼 생활의 어려움이라는 환경에 대처하는 깊이 있는 신념이 부족하기 때문이다.

따라서 일평생 함께 살려면 이렇게 결론을 내려야 한다. "연애와 결혼은 사랑으로 하지만 결혼 생활은 신념으로 살아야 한다." 이혼을 절대 해서는 안 된다는 신념으로 결혼생활을 해야 몇 년마다 닥칠 수 있는 위기도 지혜롭게 넘길 수 있을 뿐 아니라 서로 기도하는 가운데 다시 깊은 사랑을 회복할 수 있다.

사랑을 유지하는 데는 희생의 대가가 따른다. 사랑은 오래 참는 것이다(고전 13:4). 어려서부터 이렇게 세뇌교육을 해도 실제 결혼생활을 하다 보면 피치 못하게 이혼할 경우가 있는데 결혼은 사랑만으로 산다고 가르치면 얼마나 많은 사람들이 이혼하겠는가? 싫어지면 이혼할 게 아닌가?

특히 기독교인의 결혼은 그리스도와 기독교인이 신랑과 신부의 관계로 언약 관계이듯이 신랑과 신부의 관계가 언약(계약) 관계임을 명심해야 한다(마 25:1-6; 엡 5:22-33). 기독교인이 결혼할 때 주고받는

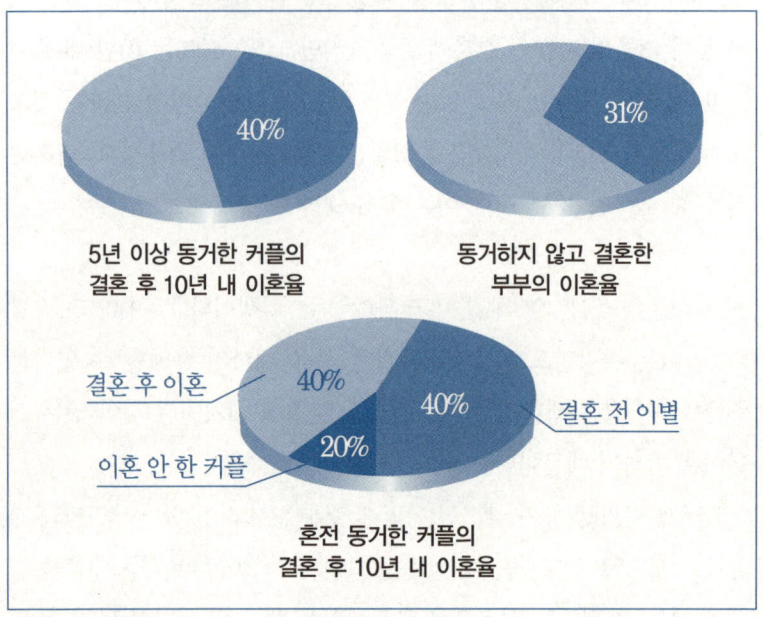

출처_ 미국 질병통제예방센터 조사(2002년 7월 26일).

반지는 계약을 상징한다. 따라서 기독교인이 그리스도와 맺은 언약을 지켜야 하듯이 신랑과 신부는 일평생 좋을 때나 싫을 때나 서로 사랑하며 헤어지지 않겠다는 언약을 지켜야 한다. 물론 살다 보면, 이혼을 해야 할 수밖에 없는 피치 못할 사정도 있을 수도 있다. 그러나 그것은 예외일 뿐 근본원리는 아니다.

수평문화에 물든 사람은 예수님을 믿는 믿음도 약하여 의심을 많이 한다. 의심하는 자는 마치 바람에 밀려 요동하는 바다 물결 같다(약 1:6). 반면에 수직문화에 물든 사람은 믿음이 강하다. 쉽게 바람에 밀려 요동하는 바다 물결(표면문화)이 아니라 요동하지 않는 깊이 있는 물(심연문화)과 같다.

한국은 이혼율만 세계 1등이 아니라 고알코올 도수인 위스키와 소주 소비량[1], 한국인 자살율[2], 노인 자살율[3], 저출산율[4]도 세계 1등이다. 낙태율은 세계 3등[5]이다. 이것은 무엇을 뜻하나? 수직문화에 근거한 도덕과 윤리적 가치관이 사라지면서 육을 자극하는 한국의 수평문화가 다른 나라들보다 양적으로 그만큼 더 만연하고 질적으로도 심

---

1) 제정경제부에 따르면, 전체 인구 기준으로 고알코올도수인 증류주(위스키, 소주 등)의 1인당 연간 소비량(알콜분 100% 환산치)은 1998년 5ℓ, 2001년 5.2ℓ로 러시아 등과 함께 세계 최고의 증류 국가다(최근 우리나라 주류 소비량 분석〉 (http://www.designet.co.kr/2006/downadd.asp?wp_id=50). 또한 한국인이 가장 선호하는 위스키 '발렌타인17'은 세계 소비량 중 30~40%를 한국이 수입하고 있다(*20, 30대 위스키 소비시장 활성화를 위한 판매촉진 전략*, http://ref.daum.net/item/13999954, 2008년 01월 13일).

2) 보건복지부 가족부와 OECD에 의하면 2006년 기준 한국의 자살 사망률은 인구 10만명당 21.5명으로 OECD의 평균 자살율 11.2명의 거의 2배다. 이는 OECD 국가 중 1위다(2008년 5월 9일 발표).

3) 한나라당 안명옥 의원이 경찰청으로부터 제출 받은 '최근 5년간 자살 현황 분석' 자료에 따르면, 1년에 1만 3천여 명이 자살한다. '39분마다 한 명' 꼴, '하루 평균 36.4명이 자살'한다. 이중 60대 노인의 자살율이 가장 높은 것으로 나타났다. 이 가운데 61세 이상 고령자가 32%인 4220명으로 가장 많은 것으로 나타났다(CBS, *한국인 자살 하루 평균 36.4명*, 2005년 9월 18일).

4) 스위스 제네바에 본부를 둔 세계보건기구(WHO)가 발표한 '세계보건통계 2008'에 따르면 한국 여성의 평균 출산율은 1.2명. 벨로루시, 체코, 폴란드, 우크라이나 등과 함께 세계 193개국 가운데 최저치로 조사됐다. 더욱 심각한 것은 1990년 1.6명, 2000년 1.4명에 이어 감소 추세가 지속되고 있다는 점이다(문화일보, *한국 평균 출산율 '세계 꼴찌'*, 2008년 5월 21일).

5) 중앙일보 '낙태 공화국' 시리즈에서 보면, 고려대 의대 김해중 교수는 국내에서 연간 34만 2233건의 낙태가 이뤄지는데, 이는 같은 해 탄생한 신생아 43만 8062명의 78%이고, 의료계의 음성적 낙태 건수를 포함하면 실제는 150만 건에 달하며 한국은 하루 1000~4000명의 태아를 살해하고 있는 것으로 나타났다. 태아 4명 중 한 명만 세상 빛을 보는 꼴이다. 세계 낙태율 순위를 보면, 1000명당 53.1명 러시아 1위(2004년), 35.2명 베트남 2위, 29.8명(2000년) 한국 3위다(중앙일보, *감기 치료만큼 쉬운 낙태*, 2005년 4월 24일).

각하다는 증거다.

  인간의 본성 자체가 좁은 길보다는 넓은 길을, 고난보다는 쾌락을, 하늘의 것보다는 땅의 것을 더 추구한다. 그렇기 때문에 이것을 절제하기 위하여 종교교육을 비롯한 수직문화의 가치관을 어려서부터 철저히 가르쳐야 한다.

**한국은 이혼율, 고알코올 도수인 위스키와 소주 소비량,
노인 자살율, 저출산율이 세계 1등이다(낙태율은 세계 3등).
이것은 수직문화에 근거한 도덕과 윤리적 가치관이 사라지면서
육을 자극하는 한국의 수평문화가 다른 나라들보다
양적으로 그만큼 더 만연해졌고 질적으로도 심각하다는 증거다.**

정열은 결혼만큼 오래 지속되지 않는다
Tokayer

유대인은 격렬한 연애라는 것을 예찬하지 않는다. 그러나 인간이기 때문에 연애를 한다. 연애 자체를 부정하지는 않지만 어디까지나 올바른 눈으로 남녀 관계를 바라보는 것이다. 탈무드에서는 인간에게 감출 수 없는 것이 3가지 있다고 말한다.

"기침, 가난, 사랑하는 마음. 그러나 동시에 열정 때문에 결혼하더라도 그 열정의 흥분은 오래 계속되지 않는다."라고 경계하고 있다.

사랑은 격렬할수록 그 사랑의 생명은 짧다. 흥분은 오래 계속되지 않기 때문이다. 이와 같은 경고가 많은 반면 사랑을 하나같이 귀중하게 생각했다.

사랑은 잼이다. 그러나 인생이라는 빵과 한꺼번에 먹지 않으면 살아갈 수 없다. 유대인은 현실주의자인 것이다. 또 탈무드는 말한다. 사랑은 정신을 미치게 만든다. 경솔하게 사랑을 하면 중대한 잘못된 결과를 낳는다. 사랑과 증오는 언제나 과장되고 있다.

신혼여행은 일주일로 끝난다. 그러나 일생은 일주일로 끝나지는 않는다.

_탈무드 3(부제: 탈무드의 처세술), 동아일보, 2008

토막 뉴스

사랑의 수명은 길어야 2년?

"너를 향한 뜨거운 마음은 영원할 거야."

한번쯤 이런 말을 던지지 않은 이가 있을까. 그러나 안타깝게도 열정적 사랑은 영원하기 어렵다고 한다.

사랑에 빠지면 뇌 속에 러브 칵테일이란 화학물질이 분비되는데, 시간이 지나며 분비량이 줄어들기 때문이다. 미국 코넬 대학의 심리학자인 하잔 박사가 37개 문화권 5천 명을 관찰한 결과 열정적 사랑의 유효기간은 18~30개월로 나타났다.

그럼 사랑에 빠지는데 걸리는 시간은? 우리 뇌가 매력과 호감을 판단하는 시간은 1초도 안 되는 150마이크로초(10만분의 15초). 순간의 끌림으로부터 900일간의 격정적인 항해가 시작되는 것이다. 사랑에 빠질 때 나타나는 신체변화 등 사랑을 과학이란 코드로 해석한 작품이다.

우선 1편 '900일간의 폭풍 - 사랑하면 예뻐진다'는 사랑에 빠진 첫 순간을 포착한다. 사랑에 빠진 다섯 쌍을 골라 뇌의 변화를 살폈다. 그랬더니 이들의 뇌는 본능을 관장하는 '미상핵' 부분이 유독 활성화돼 있었다. 그러나 6개월 후 다시 촬영해 보니 눈에 띄게 활동이 줄어들었다. 당사자도 상대에 대한 열정이 식었음을 고백했다.

이어 2편 'SEX 37.2°-사랑하면 건강해진다'에선 사랑에 빠지면 왜 신체적 접촉을 갈망하는지 등을 알아 본다. 키스와 신체변화, 성 횟수와 면역력 등 다양한 실험을 했다. 마지막 3편 '사랑의 방정식 5대 1 - 사랑하면 오래 산다'는 부부의 이야기. 수십 년간 함께하면 왜 닮는지 등을 규명해 부부란 서로 없어서는 안 될 특별한 존재임을 밝힌다.

_중앙일보, KBS 특집다큐, 사랑의 수명은 길어야 2년? 2005년 3월 13일

집에 돌아와 TV를 켰더니
한 가수가 노골적인 성을 주제로 한 선정적인 노래를 불렀다.
이 때 중학교 3학년 아들이 TV를 끄며 엄마에게 이렇게 말했다.
"엄마, 이건 수평문화야. 보면 안 돼!"
(모 교회에서 저자의 쉐마교육 강의에 3대가 참석한 이후
변화된 아들의 모습. 교육의 힘이다. 2002년 여름)

부록

1. 쉐마교육 체험기 및 실천기
2. 미주 한인의 전통적 혹은 미국에 동화된 한국인의 60가지 문화 가치 문항
3. 국악 찬양

부록1 쉐마교육 체험기 및 실천기

기독교교육학적 입장

제2의 종교개혁 태동 느껴

김선중 교수

- 미국 국제개혁신학대학원 기독교교육학 교수
- Trinity and Talbot 신학대학원(기독교교육학 박사과정 수료)
- Calvin Theological Seminary 졸업(Th.M, 조직신학)
- Trinity Evangelical Divinity School졸업(M.Div.)
- 고려대학교 경영학과 졸업

TV 없는 가정에서 자라나는 요셉과 다니엘들

내가 쉐마교육연구원(원장 현용수 박사)이 주최한 2001년 봄학기 제1회 '쉐마목회자클리닉'에 참석한 데는 2가지 이유가 있었다. 개인적으로는 평소 기독교교육학을 전공하고 교육에 많은 관심을 기울여 왔기 때문이고, 공적으로는 교회와 총회(미주 한인예수교장로회)에 2세 교육의 정책과 방향에 대해 성경·신학·목회에서 검증된 안(案)을 제시해야 할 의무가 있었기 때문이다.

사실 나는 쉐마교육에 대해 호기심도 있었지만 부정적인 생각도 있었다. 왜냐하면 기독교인이 구약의 유대인을 본받는다는 것은 모순이라고 생각했기 때문이다. 그러나 그것은 나의 오해였다. 현 교수님의 주장은 유대인 또는 유대인의 풍습을 모방하자는 것이 아니라 유대인들의 삶, 특히 자녀교육과 가정생활 속에 배어 있는 성경적 철학과 사상 그리고 성경의 교육 원리 및 방법을 터득하여 한국 기독교인의 삶에 적용하자는 것이었다. 나는 세미나 참가 소감을 크게 3가지로 정리해 보고자 한다.

첫째, 세미나 참석자들이 준 충격

첫 충격은 참석자들의 면모였다. 목회자와 신학교 교수들도 있고 여전도사들도 있었는데, 그들은 한결같이 교육에 대한 깊은 관심과 나름대로 일가견을 가진 분들이었다.

한국 총신대를 졸업하고 16년 동안 여전도사로서 어린이교육을 담당하다가 이스라엘에 가서 2년 동안 공부하고, 지금은 한국에서 십계명 교육을 운영하고 계신 분이 클리닉에 참석했다. 그는 이스라엘에서 2년 동안 있었지만 정작 바라던 성경적인 유대인 자녀교육에 대해서는 배우지 못하고 자유주의 미국식 교육 비슷한 것만 배우고 돌아왔다고 한다. 이스라엘에서는 정통파 유대인 교육을 접할 수 없었기 때문이었다. 그런데 그가 한국에 와서 현 교수님의 《IQ는 아버지 EQ는 어머니 몫이다》를 읽고 비로소 유대인 자녀교육의 진수를 접했다는 것이다.

또 다른 1.5세 여전도사님은 중학교 때 미국으로 이민 온 목회자의 자녀로 트리니티 신학교에서 기독교교육학을 공부하고 지금은 동부 뉴저지에서 '임팩트(Impact)'라는 사역을 하고 계셨다.

이와 같이 교육현장에서 새로운 지평을 열어가는 분들이 이 클리닉에 참석했다는 것은 오늘날 교육을 담당하는 실무자들이 지금까지의 기독교교육만으로는 무언가 부족하다는 것을 절실하게 느끼고 있음을 반증(反證)한다. 그들의 몸부림은 단순히 교회에 출석하는 착하고 얌전한 학생을 생산하는 교육을 뛰어넘어, 전 인격을 변화시키고 삶의 전 영역을 변화시켜서 하나님을 향하여 열정적인 삶을 살게 하는 교육, 사명을 자각하고 사명에 헌신하는 이 시대의 큰 인물들을 키워 내는 교육에 대한 열망이었다.

참석자들은 하나같이 피아제와 콜버그, 파울러까지 다 배워도 현대 교육이론에는 한계가 있다는 데 동의했다. 결국 성경을 기초로 한 쉐마교육만이 이 시대의 절박한 요구에 대한 하나님의 해답이라는 확신, 그리고 그 확신이 주는 기쁨이 파도처럼 가슴에 밀려왔다.

많은 분들이 단순한 성경교육을 넘어선 사상교육과 생활교육, 사명교육에 착안하고 있고 또 그런 분들이 이번 세미나에 참석했다는 사실은 무엇을 말하는가? 하나님이 이미 많은 사람들의 마음속에 교육에 대한 절실한 마음을 불러일으키고 계신다는 증거라고 생각한다. 나는 그들을 보면서 하나님의 손길에 의해 한국 교회를 중심으로 다시 하나의 커다란 운동이 태동하고 있음을 강하게 느낄 수 있었다. 바로 제2의 종교개혁 운동이다.

둘째, 쉐마목회지클리닉의 내용이 준 충격

세미나의 내용에서 나는 안개가 걷히는 것 같은 신선한 느낌을 받았다. 수직문화와 수평문화의 비교, 사상교육의 필요성, 교육의 이면과 표면에 대한 논리적 설명 등은 그동안 내가 그렇게 고민해 왔던 2

세 교육의 문제점들을 아주 뚜렷하고 확신 있게 해결해 주었다. 나는 미국 신학교에서 교육학을 전공했지만 파울러의 신앙성장 단계, 토머스 그룸의 미래지향적 교육이론, 콜버그의 도덕발달이론을 넘어서지 못했다. 그동안 수많은 교육 세미나에 참석했고, 유명하다는 학자들도 많이 만났고, 또 그들에게서 배웠지만 마찬가지였다.

그러나 쉐마교육은 피상을 파고 들어가 핵심을 끄집어냈다. 다른 교육 세미나들의 내용이 그 나름대로 지엽적인 학문적 논리들이었다면, 쉐마교육의 내용은 지금까지 개발되지 않았던 전인교육에 대한 인성교육의 기본적인 원리이며 공식이었다. 예를 들어 내가 여태까지 배워 왔던 기독교교육이 수박 겉핥기였다면, 쉐마에서는 수박의 겉을 깨고 잘 익은 달콤한 속을 먹는 기분이었다. 새로운 전인교육의 패러다임으로서 원리와 공식을 알게 되니까 그동안 희미하던 것들이 전체적으로 밝고 분명하게 보였다. 그리고 이 원리와 공식의 잣대로 현재 우리 교육을 측정하니까 무엇이 옳고 그른지 분별이 됐다. 그리고 나 자신이 의심하던 우리 기독교교육의 문제점이 왜, 무엇이 잘못됐는지 알았고 그 문제의 해결 방안도 떠올랐다.

많은 교회들이 학생들을 교회 안에 잡아 놓기 위해서 단순히 재미있는 프로그램만 찾는 데 얼마나 분주한가! 오늘날 젊은이들이 추구하는 재미를 어떻게 교회가 다 충족시켜 줄 수 있겠는가? 학생들에게 인생의 재미(수평문화)보다도 인생의 의미(수직문화)를 주는 교회교육으로 바꾸어야 한다. 성경을 통해 주어진 '왜?'에 대한 명확한 답변만이 그들의 행동을 결정해 줄 수 있다. 그리고 그 결정은 변하지 않는다.

또, 쉐마클리닉이 유익했던 이유는 머리를 맑게 해주는 선명한 이론과 함께 구체적으로 유대인 가정과 유대인 어머니, 아버지들이 어떻게 성경에 근거하여 교육하는지 잘 설명해 주기 때문이었다. 무엇보다도 개혁주의 신학의 기초에서 유대주의 교육을 조명함으로써 그 차이와 공통점을 한눈에 정리할 수 있어서 좋았다.

셋째, TV 없는 유대인 가정이 준 충격

유대교나 랍비에 대해 수백 번 책으로 읽는 것보다 오늘 이 시대를 함께 살아가는 정통파 랍비의 강의는 내게 훨씬 흥미롭고 유익했다. 랍비의 눈으로 보는 기록된 성경과 기록되지 않은 구전(탈무드)의 가치, 교육적 효과는 특히 흥미로웠다.

금요일 해질 무렵 L.A. 서부 지역 한 정통파 회당에서 3대가 모여 기도회를 하는 데 참석했다. 6세쯤 되는 어린이가 우리말로 말하면 "성경은 어디, 찬송은 몇 장" 하며 인도하고 있었다. 그 어린이는 가끔 코를 후비기도 하고 몸을 비비 꼬기도 했지만 1시간 동안 자기 맡은 바를 끝까지 잘 해냈다. 또, 기도모임 중에는 연세 드신 할아버지의 순서에 이어 어린이들이 기도를 인도하는 순서도 있었다. 그렇다고 해서 아이들이 장난을 치거나 이리저리 뛰어다니지도 않았.

원래 개혁교회는 유대인처럼 자녀들이 부모와 함께 예배를 드렸다. 내가 칼빈 신학대학원에서 공부할 때의 경험에 의하면, 지금도 네덜란드개혁교회(CRC)는 부모와 자녀가 함께 예배를 드린다. 자녀와 부모를 분리하는 것은 유독 미국적 현상이다. 이것은 그렇지 않아도 생기는 부모와 자녀 간의 세대차이를 더 확대시키는 주된 요인이 된다. 예배의 분리는 정신적, 문화적, 신앙적 분리를 초래하기 때문이다.

가장 크게 충격을 받은 것은 한 정통파 랍비의 가정을 방문했을 때였다. 먼저 7세부터 21세까지 다양한 연령대에 아들 일곱, 딸 하나라는 많은 자녀 수도 놀라웠지만, TV 없이도 10대들을 키우는 가정이 L.A. 서부 지역에 그렇게 많이 존재한다는 사실 자체가 타임머신을 타고 모세 시대를 방문한 것 같아서 기이하기까지 했다.

그런데 이들의 모습은 매우 밝고 친절하고 활기차고 온화하고 부모에게 순종적이었다. 그들은 모두 허리춤에 613개의 율법을 상징하는 찌찌라는 것을 차고 있었지만 조금도 종교에 찌든 모습이 아니었고, 그들이 우리를 대하는 친절한 태도는 충격적이었다. 나는 그 가정에서 현대판 요셉, L.A.의 다니엘을 보았다. 그들은 모두 다 미국의 공립학교가 아니라 이름도 모르는 정통파 유대인 학교에 다니고 있었다.

그런데 21세의 맏아들이 벌써 컬럼비아 대학 법과대학원을 졸업하고 대형 법률사무소에 근무하고 있었다. 나이와 학력이 맞지 않았다. 설명인즉 고등학교를 졸업할 때 이미 대학 과목을 다 마쳤기 때문에 컬럼비아 법과대학원으로 바로 진학했다는 것이었다. 게다가 아들이 이방 여인들과 접촉할 것을 염려해서 일찍 장가를 들였다고 한다. 그들의 수직문화인 신본주의 사상은 모세 때와 같이 세대차이가 없는데 세상 학문은 21세기 최첨단을 달리고 있었다.

저녁을 먹은 뒤 랍비인 아버지가 아이들에게 일일이 성경과 토라, 학교 공부에 대해 물었고 아이들은 아주 진지하게 대답했다(아버지의 질문과 대답식 교육). 게다가 랍비의 부인은 가발 상점을 운영하는 사장님이었다. 그렇게 많은 자녀를 낳고 기르면서 또 사업을 하고 있다니 L.A.에서 구약의 리브가를 보는 것 같았다.

우리 개신교 목회자 가정에서는 상상도 할 수 없는 일이었다. 주일날 저녁 개신교 목회자가 가정에서 자녀들과 함께 식사를 하고 한가롭게 성경을 가르치고 할 겨를이 있는가? 나는 지난 20여 년 간 이민

교회에서 2세와 1세의 사역을 감당하면서 목회자의 자녀들이 그 교회에 출석하지 않는 경우도 여러 번 보았다. 더 심각한 문제는 그것을 주님을 위한 희생이라고 생각한다는 데 있다. 가장 중요한 가정사역을 소홀히 한다면 아무리 엄청난 일을 많이 한다고 해도 인생의 마지막에는 후회하지 않겠는가? 물론 성경 속에는 아비야의 아들 중에 아사왕 같은 인물도 있다. 그러나 이는 극히 예외적인 경우다.

이러한 문제들을 해결하는 방법이 쉐마교육에 있다고 본다. 쉐마교육은 인간교육의 기본 원리를 제공하기 때문이다. 미리 성경의 원리에 따라 쉐마교육을 철저히 하면 후에 가정에서 치유가 필요한 아픔이 나타나지 않는다. 그런 면에서 쉐마교육은 치유적이라기보다는 예방적이다.

현용수 교수님은 제2의 마틴 루터라고 생각한다

쉐마교육을 받으며 책만으로는 느껴지지 않던, 저자의 가슴속에 있는 불의 열기를 전수받았다. 그것은 목소리, 몸짓 등을 통해서 전수됐다. 쉐마클리닉 전체를 통해서 받은 충격과 도전을 지금 다 정리할 수는 없다. 마틴 루터가 종교개혁을 일으킬 시기에는 이미 종교개혁의 필요성이 온 유럽에 팽창해 가고 있었다. 그때 루터는 그 기름과 같은 환경에 불을 붙인 것이다. 그 불길은 온 유럽과 세계로 번져 나갔다.

한 개인을 너무 치켜세우는 것 같기도 하지만 그런 면에서 현용수 교수님을 이 시대에 제2의 종교개혁을 일으키는 제2의 마틴 루터라고 생각한다. 현용수 교수님의 쉐마교육도 현대 교육과 기독교교육이 한계에 다다랐다는 위기가 팽창하는 이때에 불을 붙이는 것과 같기 때문이다. 이것은 전 세계로 번져 나갈 것이다.

내가 아는 모든 분들에게 '쉐마목회자클리닉'을 적극 추천한다. 21세기 자녀교육은 이 길밖에 없음을 확신한다. 클리닉의 내용에 찬성하든 반대하든 일단 누구나 그곳에 가보면 나처럼 커다란 도전과 영감을 얻게 될 것이다. 이 쉐마교육운동이야말로 이 시대에 우리 한국 교회에 내리신 하나님의 큰 축복이라고 생각한다.

"쉐마만이 현대 교육의 대안이다."
참석자들은 하나같이 피아제부터 콜버그, 파울러까지 모두 배웠지만
현대 교육의 이론은 한계가 있다는 데 동의했다..
결국 성경을 기초로 한 쉐마교육만이
이 시대의 절박한 요구에 대한 하나님의 해답이라는 확신,
그리고 그 확신이 주는 기쁨이 가슴속에 파도처럼 밀려왔다.

구약신학적 입장

하버드에서 배울 수 없는 것들을 배워

윤 사무엘 박사

- 미국 감람산 교회
- Geneva College 구약학 교수
- Faith Theological Seminary & Christian College(Ph.D., 구약학)
- 하버드 대학 졸(Th.M. 고대근동학 전공)
- 장로회신학대학 신학대학원(M.Div. 과정)
- 연세대 및 연세대 대학원 신학과 졸(신학석사, 구약학 전공)

처음 들어 보는 독특한 용어들에 놀랐다(1, 2차 학기)

나는 신약학을 전공하고 싶어서 그 배경이 되는 구약학을 29년이나 연구했다. 계속 연구하며 가르치는 동안, 평소 유대교 및 유대인들의 생활에 관심을 가져 이스라엘도 십여 차례 다녀왔고, 보스턴과 뉴욕의 정통파 유대인들과 사귀기도 하며, 토요일이 되면 자주 동네에 있는 회당에 가서 예배에 참여하곤 했다.

그러나 피상적인 연구에 늘 만족하지 못하고 있던 차에 10년 전 뉴저지에서 열린 어느 목회자 세미나에서 현용수 박사님의 강의를 듣게 되었다. 그때 구약 시대에만 국한된 것으로만 알았던 쉐마의 골동품 신앙이 한인 기독교인 2세 교육에 실천되어야 하며, 3대가 함께 모여 예배를 드려야 한다는 내용에 매우 공감했다.

그 후 기회가 있을 때마다 현 박사님의 저서를 구입하여 읽고, 신문에 나온 기사를 스크랩하기도 했으며, 강의를 다섯 차례나 듣게 되었다. 그러던 중 2006년 4월 뉴저지 미국장로교(PCUSA) 동북대회 한인교회협의회 목사 계속 교육에 강사로 초청되어 오신 현 박사님을 만나 더 깊은 교제를 나눌 수 있었다.

현 박사님이 창안한 처음 들어 보는 독특한 용어들, 특히 구약의 지상명령(창 18:18-19, 아브라함에게 주신 하나님의 말씀)을 설명하며, 어머니 신학, 아버지 신학, 효 신학(Theology of HYO), 가정 신학(Theology of Home), 경제 신학 및 고난의 역사 신학이란 강의를 접하면서 생생한 체험이 담긴 예화와 함께 설득력 있고 논리적인 강의 내용에 충격을 받았다. 기독교 역사에서 어느 학자들도 발견치 못했던 분야들이다.

현 박사님의 IQ와 EQ를 겸한 강의가 너무 좋았다. 또한 나 자신이 목회에 바쁘고 교수생활에 힘썼지만 정작 중요한 신앙의 전수에 소홀했던 점도 깊이 반성했다. 그리고 목회 현장에서든 교수 현장에서든 IQ 목회를 한 것을 크게 뉘우치고 EQ 목회와 교수를 위해 더욱 기도하고 성령 충만함을 받아야겠다고 다짐했다.

하나님께서 아브라함을 선민으로 택하시고 이삭에게 말씀과 신앙을 전수하게 하시어 족장 아브라함-이삭-야곱 등에게 쉐마교육이 이어졌다. 평생 한 명만 목회했던 아브라함은 약속의 자녀 이삭을 믿음 가운데 키운 결과, 모리아 산에서 이삭은 자신이 번제물로 묶여지고 아버지가 칼을 내리칠 때도 도망가지 않고 그대로 순종했다. 독자라도 아끼지 않고 제물로 바친 아브라함이나, 자신을 산 제물로 바친 이삭이나, 모두 믿음의 조상이 된 것이다. 이들은 쉐마교육의 선구자였다.

나는 이런 흐름을 신학교에서 강의 중에 다시 회상하면서 마태복음

1장이 떠올랐다. 많은 사람들이 의미 없이 신약 성경을 읽으려고 1장의 족보를 만나면 '낳고'가 반복적으로 나오니 성경을 덮어 버리거나 건너뛰는 일은 잘못이다. 우리가 조선왕조의 왕들 이름(태정태세문단세…)은 외우면서, 예수님의 족보를 그냥 넘어가면 안 된다. 믿음의 족보를 외워야 한다. 14대씩 세 번 즉 42명의 족보는 이스라엘 역사의 요약이요 신앙의 뿌리이기 때문이다.

이번 쉐마클리닉을 통해 발견한 새로운 사실은 예수님의 족보에 나오는 '낳고'(begat, beget 의 과거, '아버지를 통해 태어남' 이란 뜻)라는 동사를 쉐마교육의 관점에서 보니 아브라함은 이삭을 '낳고'란 육체의 아버지뿐만 아니라 영적인 아들로 성장시켰다는 말이다. '낳고' 라는 한 동사 속에는 "쉐마를 전수하고, 말씀을 교육하여 전해 주고, 장자축복기도를 해 주고, 하나님을 전심으로 사랑하라는 쉐마를 항상 교육하고 훈련했다."는 말로 바꿔 읽어 보니 은혜가 넘쳤다.

예수님의 족보가 초림 예수님께서 태어나실 때까지 쉐마의 말씀이 전수가 되었다는 역사의 요약임을 재발견했다. 여기 족보에서 제일 마지막 구절은 "야곱은 마리아의 남편 요셉을 낳았으니 마리아에게서 그리스도라 칭하는 예수가 나시니라"(마 1:16). 즉 요셉이 예수님을 '낳고'로 되어 있지 않고 그리스도라 칭하는 예수님은 마리아를 통해 태어나신(born, bear-bore-born 어머니를 통해 태어남) 것이다.

구약과 신약을 보는 눈이 뜨였다

이제 쉐마교육을 받고 보니 그동안 몰랐던 구약과 신약을 보는 눈이 뜨였다. 쉐마교육은 기독교 역사에 새로 발견된 매우 소중한 보물이다. 이제 현 박사님은 이미 쉐마학파(Schema Schule = Shema School)를 창안하셨다. 나도 이를 더 발전시켜 세계적으로 보급하는 데 참여하고 싶다. 이를 영어로 번역하여 한인 차세대뿐만 아니라 세계 학계에 소개하고 선교지에도 구약의 지상명령과 함께 신약의 지상명령도 소개하여, 오대양 육대주의 무너져 가는 가정을 쉐마교육으로 회복시키며, 한국을 위시한 아시아 국가에도 믿음의 가정들을 세우고, 전 세계에 흩어진 선교사님들을 재교육시켜 선교지에 쉐마교육의 중요성을 가르치고 싶다.

이 학파의 가능성은 (1) 쉐마교육의 이론이 잘 정립되어 있고 (2) 구체적으로 실천할 수 있도록 교안이 준비되어 있고 (3) 쉐마교육을 통하여 2천 년간 적대시한 유대인과 화합할 뿐만 아니라 이스마엘과 이삭, 에서와 야곱이 다시 만나 예수님의 재림을 준비하는 믿음의 공동체를 이룰 수 있다는 점에 있다. 그래서 쉐마운동이 펼쳐지는 곳마다 쉐마가족이 되어 하나님께서 원하시고 기뻐하시는 예배의 공동체를 이루어 나갈 수 있음을 확신한다.

현 박사가 창안한 쉐마학파를 세계에 알리는 전략 필요
(3학기 유대인 교육 현장 체험)

> 편집자 주: 앞의 체험기와 작성 시점이 달라 문체가 달라졌는데, 작성자의 뜻을 존중하여 그대로 두었음.

'3학기 강의를 모두 들어야 하나' 하고 주저했던 부끄러움

쉐마교육 3차를 수료하는 즈음에 하나님께 영광과 감사를 드리며, 지도해 주신 현용수 박사님께 감사를 드립니다. 사실 쉐마클리닉을 졸업하려면 3학기로 짜인 세미나에 모두 참석해야 한다는 원칙을 듣고 처음에는 주저했습니다. 먼저 시간을 낼 수 있을까 하는 부담감이 앞섰고, 또 3차까지 참석해야 할 이유가 있을까 하는 의문 때문이었습니다. 현 박사님 저서를 처음부터 다 읽었고 간헐적이나마 특강, 강의, 세미나를 여러 번 접했기에 나름대로 쉐마교육에 대해, 인성교육에 대해 어느 정도 안다고 자부했습니다.

다만 3차 세미나인 정통 유대인 가정, 회당, 박물관, 학교, 서점 방문이 흥미가 있어 이것만 참석하고 싶었습니다. 그러나 이를 참석하기 위해 1, 2차 학기를 이수해야 한다는 조건 때문에 할 수 없이 참석한 1, 2차 세미나였습니다. 그런데 지금에 와서 보니 참으로 잘 했다는 생각이 듭니다.

참석하기 전에 가졌던 기대 이상으로 책을 읽던 것과는 달리 내용이 방대했습니다. 이 방대한 내용을 구체적으로 일목요연하게 정리할 수 있었습니다. 특히 교수님의 직접 강의와 기도회를 통해 쉐마를 전수받는 과정에서 피부에 와 닿는 강한 성령님의 역사를 체험했습니다.

구약학에서 접하지 못했던 기독교교육신학적 시각을 배울 수 있었고, 또한 반복과 훈련의 방법을 통해 '쉐마의 생활화(Living the Shema)'를 몸소 체험하게 되었습니다. 그리고 함께 공부하며 경험담을 나누고 공동체 생활을 한 동료 목회자들과 동창들과의 만남이 귀했습니다.

3차 세미나에 참석하면서 느낀 점은 정통 유대인들의 세계에 쉽게 접근할 수 있는 기회가 없었는데, 정통파 랍비와 만나 대화를 나누고, 서기관(scribe)의 강의를 듣고, 성경 필사를 직접 눈으로 확인하며 경문(테필림)을 팔, 손, 그리고 이마에 매는 시범을 직접 볼 수 있어 좋았습니다.

하버드에서 배운 구약학보다 정통파 유대인의 쉐마교육에 더 흥분

히브리어를 영어와 한국말로 20여 년 간 신학생들에게 강의를 해오고 있는데, 서기관의 히브리어 알파벳 한자 한자에 숨겨진 뜻을 설명하는 것을 듣고 경이로움과 신선함을 동시에 느꼈습니다. 저는 하버드 대학에서 2년간 고대근동학을 연구하며 고대근동언어와 특히 히브리어 알파벳의 기원과 발전을 두루 공부했지만, 크래프트 서기관의 설명은 처음 대하는 것이어서 신기하게 느껴졌습니다. 왜냐하면 이들의 것이 더 정통적인 본래 모습이었기 때문입니다.

정통 유대인의 신앙생활과 일상생활을 견학하면서 인상적인 것은 이들이 지금까지 성경에서 지시하는 기본 원칙(basic principle)을 고수하며 이를 그대로 지키고 있다는 것입니다. 이를 직접 눈으로 마음으로 확인하는 일은 저를 흥분케 했습니다. 2천 년 이상 디아스포라된 유대인들이 예루살렘에 다시 모였을 때 그들의 복장, 음식, 언어, 예배, 문화, 생활방식에 거의 차이가 없이 한 공동체를 이루는데 어려움이 없었다는 말이 이해되었습니다. 세계 어디로 가든지 그 나라의 문화에 적응하면서도 자기들의 신앙 전수를 자자손손 그대로 하기에 세대차이가 없으며, 자기들이 살고 있는 나라에 영향력을 끼치는 모습의 비결을 알 수 있게 되어 좋았습니다. 이를 배우자는 것이 쉐마교육의 힘일 것입니다.

저는 이들의 생활과 교육 방법을 보면서 우리나라가 남한과 북한이 통일되었을 때 언어, 사상, 생활방식, 음식, 예의범절 등에 얼마나 동질성을 확인할 수 있을는지 곰곰이 생각해 보게 됩니다. 또한 현재 전 세계에 흩어져 사는 700만 해외동포들이 오랜 세월 후에 다시 만났을 때 쉽게 하나가 될 수 있을까? 2세, 3세, 4세 그 이후의 후손들에게 한국인의 정체성을 어떻게 전수할 수 있을까 고민하기 시작합니다. 고난의 역사 수업을 통해 배웠지만 우리 민족은 고난(병자호란, 임진왜란, 6.25, 분단 역사 등)을 잘 전수하지 못했습니다. 이제라도 이런 교육에 눈을 떠야 하고 우리 자손들에게 민족의 동질성과 공동체 훈련을 신앙 가운데 시켜 나간다면 쉐마의 한국적 적용이 가능하리라 믿습니다.

이처럼 1, 2, 3차 세미나를 다 받고 보니, 쉐마교육의 전체 윤곽과 주요 내용들을 확실히 구체적으로 파악할 수 있었습니다. 《잃어버린 지상명령 쉐마》(전2권)의 서평에서도 밝힌 바 있지만 이제 명실공히 '현용수 쉐마학파'(Hyun's Shema School)의 태동에 참여할 수 있음을 기쁘게 생각합니다. 아울러 이 쉐마학파가 세계적으로 뻗어나가기 위해서 몇 가지 과제를 생각해 봅니다.

1. 쉐마교육 이론의 발전입니다

이를 지식사회학(sociology of knowledge)적으로 정리해 봅시다. 막스 웨버의 종교사회학을 피터 버그(Peter L. Berger)와 토마스 러크만 (Thomas Luckmann)이 《실재의 사회적 구성(The Social Construction of Reality)》(1966)에서 지식과 이론의 구성을 분석하고 있습니다. 이 지식사회학은 지난 20여 년간 신학과 종교학 분야에 지대한 공헌을 해 왔습니다.

어떤 지식이 학계에 공인을 받으려면 3단계가 필요하다는 것입니다. 외형화(externalization) → 객관화(objectivation) → 내면화(internalization)의 과정을 거치면 쉐마학파의 기본구조(개연성, infrastructure=plausibility structure)가 든든히 구축된다는 이론입니다.

인성교육(수직교육, EQ교육, 자녀를 제자 삼기)은 외형화에 해당한다고 볼 수 있습니다. 수평문화를 지양하고 수직문화 교육을 구축해 나가며, EQ교육을 통해 가정의 성전화를 가르치고 있습니다. 인성계발과 경건 훈련을 통해 하나님의 형상을 회복할 수 있습니다. 버그가 언급한 대로 "교육은 인간의 산물이다.(Education is a human product.)"에 해당합니다.

쉐마교육은 객관화에 해당할 수 있습니다. 아브라함, 모세, 다윗, 에스라를 통해 내려온 쉐마교육은 하나님 경외사상과 하나님의 법도를 준수하고 자녀들에게 신앙을 전수하는 일은 주관적인 하나님의 체험을 객관적인 교육으로 전수하여 누구나가 공감하는 믿음의 내용을 자손에게 전수하는 교육의 과정을 포함하고 있습니다.

하나님의 은총과 축복으로 선민이 된 이스라엘은 또한 성민이 되어 세상과는 구별된 생활을 실천하고 있습니다. 마찬가지로 복음적 쉐마를 전수한 그리스도인들은 하나님의 선민이며 동시에 성민입니다. 그리스도인답게 살아갈 의무와 책임이 있습니다. 이를 지식사회학적으로 표현하면 쉐마는 그 자체가 실재입니다(Shema becomes a reality sui generis) 쉐마교육이 객관화되면 정당성(legitimation)을 가집니다. 쉐마는 하나님 신앙과 구체적인 사랑의 방법을 제시하고 있어서 성화 생활의 정당성을 제공합니다.

이를 다시 내면화한 것이 바로 쉐마이론이 되어야 하며 쉐마학파의 준거틀(frame of reference, paradigm)입니다. 쉐마학파가 이제부터 내실화를 기하여 기본 이론을 튼튼히 세워 나간다면 쉐마교육을 성서학, 목회학, 상담학, 설교학, 가정학, 역사학으로 확대되어 나갈 수 있을 것입니다. 내면화의 과정에는 내면 치유 및 내면 성숙을 위한 성장 아픔(growing pain)을 감수해야 합니다.

2. 쉐마이론의 다양한 적용입니다

쉐마학파의 태동은 기독교교육의 장에서 비롯되었습니다. 이어서 목회자 세미나를 통해 목회의 장으로 전개되고 있습니다. 상담, 기독교육, 봉사활동, 가정회복 등 다양하게 전개되고 있습니다. 동시에 학문적으로 계속 세워 나가고 토론과 포럼을 통해 발전되어 가야 합니다.

또 각 분야 전문가들의 도움과 참여로 쉐마학파의 전문성이 확립되어야 합니다. 먼저 신학계에서 쉐마학파가 검증되어야 하며, 영문 자료로 번역되어 세계적인 학자들의 견해와 조언을 받아, 영어 쉐마 세미나 및 클리닉이 시작되어야 합니다. 해외 차세대들도 적극적으로 참여할 수 있는 장을 계속 마련해 나가야 합니다. 또한 각 분야의 학술지와 학회에 발표되어서 쉐마를 세계에 알려야 합니다.

3. 쉐마 대학교, 대안학교 설립입니다

학파가 발전되기 위해서는 전문적인 교육기관이 필요합니다. 지금까지 전개해온 쉐마클리닉을 한층 업그레이드하여 쉐마 대안학교 및 쉐마 대학원, 대학교 등이 세워지면 쉐마인들을 구체적으로 양육할 수 있을 것입니다. 쉐마클리닉 동문들과 뜻을 함께 하는 독지가들의 협력이 있으면 보다 구체적으로 실현될 수 있을 것입니다. 정통 유대인들의 예시바(Yeshiva) 학교와 같은 교육기관이 설립되어, 성경을 집중적으로 가르치며(유대인들의 교육방식을 적극 도입하여, 한복을 입고, 하나님의 말씀을 팔과 이마에 달고, 온 가족이 입학하여 새벽기도회부터 회당교육, 저녁 가정예배 등), 복음의 전사로 양육하는 것입니다.

아랍어 격언에 있듯이 "하나님은 기억하시나, 인간은 잊어버린다.(God remembers, but man forgets.)"를 참고하면서 쉐마를 쉐마대학교에서 계속 반복해서 가르쳐야 합니다(Shema must be reminded over and over again). 오늘날 문제 많은 교육의 현실을 바라보며 쉐마교육이야말로 장래 한국을 살리는 교육으로 정착해 나가야 합니다.

다시 한번 3차에 걸쳐 쉐마 세미나를 공부하며 훈련받게 해 주신 하나님의 은혜를 감사드리고, 쉐마의 가족이 된 것을 자랑스럽게 생각하며 이 글을 마칩니다. 샬롬 알레이켐!(Shalom 'Aleikem = Peace be with you!)

영성신학적 입장

집에 오자 가족을 모아놓고 회개의 큰절부터

임양숙 교사

- 솔안초등학교 교사
- 주님의 교회 (구용남 목사) 사모
- 연세대 연합신학대학원
- 인천교육대학교

내 인생의 2가지 가장 큰 충격은
예수님 믿고 구원받은 사건과 쉐마교육입니다

쉐마교육을 받으러 갈 때 내가 이렇게까지 충격을 받을 줄은 미처 생각하지 못했다. 교육을 받으면서 정말 깨달음의 감동과 회개의 눈물을 흘렸고, "이것이 참이다." 하는 흥분된 분위기 속에서 그리 짧지 않은 4박 5일이 순식간에 지나갔다. 내 인생에 있었던 두 가지의 가장 큰 충격을 말한다면, 첫째는 예수님 믿고 구원받은 사건이고, 둘째는 이번에 쉐마교육에서 받은 충격이다.

쉐마교육이 바로 나를 위해 예비됐다고 말하고 싶지만, 더 크게 생각한다면 이 민족과 기독교를 다시 일으키시려는 하나님의 계획이며, 심판하시기 전에 회개할 기회를 주시는 하나님의 손길 같다. 하나님께서 이러한 기회를 주셨는데도 변화되지 않는다면 개인적으로는 나 자신과 나의 가족, 나아가 우리 기독교와 민족에 희망이 없다는 생각이 들 정도로 심각하고 진지하게 이 교육의 필요성과 중대성을 받아들였다.

현 교수님의 책이나 테이프의 방대한 양에 비하면 우리가 받은 교육은 아주 일부분에 불과하지만, 그 핵심이 매우 성서적이면서도 구체적이고 꼼짝없이 받아들일 수밖에 없는 논리 정연한 학문적 배경을 깔고 있어서, 지성적 공감의 깨달음을 통한 성령의 역사가 감성과 의지에까지 다다르게 하는 능력을 체험하게 되었다.

강의를 듣고 나서 눈물·콧물 쏟아져

교육을 마치고 집으로 돌아오려고 동료 사모님의 차를 탔는데, 앞자리에 앉아 있던 사모님께서 뒤에 앉은 나에게 감기 걸렸느냐고 물었다. 차를 타는 순간 나의 뇌리에는 그동안 무지했던 나 자신과 몇 년 동안 진리와 새로운 도전적 근거를 찾기 위해 고뇌하면서 달음질하며 고생하던 내 모습이 주마등처럼 스쳐 지나갔다. 그리고 앞으로 전개될 내 삶에 대한 새로운 비전과 함께 하나님의 위로와 임재하심 등 하나님께서 주시는 사랑의 감동을 강하게 느꼈다. 순간 눈물과 콧물이 쏟아져 계속 코를 풀었더니 그 모습을 못 본 채 동료 사모님이 감기 걸렸느냐고 한 것이었다.

교육 기간 중 간증 시간에도 언급한 바가 있지만, 나는 정말 펑펑 울어야 하는 고난과 역경의 때에도 강한 의지로 나아갈지언정 눈물을 흘리지 못하는 자갈밭이 되어(눈물이 없어진 다양한 이유가 있겠지만) 있었다. 그런 감성적인 메마름 때문에 영적 생활에 지장이 있다고 고민할 정도였다. 그런데 강의를 들으면서 와닿는 말씀은 나의 이성을 깨뜨리면서 진정한 회개, 즉 돌이킴을 불러일으켰다. 나는 강력한 공감대를 형성하는 힘이 있음을 느꼈다. 그러면서 가슴에, 눈동자에 눈물이 고이며 "내가 이제는 어떻게 살아야 하는지 알겠다!" 하는 빛을 발견하게 된 것이다.

이번 쉐마교육에서 조국과 민족의식 그리고 역사의 고난의식을 접하며 성령님의 감동하심 속에서 뿌리의 귀중함을 발견했다. 나의 정체성을 재인식했고 큰 시각을 가지고 가슴에 역사와 민족을 안게 되는 체험을 했다. 그리고 교육적 사명감을 느꼈다.

집에 오자 가족을 모아놓고 회개의 큰절을 드렸다

쉐마교육을 마치고 집에 도착하자마자 잠깐 들르신 친정어머니와 남편 그리고 두 아들에게 각각 큰절을 했다. 과거의 내 잘못을 용서하라고 눈물로 회개 기도를 올렸다. 그리고 남편에게 이렇게 말했다.

"이제는 울 이유가 있고, 찬송할 이유가 있고, 기도할 이유가 생겼어요."

남편은 쉐마교육의 내용을 듣고 싶어 했고, 나는 노트에 메모한 것을 중심으로 전달했다. 남편은 크게 공감하고 자신의 성향과 장로교 합동측 보수 성향에 딱 맞는다며 모든 것을 기쁘게 받아들였다. 가정과 교회와 초등학교에서 쉐마교육을 실시하고 좋은 열매를 맺어서, 언젠가 현 교수님의 쉐마 교육장에서 간증할 날이 오기를 기대한다.

오늘의 감동이 사라지기 전에 지속적으로 이 역동을 이어줄 쉐마의 현장적 실천을 행함으로 나타내고자 한다. 이 쉐마교육은 곧 성령의 역동이 나타나는 가장 성서적인 영적 운동이라고 확신한다. 전국적으로, 아니 세계적으로 번지게 될 것이라는 생각을 하면서, 이 운동이 우리 기독교계에 종교개혁이 되리라 믿는다. 하나님께 그리고 현 교수님께 감사를 드린다.

쉐마 강의는 나의 이성을 깨뜨리면서 진정한 회개,
즉 돌이킴을 불러일으켰고,
강력한 공감대를 형성하는 힘이 있음을 느끼게 했다.
메말랐던 나의 이성이 깨지고 가슴에, 눈동자에 눈물이 고이며
이제는 어떻게 살아야 하는지 알게 되었다.
"이제는 울 이유가 있고, 찬송할 이유가 있고, 기도할 이유가 생겼어요."

학교와 사회에 적용

고민하던 인성교육의 원리를 찾았다
이광조 박사

■ 현 건국대학교 교수
■ 전 건국대학교 부총장
■ 한양대학교 경영학 박사(Ph.D.)

나는 대학에서 일평생 학생들을 가르쳐 왔다. 그런데 내가 학교에 다니던 때와 현재 학생들은 많이 달라졌다. 특히 인성교육 문제가 너무나 심각하다. 초등학교부터 대학까지 각 학교마다 인성교육을 강조하지만 인성교육을 제대로 가르치지 못하고 있는 것이 현실이다. 그 이유는 인성교육의 원리와 공식을 모르기 때문이다.

때문에 현대 교육은 점점 발전하는데도 인간은 점점 타락할 수밖에 없었다. 선조들은 우리에게 깊은 생각, 바른 행동을 가르쳐 고품격의 인성교육을 가르쳤다. 그러나 지금은 얕은 생각, 제멋대로 행동을 보이는 경우가 많다. 인성교육이 실패하고 있다는 증거다.

한국은 정권이 바뀔 때마다, 또는 교육부 장관이 바뀔 때마다 새로운 교육정책을 발표하지만, 그 정책은 구성원 간에 마찰만 일으킬 뿐 교육의 대안이 될 수 없었다. 교육의 근본 원리를 모르기 때문이다. 교회교육도 교회의 특수한 종교적 거룩성을 지키지 못하고 학교교육

또는 사회교육을 닮아가는 모습이 여러 면에서 나타나고 있는 현실이다.

한국 교육의 현주소를 이렇게 비유해 보자. 오물이 있으면 파리 떼가 온다. 파리를 없애는 방법에는, 파리를 쫓는 방법이 있고, 또 하나는 오물을 치우는 방법이 있다. 그런데 한국 교육의 현실은 오물은 치우지 않고, 파리를 쫓는 데만 급급하다. 아무리 새로운 방법을 동원해도 파리를 모두 쫓지 못한다.

파리만 쫓지 말고 오물을 치우는 방법 찾아야

나는 해결 방법을 찾기 위해 심각하게 고민해왔음을 고백한다. 그러나 땅을 친들 무슨 해결책이 나오는 것도 아니었다. 그 대안을 찾기 위해 쉐마지도자클리닉에 참석했다. 그런데 이번 인성교육에 대한 강의를 듣고는 그 구체적인 대안을 찾았다. 강의 내용 하나하나 놓치지 않고 가슴을 찢으면서 회개하며 가슴 깊이 담아 왔다.

시간이 지날수록 강의 내용은 너무나 충격적이었다. 평생 처음 들어 보는 내용들이었다. 우리나라 교육이 실패한 원인이 세대차이 없는 정신적 수직문화의 전승이 없었기 때문이라는 것을 깨닫게 된 것이다. 오물에 달려드는 파리를 없애기 위해서는 파리를 쫓는 게 아니고 근본적으로 오물을 치우는 방법을 드디어 배우게 된 것이다. 특히 고품격의 인성교육은 대학에서 가르치는 것보다 13세 이전 유치원이나 초등학교에서부터 가르치는 것이 매우 효과적이라는 사실도 배웠다. 아이들의 뇌 속에 잘못된 인성교육이 입력되기 전에 고품격의 이상적인 인성교육이 입력되어야 하기 때문이다.

현 교수님의 이론에 의하면, 그동안 우리의 자녀들이 잘못되어 가는 이유가 가정과 교회 및 학교와 사회에서 대부분 수평문화만을 배웠기 때문임을 깨달았다. 그것은 일시적 눈에 보이는 재미 위주의 땅의 문화라는 것이다. 이에 반해 수직문화는 내면적인 또는 뿌리문화 그리고 눈에 보이지 않는 비물질적 문화, 전통문화로서 인생의 재미가 아닌 인생의 의미를 찾는 문화다. 우리는 그것도 모르고 수평문화 교육에만 매달렸던 것이 부끄럽다.

한국은 그동안 또래문화를 키우는 수평교육에만 전념했다. 수평교육은 학생들이 깊이 생각할 수 있는 문화가 아니다. 그리고 뿌리가 없는 문화로 고난의 환경이 오면 제대로 대응하지 못하고 인생의 뿌리가 통째로 흔들리다가 결국 고난에 굴복하게 된다. 그 결과 어른들에 대한 예절은커녕 대화도 되지 않아 부모와 자식, 스승과 학생 사이에 심한 세대차이를 가져 왔다. 가정과 학교, 사회에 불법이 판을 치고 무질서하게 되어 정신적 불안을 초래한다.

유대인의 가정교육 및 학교교육은 뿌리교육인 정신적 수직문화를 먼저 가르치고 다음에 수평교육(세상 학문)을 가르치므로, 그 자녀들이 튼튼한 정신적 뿌리 위에 서 있게 되고 어떤 고난의 환경에도 흔들리지 않고 세대차이 없이 유대인의 전통을 유지할 수 있었다. 그것이 바로 유대인의 인성교육과 쉐마교육이다. 유대인은 3대에 걸쳐 자신들의 전통이 전수되는 교육을 개발하여 가르치고 있다.

이번 쉐마교육이 나 혼자 받기에는 너무나 아쉬운 교육이었음을 고백한다. 내 주위에 교역자 또는 동료 교수들에게 꼭 권하고 싶은 교육이다. 특히 쉐마교육은 모든 조직의 지도층이 받게 되면 그 조직에서 큰 역할을 담당하고 그 조직을 변화시킬 수 있는 근본 대안이라고 생각한다. 현재 한국 사회에는 국민들을 하나로 묶을 수 있는 정신적 지표가 없다. 따라서 이 쉐마교육 운동을 전개하면 국민들의 정신적 교육에 하나의 뚜렷한 지표가 될 수 있으리라 확신한다.

끝으로 쉐마교육을 받게 기회를 주시고 허락하신 하나님께 감사와 영광을 돌리며 현용수 교수님께 깊은 감사를 드린다.

> **자녀들도 변합니다**
>
> **동생이 질문했다.
> 아버지가 죽으라 하면 죽어야 하냐고**
> 이은진(성덕중앙교회, 초등 6학년)

편집자 주: 원칙적으로 쉐마지도자클리닉에는 자녀들이 참석할 수 없지만 부득이 참석하는 경우가 있습니다. 참석한 자녀들은 거의 예외없이 변합니다. 물론 쉐마교육부흥회를 통해서도 변화되며 쉐마교육을 실천하는 교회들의 자녀들도 이렇게 변하고 있습니다. 그 중 대표로 이은진 학생(이광남 목사의 딸)의 간증문을 싣습니다. 은진 학생과 남동생(초등 5학년)은 부모님과 함께 제6기 쉐마지도자클리닉을 1차부터 3차까지 수료하며 너무나 많이 변했습니다. 두 자녀 모두 매일 새벽기도회에 참석함은 물론, 학업성적도 두드러지게 성장했습니다. 학교에서 동생은 학생회장, 누나는 부회장으로 선출되는 등 리더십에도 많은 변화가 생겼습니다.

제1차 학기를 마치고

TV 볼 시간에 성경을 보겠다

나는 쉐마목회자클리닉에 와서 현용수 박사님께 많은 것을 배웠다. 그중에 TV를 보지 말라는 말씀이 제일 기억에 남는다. 나는 TV를 아주 좋아한다. 그런데 아빠는 오래 전부터 TV를 보지 말라고 아예 없애야 한다고 꾸중을 하셨다. 그런데 현용수 박사님의 강의를 듣고 나서 그 이유를 알게 되었다. TV를 많이 보면 대화가 없어지고 하얀 백지장 같은 내 머리에 나쁜 것들이 써져서 나중에는 백지장이 검은 도화지가 된다고 하셨다. 그래서 나는 깨달았다. TV 볼 시간에 성경을 보겠다고…….

그리고 나는 또 유대인은 안식일을 아주 잘 지킨다고 들었다. 예를 들어 안식일이 되기 전에 전깃불을 켜놓는다고 했다. 전화도 받지 않는다고 했다. 오직 예배를 드리고 성경말씀만 읽고 토론한다고 했다. 하나님의 안식일을 지키기 위해 그런 일을 한다니 정말 대단하다고 생각했다. 솔직히 강의를 들을 때 졸음만 밀려오고 지겨워서 강의를 듣기 싫었지만 계속 들어 보니 정말 재미있고 익숙해졌다. 그리고 좋았던 것으로 다음 몇 가지가 있다.

첫째, 온 가족이 함께 잘 수 있었다. 왜냐하면 가족과 함께 잘 기회가 없었는데 좁지만 한 방에서 서로 껴안고 잔 것이 좋았다.

둘째, 찬미 언니와 찬송이 언니를 만나서 같이 목욕탕에 간 것이 좋았다.

셋째, 평생 기억에 남게 될 현용수 박사님의 명강의를 듣게 되어서 좋았다.

그리고 평소에 엄마가 예의를 중요시하셔서 인사를 바르게 했던 나는 '엄마 말씀을 듣기 잘했구나.' 하고 생각했다.

휴~ 이건 말하면 창피한 일이지만 말해야겠다. 나는 언니들과 가위바위 보를 해서 나가서 발표를 할 사람을 정하기로 했는데 내가 되었다. 평소에 발표를 잘 못 하던 나는 앞에 나가서 실수를 않기 위해 몇 번을 기도하고 또 기도했다. 드디어 내가 발표할 차례가 되었다. 떨리는 마음을 가라앉히고 나가서 또박또박 발표를 했다. 그런데 내가, 우리가 아는 철학사상이 없다고 말하자, 어른들이 막 웃기 시작했다.

어른들이 원망스럽기도 하고 창피하기도 해서 난 울어 버렸다. 내 마음을 진정시키지 못할 때 어떤 여자분이 나오셔서 나를 도와 주셨다. "정말 감사합니다."라고 말하고 싶었지만 조금 어색했다. 그리고 어른들도 나를 만날 때마다 "잘했는데 왜 울었니?"라고 물어 보셨다. 어른들은 내 마음을 모르는 것 같다.

현 박사님이 말씀하셨지만 이번에 내가 이 강의를 듣지 않았더라면 커서 수평문화에 물들어 노숙자가 되었을 지도 모른다. 정말 나는 현 박사님의 강의를 듣고 아주 많은 것을 깨달았다. 나는 13세가 아직 안 되었기 때문에 현 박사님의 강의에 따라 습관을 바꿀 것이다. 정말 좋은 추억이 된 것 같다. 나중에 2, 3차까지도 기회가 되면 꼭 가보고 싶다.

제2차 학기를 마치고
아버지가 좋아하시는 것이
하나님이 좋아하시는 것이란 것도 깨달았다

나의 아버지는 목사님이시다. 아버지와 어머니를 따라 쉐마지도자 클릭닉에 동생과 함께 온 가족이 참석했다. 이번 2차 쉐마교육에서는 효도교육이 나에게 제일 도움이 많이 된 것 같다. 처음에는 부모님께 불순종하고 짜증을 낸 적도 있었다. 그리고 아버지가 좋아하시는 것이 하나님이 좋아하시는 것이란 것도 깨달았다.

동생이 질문을 했다. 아버지가 죽으라 하면 죽어야 하냐고. 처음에는 아니라고 생각했다. 하지만 현용수 목사님의 말씀을 듣고는 생각이 바뀌었다. 부모님의 말은 하나님 말이라고 들어서 당연히 죽어야 한다고 생각했다. 그리고 부모님께 불순종하면 죽어야 한다는 말도

들었다. 이제부터는 죽고 싶지 않으면 순종해야겠다.

여자는 말씀 맡은 자를 돕는 배필이다. 내가 커서 아이를 낳으면 아들이 말씀 맡은 자가 될 수 있게 도와 줘야겠다는 생각도 했다.

이곳에서 많은 은혜를 받았다. 이번에 여기에 참석하지 않은 다른 사람들도 나처럼 은혜 받고 갔으면 좋겠다. 나는 커서 엄마, 아빠에게 돈을 많이 드릴 것이다. 엄마, 아빠는 내가 어려서부터 하시는 말씀이 있다. 나중에 크면 엄마에게는 비싼 고기, 아빠에게는 회를 사 주라는 것이다. 그것만은 꼭 사 드리고 싶다. 아무래도 나는 돈보다 먹는 게 좋다.

3박 4일 동안 한 방에서 가족이 함께 잘 수 있다는 게 1차 교육 때처럼 좋았다. 그리고 친구도 사귀어서 목욕탕도 같이 다녀왔다. 솔직히 온천물에서 달걀 썩은 냄새가 나서 좋진 않았지만 이것도 추억이 된다는 생각에 기분 좋게 갈 수 있을 것 같다. 3차 교육에서도 은혜를 많이 받았으면 좋겠다.

미주 한인의 전통적 혹은 미국에 동화된 한국인의 60가지 문화 가치 문항

Sixty Traditional and Americanized Korean Cultural Value (T-A KV) Statements

ⓒ 현용수(Yong Soo Hyun)

> **저자 주** '미주 한인의 전통적 및 동화된 문화 가치 측정 도구(Traditional and Assimilated Korean Cultural Value Scales: T-AKV)'는 저자가 한국의 전통문화의 가치가 인간의 종교성과 영적 만족감에 어떠한 영향을 미치는지를 실험적으로 연구(Empirical Research)할 때 만들어 사용한 도구다[기독교교육학 박사(Ph.D.) 학위 논문: Biola University, Talbot Graduate School of Theology, 1990]. 앞으로 이 방면에 더 연구하기를 원하는 분들을 위하여 여기에 소개한다. 실제로 본 문항들을 사용해 만든 설문지는 저자의 저서 《문화와 종교교육》(쿰란, 1993; 쉐마, 2007) 부록 C(설문지)의 Part A와 Part B를 참조하기 바란다.
>
> 또한 새로 개발한 한국이라는 문화 상황에서 한국인의 인성을 측정하기 위한 '수직문화와 수평문화 가치 측정 도구'는 제2부 제4장 Ⅳ. 인성교육 원리 적용 Ⅱ-한국인의 인성 측정 도구'를 참조하기 바란다.

> 예문
> A 문항: 전통적인 한국 문화 가치(Traditional Korean cultural values)
> B 문항: 미국에 동화된 한국 문화 가치(Americanized Korean cultural values)

남자와 여자 Man and Woman

A-1. 나는 미국 사람보다 한국 사람과 결혼하고 싶다.
I prefer to select a Korean marriage partner rather than an American one.

A-2. 아내의 남편에 대한 존경과 순종은 행복한 가정생활을 위해 가장 중요한 요인들 중 하나다.
Obedience and respect of a wife to her husband are one of the most important things for a happy family life.

A-3. 여자의 순결은 장래 결혼생활을 위해 대단히 중요하다.
The virginity of a woman is very important for her future marriage and marriage life.

A-4. 여자는 남자와 같이 가정과 사회에서 동등한 권한과 기회가 없다.
Women do not have equal rights and opportunities with men in family and social life.

A-5. 아내가 남편과 이혼하게 되면 그녀와 그녀 가족의 명예에 나쁜 영향을 준다.

A woman's divorce from her husband badly damages to the reputation of her and her family.

B-6. 아내는 남편이 동의하지 않더라도 그녀 스스로 결정할 수 있다.
A wife should make her own decision even if her husband disagrees with her.

B-7. 나의 결혼 상대자가 미국인이건 한국인이건 상관없다.
It does not bother me to select an American or Korean as my marriage partner.

B-8. 여성이 순결을 잃는다 해도 그녀의 결혼과 결혼생활에 별 영향이 없다.
A woman's loss of virginity does not do any damage to her future marriage and marriage life.

B-9. 결혼 상대는 장래 신랑이나 신부 본인이 결정해야 한다.
Selection of a marriage partner should be based on mainly the judgment by a prospective bride and bridegroom.

B-10. 만약 남편과 아내가 불행하다면 이혼해도 좋다.
If husband and wife are unhappy, they should be allowed to divorce.

사회생활 Socialization

A-11. 미국식의 자유로운 행동을 하고 싶어도 한인 동포사회의 여론 때문에 삼가는 것이 좋다.
One's American life style should be controlled so as not to be a cause of community gossip.

A-12. 나는 나와 나의 가정에서 일어난 나쁜 일들(예:폭행, 간강, 마약)을 공공기관에 보고하기를 꺼린다. 왜냐하면 비밀이 남에게 알려지면 나와 나의 가정의 명예에 상처를 입히기 때문이다.
I prefer not to report to public officers any bad incidents that happen to me or my family (e.g., violence, rape, or drug addiction) because if the

information becomes public, it could damage the reputation of me and our family..

A-13. 진짜 '사나이'의 특징은 결단력과 야망을 좇는 데 있다.
The important qualities of a 'real man' are determination and driving ambition.

A-14. 나는 때때로 손님 초대를 받아서 "식사를 더 하세요."라고 권유를 받고 더 먹고 싶지만 본의 아니게 "괜찮습니다."라고 대답한다.
I sometimes say, "No, thanks" unwillingly when I am asked as guest "Do you want more food?" even though I really would like to have it.

A-15. 나의 생애에 어려운 일을 당했을 때 하나님이 주신 운명이라 생각하고 그 상황을 받아들이는 수밖에 없다.
If I confront a difficult problem, I prefer to believe God designed my life that way, and I should therefore accept the situation rather than challenge it.

B-16. 나는 한인 동포사회가 무어라고 말하든 상관치 않고 미국식의 자유로운 행동을 즐긴다.
I enjoy my American life style without any attention whatever to what the Korean community says about me.

B-17. 자녀의 장래에 대한 지도가 부모의 욕망에 좌우되어서는 안 된다.
Parents' influence on their children's future should not be based on the parents' desire to make them what they want.

B-18. 나는 나와 나의 가족에게 일어난 나쁜 일들(예: 폭행, 성폭행, 마약)이 혹시 남에게 알려진다 해도 공공기관에 보고하는 편이다.
I prefer to report to public officers all incidents (e.g., violence, rape, drug addiction) which happen to me or my family, even if there is a risk that the information will become widely known.

B-19. 나는 친한 친구의 집을 방문한다 해도 항상 약속을 하고 간다. Even if I visit a close friend's house, I always make an appointment with him/her before I do it.

B-20. 나는 인생에 어려운 문제가 닥칠 때 그 문제에 도전한다. 왜냐하면 거기에는 꼭 어떤 타당한 이유가 있다고 믿기 때문이다.
If I am faced with a difficult problem in my life, I am challenged to find out why, because I believe there is a rational explanation for everything that happens.

교육과 노동 Education and Labor

A-21. 나는 체면 때문에 월급이 많은 공장보다 월급이 적더라도 사무직을 택하는 편이다.
I prefer an office job with a smaller salary to a factory job with a larger salary for my pride.

A-22. 내 가족의 명예를 위해서 일류 학교에 진학하는 것이 좋다.
I prefer to go to one of the best universities on behalf of my family's pride.

A-23. 직업 전선에서 출세하려면 실력보다는 좋은 연줄이 있어야 한다.
A person needs good connections to get ahead in the occupational world rather than ability.

A-24. 한국의 전통적인 하급직업(정육점 같은 것)은 돈을 많이 받더라도 정말 어쩔 수 없을 때에만 선택하겠다.
Taking a kind of job classified as low class in the Korean tradition (such as that of a butcher) is the last thing to do even if it pays good money.

A-25. 부모가 해야 할 가장 중요한 일 중 하나가 자녀를 교육시켜서 부모보다 더 출세하도록 돕는 것이다.
One of the most important things for parents to do is to help their children get further ahead in the world than they did through education.

B-26. 직장 상사는 일할 때만 상사이다.
The boss on the job is just the boss only when one is on the job.

B-27. 나의 위신을 세우기 위해 친구를 사귈 때 사회적 신분(예: 의사, 변호사, 기사, 교수)은 중요치 않다.
A person's social status (e.g., medical doctor, lawyer, engineer, professor) in life is not important to me when it comes to making friends for the sake of my pride.

B-28. 내 직업을 선택할 때 연장으로 노동하는 공장일이나 사무직이나 차별을 하지 않는다.
I do not consider blue collar jobs any more or less superior than white collar jobs.

B-29. 직업에서 승진은 높은 사람과의 관계보다 자신의 능력과 열성에 근거를 두어야 한다.
Promotion in job should be based solely on one's ability and hard work rather than on his connection with 'big wheels'.

B-30. 좋은 직책이나 돈을 더 주는 직업을 발견하면 충성심을 생각할 것 없이 현재 직업을 떠나야 한다.
One ought to move out of his present job without considering 'loyalty' whenever he finds a better salary or position.

우정 Friendships

A-31. 20세 청년이 45세 어른과 대등하게 이야기하는 것이 싫다
I hate to see a boy of 20 talk to a man of 45 as an equal.

A-32. 다른 사람들이 보는 곳에서 사랑을 표현(예: 애인끼리 키스)하는 것을 꺼려한다.
I hesitate to express affection in public (e.g., to kiss my spouse or loved one).

A-33. 나는 친구를 사귈 때 나의 체면을 생각해서 육체적 기술자(또는 노동자)보다는 사회적 신분이 높은 사람(예: 의사, 변호사, 기사, 교수)을 사귀고 싶다.
When I make a friend, I prefer someone who has a high social status

(e.g., medical doctor, lawyer, engineer, professor) rather than someone who has a blue collar jobs for the sake of my pride.

A-34. 나는 한국 사람을 만나면 한국식으로 고개 숙여 인사한다.
I prefer to use a Korean style greeting with a bow when I meet another Korean.

A-35. 학창 시절에 사귄 친구와 지속적으로 강한 우정을 갖는 것은 내 인생에서 대단히 중요하다.
It is very important to me to continue strong friendship made during school years in my life.

B-36. 사람들이 보는 데서 사랑을 표현(예: 애인끼리 키스하는 것)해도 좋다.
It is all right to express affection in public (e.g., to kiss my spouse or loved one).

B-37. 나는 미국 사람들과 사회 생활에서 외형적으로 잘 어울린다.
I can be friendly on a superficial level with Americans.

B-38. 나는 한국 사람보다 미국 사람들과 더 친해지기가 쉽다.
It is easier to get along with Americans than Koreans.

B-39. 서양 댄스 파티는 좋은 사교 활동의 역할을 한다.
A 'western dance party' is a good social activity.

B-40. 나는 한국 동포사회보다 미국 사회에서 더 안정감을 느낀다.
I feel more comfortable in American society rather than Korean community.

가족과 친척 Family and Kinship

A-41. 직장에서 조수를 채용할 기회가 있으면 친척이 아닌 사람보다 항상 친척을 채용하는 것이 좋다.

If I have the chance to hire an assistant in my work, it is always better to hire a relative instead of someone who is not a relative.

A-42. 어려운 일이 있을 때 도와줄 사람은 오로지 친척뿐이다.
When you are in trouble, only a relative can be depended upon to help you out.

A-43. 노부모가 돌아가실 때까지 함께 살고 돌볼 책임이 있다.
I'd better live with my elderly parents and be responsible for their care.

A-44. 미국에 살지만 우리 가문의 족보는 나와 장래와 나의 자녀들에게 중요하다.
Even if I live in America, the genealogy of my family is important for me and my future children.

A-45. 노부모의 지도력은 가족들을 서로 가깝게 만든다.
Elderly parents bring family members closer to each other in their leadership.

B-46. 내가 진학할 학교를 선택할 때, 일류 학교이건 그렇지 않은 학교이건 나와 내 가정의 명예와는 관계가 없다.
I do not need to think of the reputation of me and my family when I select my school (e.g., how prestigious it is or not).

B-47. 노부모를 양로원에 보내는 것은 그렇게 나쁜 것은 아니다.
Sending old parents to a nursing house is not too bad.

B-48. 미국에 사는 우리가 한국식이건 기독교식이건 조상이 돌아가신 날을 기리는 것은 (제사 또는 추도예배) 필요 없는 일이다.
The practice of holding an ancestor memorial service (Korean or Christian style) is not necessary for us to follow in America.

B-49. 미국에서 개인의 족보를 찾게 하는 것은 자녀들에게 시간과 물질의 낭비다.
Searching one's genealogy in America is a waste of time and money for children.

B-50. 미국에서 곤경에 처했을 때 나의 친척들로부터 어떠한 도움도 기대하지 않는다.

When I get into trouble, I do not expect any help from my relatives in America.

정체성 및 기타 Identity or Others

A-51. 어른들에게는 항상 존댓말을 사용한다.
I always use 'polite language' with elderly people.

A-52. 미국에 사는 우리가 한국식이건 기독교식이건 조상이 돌아가신 날을 기리는 것은 (제사 또는 추도예배) 필요한 일이다.
The practice of holding an ancestor memorial service (Korean or Christian style) is necessary for Korean Americans to follow in America.

A-53. 나는 한국을 방문하여 부모님의 친척들을 만나보고 싶다.
I want to visit Korea and to meet the relatives of my parents.

A-54. 미국에 있는 한국인들은 한국의 역사와 문화를 알 필요가 있다.
Korean Americans need to know Korean history and culture.

A-55. 미국에 있는 한국인들은 한국어를 알 필요가 있다.
Korean Americans need to know the Korean language.

B-56. 나는 백인과 마찬가지로 직장에서 승진할 동등한 기회를 갖고 있다.
I have as equal an opportunity to be promoted in the occupational world as the Caucasian-American has.

B-57. 미국에 있는 한국인 자녀들이 한국의 역사와 문화를 배우는 것은 시간 낭비일 뿐이다.
It is just a waste of time for Korean American children to learn Korean history and culture.

B-58. 나는 교회 정기예배에 백인 이웃들이 더 많이 참석했으면 좋겠다.
I would be happier if there were more participation by neighboring

Caucasian - Americans in my church's regular services.

B-59. 나는 나의 뿌리인 부모님의 나라(한국)에 대해 상관하지 않는 편이다.
I don't care about my parents' country (Korea) as my roots.

B-60. 미국에 있는 한국인 자녀들이 한국어를 배우는 것은 시간낭비일 뿐이다.
It is just a waste of time for Korean American children to learn the Korean language..

부록3 국악 찬양

참고자료 (References)

외국 자료

Abramov, Tehilla. (1988). *The Secret of Jewish Femininity*. Southfield, MI: Targum Press Inc.

Adahan, Miriam. (1995). *The Miriam Adahan Handbook: The Family Connection*. Southfield, MI: Targum Press Inc.

_____. (1994). *The Miriam Adahan Handbook: After the Chuppah*. Southfield, MI: Targum Press Inc.

_____. (1994). *The Miriam Adahan Handbook: Nobody's Perfect*. Southfield, MI: Targum Press Inc.

_____. (1988). *Raising Children to Care*. Jerusalem, Israel: Feldheim Publishers.

Aiken, Lisa. (1996). *Beyond bashert: A guide to enriching your marriage*. Northvale, NJ: Jason Aronson Inc.

Agron, David. (1992). *Soviet Jews: A Field God Has Plowed*. Fuller Theological Seminary School of World Mission, ThM Thesis. Pasadena, California.

Agus, J. B. (1941). *Modern Philosophies of Judaism*. New York, NY: Behrman's Jewish Book House.

Allis, O. T. (1982). *The Five Books of Moses*. Translated into Korean by Jung-Woo Kim. Seoul: Christian Literature Crusade.

Allport, G. W. (1946). Some Roots of Prejudice. *Journal of Psychology*, 22, 9-39.

_____. (1950). *The Individual and His Religion*. New York: Macmillan.

_____. (1954). *The Nature of the Prejudice*. Cambridge, MA: Addison-Wesley.

_____. (1959). Religion and prejudice. *Crane Review*, 2, 1-10.

_____. (1960). *Personality and Social Encounter*. Boston: Beacon.

_____. (1963). Behavioral Science, Religion, and Mental Health. *Journal of Religion and Health*, 2, 187-197.

_____. (1966a). The Religious Context of Prejudice. *Journal for the*

    Scientific Study of Religion. 5, 447-457.

    _____. (1968). *The Person in Psychology.* Boston: Beacon.

Allport, G. W. , & Ross, J. M. (1967). Personal Religious Orientation and Prejudice. *Journal of Personality and Social Psychology*, 5, 432-443.

Angoff, Charles. (1970). *American Jewish Literature.* New York, NY: Simon and Schuster.

Baeck, Leo. (1958). *Judaism and Christianity.* Philadelphia: Jewish Publication of America.

Barclay, William. (1959a). *Train Up A Child.* Philadelphia: Westminster Press.

    _____. (1959b). *Educational Ideals in the Ancient World.* Grand Rapids, MI: Baker House.

Barker, K. (1985). *The NIV Study Bible.* Grand Rapids, MI: Zondervan.

Bavinck, Herman. (1988). *개혁주의 교의학*. 이승구 역, 서울: 기독교문서선교회.

    _____. (1988). *개혁주의 신론*. 이승구 역, 서울: 기독교문서선교회.

Bedwell, et al. (1984). *Effective Teaching.* Springfield, IL: Charles C. Thomas.

Bennett, William J. (1993). *The Book of Virtues.* New York, NY: Simon & Schuster.

Benson, C. H. (1943). *History of Christian Education.* Chicago, IL: Moody Press.

Ben-Sasson, H. H. Editor. (1976). *A History of the Jewish People.* Cambridge, MA: Harvard University Press.

Berenbaum, Michael. (1993). *The World Must Know, The History of the Holocaust As Told in the United States Holocaust Memorial Museum.* Boston, MA: Little, Brown and Company.

Berkhof, Louis. (1971). *Systematic Theology.* London: Banner of truth.

    _____. (1983). *Manual of Christian Doctrine.* Grand Rapid, MI: Eerdmans.

Bigge, Morris L. (1982). *Learning Theories for Teachers.* New York, NY: Harper & Row.

Birnbaum, Philip. (1991). *Encyclopedia of Jewish Concepts.* New York, NY: Hebrew Publishing Company.

Bloch, Avrohom Yechezkel. (   ). *Origin of Jewish Customs: The Jewish*

Child. Brooklyn, NY: Z. Berman Books.

Botterweck & Ringgren, ed. (1977). *Theological Dictionary of the Old Testament, Vol. 1.* Grand Rapids, MI: Eerdman Publishing Company.

Bower, G & Hillgard, E. R. (1981). *Theories of Learning.* Englewood Cliffs, NJ: Prentice –Hall.

Boyer, Barbara. Grossberg, *Peterson Sent to Jail.* Philadelphia Inquirer, July 10, 1998.

Branden, Nathaniel. (1985). *Honoring the Self: Self-Esteem and Personal Transformation.* New York, NY: Bantam.

_____. (1988). *How to Raise Your Self-Esteem.* New York, NY: Bantam.

_____. (1995). *Six Pillars of Self-Esteem.* New York, NY: Bantam.

Bridger, David. ed. (1962, 1976). *The New Jewish Encyclopadia.* West Orange, NJ: Behrman House, Inc.

Brown, Collin, ed. (1975). *The New International Dictionary of New Testament Theology, Vol. 1.* Grand Rapids, MI; Regency Reference Library, Zondervan.

Brown, Driver & Briggs. (1979). *The New Brown – Driver – Briggs – Genesis Hebrew and English Lexicon.* Peabody, Ma: Hendrickson Publishers.

Brown, Michael. (1989). *The American Gospel Enterprise.* Shippensburg, PA: Destiny Image Publishers.

_____. (1992). *Our Hands Are Stained with Blood.* Shippensburg, PA: Destiny Image Publishers.

_____. (1994). *Our Hands Are Stained with Blood.* Translated into Korean by Hansarang World Mission College Press. Seoul: Hansarang World Mission College Press.

_____. (1990). *How Saved Are We?* Shippensburg, PA: Destiny Image Publishers.

_____. (1991). *Power of God.* Shippensburg, PA: Destiny Image Publishers.

_____. (1993). *It's Time to Rock the Boat.* Shippensburg, PA: Destiny Image Publishers.

_____. (1995a). *Israel's Divine Healer.* Grand Rapids, MI: Zondervan Publishing House.

_____. (1995b). *High-Voltage Christianity.* Lafayette, LA: Huntington

House Publishers.

Bryant, Alton. Editor. (1967). *The New Compact Bible Dictionary*. Grand Rapids, MI: Zondervan.

Calvin, John. (1981). *Genesis, the Pentateuch, Vol. I*. Grand Rapid, MI: Baker Book House.

_____. (1981). *Exodus, the Pentateuch, Vol. II*. Grand Rapid, MI: Baker Book House.

_____. (1981). *Institutes of the Christian Religion*. Translated by Moon Jae Kim, Seoul: Haemoon-sa.

Canfield, Jack. (1993). *Chicken Soup for the Soul*. Deerfield Beach: Health Communications, Inc.

Chait, Baruch. (1992). *The 39 Avoth Melacha of Shabbath*. Jerusalem, Israel: Feldheim Publishers, Ltd.

Chung, Susan. (2001). *Educational Advices, in Christian Herald*. September 23, 2001. p. 9. LA, CA.

Cohen. (1992). *The Psalms. Revised by Rabbi Oratz*. New York, NY: The Soncino Press, Ltd.

Cohen, Abraham. (1983). *Everyman's Talmud*. Translated in Korean by Ung-Soon Won, Seoul: Macmillian

_____. (1995). *Everyman's Talmud*. New York, NY: Schocken Books.

Cohen, Simcha Bunim. (1993). *Children in Halachan*. Brooklyn, NY: Mesorah Publications, Ltd.

Coleman, William L. (1987). *Environments and Customs of Bible Times*. Seoul: Seoul books.

Commonweal(Magagine). (1981). April 24.

Complete Word Study Dictionary(The). (1992). *Complied and edited by Spiros Zodhiates*. Chattanooga, TN: AMG Publishers.

Cooper, James. (1986). *Class Room Teaching Skills*. Lexington, MA: D. C. Heath and Company.

Cross and Markus. (1999). The Cultural Constitution of Personality. *Handbook of Personality*. Edited by Pervin and John. pp. 378-396, New York, NY: The Guilford Press.

Daloz, Laurent A. (1986). *Effective Teaching and Mentoring*. San Francisco,

CA: Jossey-Bass.

Darmesteter, A. (1897). *The Talmud*. Philadephia: The Jewish Publication Society of America.

Debour, Rolang. (1992). *Social Customs in Old Testaments(I)*. Seoul: Kidok Jungmoon-sa.

_____. (1993). Social Customs in Old Testaments(II). Seoul: Kidok Jungmoon-sa.

Derovan & Berliner. (1978). *The Passover Haggadah*. Los Angeles, CA: Jewish Community Enrichment Press.

Dewey, John. (1916). *Democracy and Education*. New York, NY: The Free Press.

_____. (1938). *Experience and Education*. New York, NY: Macmillian publishing Co.

Ditmont, Max I. (1979). *Jews, God and History(한국역: 이것이 유대인이다)*. Translated into Korean by Young Soo Kim, Seoul, Korea: 한국기독교문학연구 출판부.

Dobson, James. (1992). *Dare to Discipline*. Wheaton, IL: Tyndale House Publisher, inc.

Doerksen, V. D. (1965). *The Biblical Doctrine of Progressive Sanctification*. Unpublished ThM. Thesis of Talbot Seminary.

Donin, Hayim Halevy. (1972). *To Be A Jew: A Guide to Jewish Observance in Contemporary Life*. USA: Basic Books.

_____. (1977). *To Raise A Jewish Child: A Guide for Parents*. USA: Basic Books.

_____. (1980). *To Pray As A Jew: A Guide to the Prayer Book and the Synagogue Service*. USA: Basic Books.

Drazin, N. (1940). *History of Jewish Education*. Baltimore: The Johns Hopkins press.

Eavey, C. B. (1964). *History of Christian Education*. Chicago, IL: Moody.

Ebner, Eliezer. (1956). *Elementary Education in Ancient Israel*. New York: Bloch publishing Co.

Emma Gee. (1976). *Counter Point, Perspectives on Asian America*.

Encyclopedia Britannica, Macropaedia, Vol. 10. (1979). Chicago, IL: Encyclopedia Inc.

Encyclopaedia Britannica, Micropaedia, Vol. V. (1979). Chicago, IL: Encyclopedia Inc.

Encyclopaedia Britannica, Micropaedia, Vol. IX. (1979). Chicago, IL: Encyclopedia Inc.

Encyclopaedia of Judaica. (1993). Decennial Books 1983-1992. NY: Mc Millan.

Erikson, E. (1959). Identity and the Life Cycle, Psychological Issues. Vol. 1. New York: International University Press.

Erikson, E. (1959). Dimensions of New Identity (1st Ed.). New York: W. W. Norton & Co.

_____. (1963). Childhood and Society (2nd Ed.). New York: W. W. Norton & Co.

_____. (1968). Identity Youth and Crisis. New York: W. W. Norton & Co.

_____. (1982). The Life Cycle Completed. London: W. W. Norton & Co.

Feldman, Emanuel. (1994). On Judaism. Brooklyn, NY: Shaar Press.

Feldman, Sharon. (1987). The River the Kettle and the Bird. Spring Valley, NY: Philip Feldheim Inc.

Fowler, J. W. (1981). The Psychology of Human Development and the Quest for Meaning. New York: Harper & Row, Publishers, Inc.

Friedman, Avraham Peretz. (1992). Table for Two. Southfield, MI: Targum Press Inc.

Fromm, Erich. (1989). The Art of Loving. NY: Harper & Row, Publishers.

Fuchs, Yitzchak Yaacov. (1985a). Halichos Bas Yisrael, A Woman's Guide to Jewish Observance. Vol. 1. Oak Park, MI: Targum Press.

_____. (1985b). Halichos Bas Yisrael, A Woman's Guide to Jewish Observance. Vol. 2. Oak Park, MI: Targum Press.

Gangel, K & Benson, W. (1983). Christian Education: It's History & Philosophy. Chicago: Moody Press.

Geiger, K. (1963). Further Insights Into Holiness. Kansas City: Beacon Hill Press.

Goetz, Bracha. (1990). The Happiness Book. Lakewood, NJ: CIS Publishers and Distributors.

Gold, Avie. (1989). Artscroll Youth Pirkei Avos. Brooklyn, NY: Mesorah Publications Ltd.

Golding, Goldie. (1988). *Arrogant Ari.* Brooklyn, NY: Sefercraft, Inc.

Goleman, Daniel. (1995). *Emotional Intelligence.* New York, NY: Bantam Books.

Gollancz, S. H. (1924). *Pedagogies of the Talmud and That of Modern Times.* London: Oxford University press.

Gordon, M. M. (1964). *Assimilation in American Life.* New York, NY: Oxford University Press.

Greenbaum, Naftali. (1989). *Honor Your Father and Mother.* Bnei Brak, Israel: Mishor Publishing Co., Ltd.

Grider, J. K. (1980). *Entire Sanctification: The Distinctive Doctrine of Wesleyanism.* Kansas City: Beacon Hill Press.

Guder, Eileen. (1982). *We are Never Alone.* Translated by Eujah Kwon, Seoul: Voice Publishing Company.

Han, Woo Keun. (1970). *The History of Korea.* Seoul: Eul-yoo Publishing Co.

Hauslin, Leslie. (1990). *The Amish: The Ending Spirit.* New York: Crescent Books/Random House.

Hefley, James. (1973). *How Great Christians Met Christ.* Chicago, IL: The Moody Bible Institute of Chicago.

Heller, A. M. (1965). *The Jew and His World.* New York, NY: Twayne Publishers, Inc.

Heller, Rebbetzin Tziporah. (1993). *More Precious Than Pearls.* Spring Valley, NY: Feldheim Publishers.

Hertz, Joseph H. (1945). *Sayings of the Fathers(Ethics of the Fathers).* USA: Behrman House Inc.

Hirsch, Samson Raphael. (1988). *Collected Writings of Rabbi Samson Raphael Hirsch.* Jerusalem, Israel: Feldheim Publishers Ltd.

_____. (1989a). *Genesis, the Pentateuch, Vol. I.* Gateshead: Judaica Press Ltd.

_____. (1989b). *Exodus, the Pentateuch, Vol. II.* Gateshead: Judaica Press Ltd.

_____. (1989c). *Leviticus, the Pentateuch, Vol. III.* Gateshead: Judaica Press Ltd.

_____. (1989d). *Numbers, the Pentateuch, Vol. IV.* Gateshead: Judaica Press Ltd.

_____. (1989e). *Deuteronomy, the Pentateuch, Vol. V.* Gateshead: Judaica

Press Ltd.

_____. (1990). *The Pentateuch.* Edited by Ephraim Oratz, New York, NY: Judaica Press, Inc.

Holloman, H. W. (1989). *Highlights of the Spiritual Life(N. T).* Unpublished class syllabus of Talbot School of Theology.

Holocaust(The). ( ), Yad Vashem, Jerusalem: W. Turnowasky & Son Ltd.

Holy Bible. (NIV, KJV). (1985).

The Jewish Bible. TANAKH, The Holy Scriptures by JPS, 1985.

Hook, S. (1950). *John Dewey.* New York, NY: Barnes & Noble, Inc.

Hurh & Kim. (1984). *Korean Immigrants in America.* Cranbury, NJ: Associated University.

Hyun, Yong Soo. (1990). *The Relationship between Cultural Assimilation Models, Religiosity, and Spiritual Well-Being Among Korean-American College Students and Young Adults in Korean Churches in Southern California.* Doctoral dissertation(Ph.D.), Biola University, Talbot School of Theology, La Mirada CA. Ann Arbor: University Microfilms International.

_____. (1993). *Culture and Religious Education.* Seoul: Qumran.

_____. (1993). *Jewish Education Seminar Note.* Los Angeles, CA: SCEI.

_____. (1993). *Jewish Education Seminar Cassette Tapes.* Los Angeles, CA: SCEI.

Ives, Robert. (1991). *Shabbat and Festivals Shiron.* Beverly Hills, CA: The Medi Press.

Jacobs, Louis. (1984). *The Book of Jewish Belief.* New York, NY: Behrman House, Inc.

_____. (1987). *The Book of Jewish Practice.* West Orange, NJ: Behrman House, Inc.

Jensen, I. R. (1981a). *Genesis: A Self-Study Guide.* Translated into Korean by In-Chan Jung. Seoul: Agape Publishing House

_____. (1981b). *Exodus: A Self-Study Guide.* Translated into Korean by In-Chan Jung. Seoul: Agape Publishing House.

Josephus. (1987). *Wars of Jews, VII.* Translated by Jichan Kim, Seoul, Korea: Word of Life Press.

Joyce, B & Weil, M. (1986). *Models of Teaching*. Englewood Cliffs, NJ: Prentice-Hall.

Kaplan, Aryeh. (1983). *If You Were God*. New York, NY: Olivestone Print Communications, Inc.

Kaufman, Y. The Lawyers Unite. (Sept. 1985). *Moment* 10, 8. 45-46.

Keil & Delitzsch. (1989a). *Genesis, the Pentateuch, Vol. I*. Grand Rapid, MI: Hendrickson.

_____. (1989b). *Exodus, the Pentateuch, Vol. II*. Grand Rapid, MI: Hendrickson.

Kling, Simcha. (1987). *Embracing Judaism*. New York, NY: The Rabbinical Assembly.

Koh, Yong Soo. (1994). *A Theology of Christian Education as Encounter*. Seoul: Presbyterian Theological Seminary Press.

Kohlberg, L. (1981). *Essays on Moral Development: The Philosophy of Moral Development*. (Vol. 1). New York: Harper & Row.

_____. (1984). *Essays on Moral Development: The Psychology of Moral Development*. (Vol. 2). New York: Harper & Row.

Kolatch, Alfred J. (1981). The Jewish Book of Why. Middle Village, NY: Jonathan David Publishers, Inc.

_____. (1985). *The Second Jewish Book of Why*. Middle Village, NY: Jonathan David Publishers, Inc.

_____. (1988). *This Is the Torah*. Middle Village, NY: Jonathan David Publishers, Inc.

Korea Times(The), (Los Angeles Edition), (1989). *Korean-American Population Increase*. May 26.

Kosmin, Barry. (1990). *Exploring and Understanding the Findings of the 1990 National Jewish Population Survey*. Unpublished research paper in University of Judaism. Los Angeles: CA.

Kuyper, A. (1956). *The Work of the Holy Spirit*. trans. Henri De Vries, Grand Rapids: Wm. B. Eerdmans Publishing Company.

LaHaye, Beverly. (1978). *The Spirit Controlled Woman*. Translated by Eun-Soon Yang. Seoul: Word of Life Press.

Lamm, Maurice. (1969). *The Jewish Way in Death and Mourning*. New York: Jonathan David Publishers.

_____. (1980). *The Jewish Way in Love and Marriage*. Middle Village, NY: Jonathan David Publishers, Inc.

_____. (1991). *Becoming a Jew*. Middle Village, NY: Jonathan David Publishers, Inc.

_____. (1993). *Living Torah in America*. West Orange, NJ: Behrman House, Inc.

Lampel, Zvi. trans. (1975). *Maimonides' Introduction to the Talmud*. New York, NY: Judaica Press.

Lange, J. p. (1979). *The Book of Genesis I & II*. Translated into Korean by Jin-Hong Kim. Seoul: Packhap.

Lapin, Daniel. (2001). *Buried Treasure*. Sisters. OR: Multnomah Publishers, Inc.

_____. (2002). *Thou Shall Prosper(Ten Commandments for Making Money)*. Hoboken, NJ: John Wiley & Sons, Inc.

_____. (2004). 선한 부자를 위한 10계명[원제: *Thou Shall Prosper(Ten Commandments for Making Money)*. Translated into Korean by Jae Hong Kim. Seoul: Siat Publishing Co.

Lee, Nam-Jong. (1992). *Christ in the Pentateuch*. Seoul: Saesoon Press.

Lee, Sang-Keun. (1989). *Genesis, the Lee's Commentary*. Seoul: Sungdung-sa.

_____. (1989). *Exodus, the Lee's Commentary*. Seoul: Sungdung-sa.

Lee, Sung Eun. (1985). *Conflict Resolution Styles of Korean-American College Student*. Ann Arbor, MI: University Microfilms International, A Bell & Howell Information Company.

Leedy, p. D. (1980). *Practical Research*. New York, NY: Mcmillan.

Leri, Sonie B. & Kaplan, Sylvia R. (1978). *Guide for the Jewish Homemaker*. New York, NY: Schocken Books.

Leupold, H. C. (1942). *Exposition of Genesis. Vol. I*. Grand Rapids: Baker.

_____. (1974). *Exposition of the Psalms*. Grand Rapids: Baker.

Levinson et al., (1978). *The Season's of Man's Life*. New York, NY: Alfred A. Knopf.

Lipson, Eric-Peter. (1986). *Passover Haggadah*. USA: Thomas Nelson, Inc.

Los Angeles Times. *Annual Income, Americans vs. Jews*. April 13, 1988. p. 14.

_____. *Police Link Slain Honor Student to Theft Scheme*. 1993, January 6,

A1, 13.

_____. *Slaying of Honors Student Detailed*. 1994, April 8, A3.

_____. *2 Rabbis Accused of Molesting Girl*. 15. 1995, June 2, B1.

_____. *Hostage Drama in Moscow*. 1995, Oct. 15, A1, 4.

Lowman, Joseph. (1984). *Mastering the Techniques of Teaching*. San Francisco, CA: Jossey-Bass.

Luther, Martin. (1962). *On the Jews and Their Lies*. trans. Martin H. Bertram, in Martin Luther's Works, 47:268-72(1543). Philadelphia, Pa: Muhlenberg.

Luzzatto, Moshe Chaim. (1989). *The Ways of Reason*. Jerusalem, Israel: Feldheim Publishers Ltd.

MacArthur, John. (2001). *Successful Christian Parenting*. Translated into Korean by Ma Young Rae, Seoul: Timothy Publishing House.

Maertin, Doris & Boeck, Karin. (1996). *E.Q. Munchen*. Translated into Korean by Myong Hee Hong. Germany: Wilhelm Heyne, Veriag Gmbtt & Co.

Matzner-Bekerman, Shoshana. (1984). *The Jewish Child: Halakhic Perspectives*. New York, NY: KTAV Publishing House, Inc.

McGavran, Donald. (1980). *Understanding Church Growth*. Grand Rapid, MI: Zondervan.

Meier, Paul. (1988). *Christian Child-Rearing and Personality Development*. Translated into Korean by Jeoung Hee-Young. Seoul: Chongshin College Press.

Miller, Basil. (1943). *John Wesley*. Grand Rapid, MI: Zondervan Publishing House.

Miller Yisroel. (1984). *Guardian of Eden*. Spring Valley, NY: Feldheim Publishers.

Milwaukee Journal Sentinal. July 7, 1998.

Moment, No. 10, 8, 1985.

_____. January and February 1988.

_____. No. 9, 1988.

Morris, V. C. & Pai, Y. (1976). *Philosophy and American School*. Boston: Houghton Miffin.

Munk, Meir. (1989). *Sparing the Rod*. Brooklyn, NY: Mishor Publishing Co., Ltd.

Murray, Charles. (2007). *Jewish Genius.* Commentary, April, 2007, p. 30.

Narramore, Clyde M. (1979). *A Woman's World.* Grand Rapids, MI: Zondervan Publishing House.

Neath, Ian. (1998). *Human Memory.* Pacific Grove, CA: Brooks/Cole Publishing Co.

The New Compact Bible Dictionary. (1967). Editor; Alton Bryant. Grand Rapids, MI: Zondervan.

The New International Dictionary of New Testament Theology Vol. 1. Edited by Collin Brown, 1975, Grand Rapids, MI; Regency Reference Library, Zondervan.

Nye, Joseph Jr. (1990). *Bound to Lead: The Changing Nature of America Power.* Translated in Korean by No-Woong Park. (21세기 미국파워). Seoul: The Korea Economic Daily.

Orlowek, Rabbi Noach. (1993). *My Child, My Disciple.* Nanuet, NY: Feldheim Publishers.

Oxford Advanced Learner's Dictionary of Current English as Hornby(혼비영영한사전). (1987). 서울: 범문사.

The Outlook, Rabbi's Aide Gets 22 Months in Prison. 1996, Jan. 20. B1.

Payne, J. B. (1954). *An Outline of Hebrew History.* Grand Rapid, MI: Baker Book House.

Pervin and John. ed. (1999). *Handbook of Personality.* New York, NY: The Guilford Press.

Piaget, Jean. (1972). *Biology and Knowledge.* Chicago, IL: The University of Chicago Press and Edinburgh: Edinburgh University Press.

Pilkington, C. M. (1995). *Judaism.* Lincolnwood, Il: NTC Publishing Group.

Paloutzian, R. F., & Ellison, C. W. (1982). *Loneliness, Spiritual Well-Being and Quality of Life.* In L. A. Peplau and D. Perlman (Eds). *Loneliness: A Sourcebook of Current Theory,* Research and Therapy. New York: Wiley Interscience.

Hiebert, Paul G. (1985). *The Missiological Implications of an Epistemological Shift. Theological Students Fellowship.* 8(5): 12-18.

Radcliffe, Robert J. Bloom's Taxonomy-Cognitive Domain Levels of Critical Thinking. *Peabody Journal of Education,* 3/70.

Radcliffe, Sarah Chana. (1988). *Aizer K'negdo: The Jewish Woman's Guide* to Happiness in Marriage. Southfield, MI: Targum Press Inc.

Radcliffe, Sarah Chana. (1989). *The Delicate Balance*. Southfield, MI: Targun Press Inc.

Rashi. (1996). *The Metsudah Chumash. vol. V*. Hoboken, NJ: KTAV Publishing House.

Ratner, J. (1928). *The Philosophy of John Dewey*. New York, NY: Henry Holt and Co.

Rausch, David A. (1990). *A Legacy of Hate: They Christians Must Not Forget the Holocaust*. Grand Rapids: Baker.

Reuben, Steven Carr. (1992). *Raising Jewish Children In A Contemporary World*. Rocklin, CA: Prima Publishing.

Sanders, E. P. (1995). *Paul, the Law, and the Jewish People*. Translated by Jin-Young Kim, Seoul: Christian Digest.

Scherman, Nosson. (1992). *The Complete ArtScroll Siddur*. NY: Mesorah Publication, Ltd.

Scherman, Nosson & Zlotowitz, Meir. Editors (1994). *The Chumash*. Brooklyn, NY: Mesorah.

Schlessinger, B. & Schlessinger, J. (1986). *The Who's Who of Nobel Prize Winners*. Oryx Press.

Seitz, Ruth. (1991). *Amish Ways*. Harrisburg, PA: RB Books.

_____. (1989). *Pennsylvania's Historic Places*. Intercourse, PA: Good Books.

Seymour Sy Brody, Art Seiden(Illustrator), (1996). *Jewish Heroes and Heroines of America: 150 True Stories of American Jewish Heroism*. New York, NY: Lifetime Books.

Shapiro, Michael. (1995). *The Jewish 100*. Secaucus, NJ: Carol Publishing Group.

Shilo, Ruth. (1993). *Raise A Child As A Jew*. Translated and edited by Hyun-Soo Kim, Gae-Sook Bang. Seoul: Minjisa.

Singer, Shmuel. (1991). *A Parent's Guide to Teaching*. Hoboken, NJ: Ktav Publishing House, Inc.

Skinner, B. F. (1969). *Contingencies of Reinforcement*. Meredith.

Solomon, Victor M. (1992). *Jewish Life Style*. Translated into Korean by

Myung-ja Kim, Seoul: Jong-ro Books.

Stalnaker, Cecil. (1977). *The Examination and Implications of Hebrew Children's Education Through A. D. 70.* A Unpublished ThM Thesis, Biola University, Talbot School of Theology.

Stevenson, William. (1977). *90 minutes at Entebbe Airport.* Translated into Korean by Yoon Whan Jang. Seoul: Yulwhadang.

Swift, Fletcher H. (1919). *Education in Acient Israel from Earliest Times to 70 A. D.* The Open Court Publishing Company.

Talmud. Babylonian Edition.

_____. Jerusalem Edition.

TANAKH. The Jewish Bible. The Holy Scriptures by JPS, 1985.

Telushkin, Joseph. (1991). *Jewish Literacy.* New York, NY: William Morrow and Company, Inc.

_____. (1994). *Jewish Wisdom.* New York, NY: William Morrow and Company, Inc.

Theological Dictionary of the Old Testament Vol. 1. Edited by Botterweck & Ringgren, 1977, Grand Rapids, MI: Eerdman Publishing Company.

Thurow, Lester. (1985). *The Zero Sum Solution: "Is America a Global Power in Decline?"* Boston Globe, 20 March 1988, p. A22. New York, NY: Simon & Schuster.

Tillich, Paul. (1950). *Der Protestantismus: Prinzip und Wirklichkeit.* Stuttgart: Evangelisches Verlagswerk.

Times. *Armed & Dangerous.* April 27, 1998.

Tokayer, Marvin. (1979). 탈무드. 서울: 태종출판사. 김상기 역.

_____. (1989a). 짤막한 탈무드. 서울: 기독태인문화사. 김상구 역.

_____. (1989b). 유대인의 처세술. 서울: 민성사. 신기선 역.

_____. (1989c). 탈무드의 도전. 서울: 태종출판사. 지방훈 역.

_____. (2007). 탈무드 1. 서울: 동아일보.

_____. (2007). 탈무드 2(부제: 랍비가 해석한 모세오경). 현용수 편역. 서울: 동아일보.

_____. (2008). 탈무드 3(부제: 탈무드의 처세술). 현용수 편역. 서울: 동아일보.

_____. (2008). 탈무드 4(부제: 탈무드의 생명). 현용수 편역. 서울: 동아일보.

_____. (2009). 탈무드 5(부제: 유대인의 격언). 현용수 편역. 서울: 동아일보.

Touger, Malka. (1988a). *Sefer HaMitzvot Vol. 1*. New York, NY: Moznaim Publishing Corporation.

_____. (1988b). *Sefer HaMitzvot Vol. 2*. New York, NY: Moznaim Publishing Corporation.

Tournier, Paul. (1997). *The Gift of Feeling*. 서울: 한국기독학생회출판부(IVP).

Towns, Elmer. L. Editor. (1984). *A History of Religious Education*. Translated into Korean by Young-Kum Lim. Seoul: The Presbyterian Church of Korea, Department of Education.

Toynbee, Arnold J. (1958a). *A Study of History*. New York, NY: Oxford University Press.

_____. (1958b). *A Study of History*. New York, NY: Oxford University Press.

Twerski, Abraham J. (1992). *Living Each Week*. Brooklyn, NY: Mesorah Publications, Ltd.

Twerski, Abraham & Schwartz, Ursula. (1996). *Positive Parenting: Developing Your Child's Potential*. Brooklyn, NY: Mesorah Publications, Ltd.

Unger, M. F. (1957). *Unger's Bible Dictionary*. Chicago: Moody Press.

Unterman, Isaac. (1973). *The Talmud*. New York, NY: Bloch Publishing Company.

Vilnay, Zev. (1984). *Israel Guide*. Jerusalem: Daf-Chen.

Vine, W. E. (1985). *An Expository Dictionary of Biblical Words*. Nashville: Thomas Nelson Publishers.

Wagschal, S. (1988). *Successful Chinuch*. Jerusalem, Israel: Feldheim Publishers Ltd.

Walder, Chaim. (1992). *Kids Speak Children Talk About Themselves*. Jerusalem, Israel: Feldheim Publishers.

Walker,. et al. (1985). *A History of the Christian Church*. New York, NY: Charles Scribner Sons.

Washington Post. *Dole Plan on Shutdown*. 1996, Jan. 3.

_____. *Malaysia Prime Minister Warns Jews' Influence*. October 16, 2003.

Webster New Twentieth Century Dictionary. (2nd ed.). (1983). New York, NY: Simon & Schuster.

Widiger, Verheul and Brink. (1999). *Personality and Psychopathology*.

Handbook of Personality. Edited by Pervin and John. pp. 347-366, New York, NY: The Guilford Press.

Wilson, Marvin R. (1993). *Our Father Abraham, Jewish Roots of the Christian Faith.* Grand Rapid, MI: William B. Eerdmans Publishing Company.

World Book Encyclopedia Vol. 2. (1986). Chicago, IL: Field Enterprises Educational Corp.

World Book Encyclopedia Vol. 11. (1986). Chicago, IL: Field Enterprises Educational Corp.

Young, R. (1982). *Young's Analytical Concordance to the Bible.* Nashville: Thomas Nelson.

Zlotowitz, Meir. (1989). *Pirkei Avos Ethic of the Fathers.* Brooklyn, NY: Mesorah Publications, Ltd.

Zuck, Roy B. (1963). *The Holy Spirit in Your Teaching.* Scripture Press.

인터넷 자료

Alarming facts about the Cybersex Industry. http://www.enough.org, http://www.protectkids.com. 2003년 7월 29일.

이원구, 인터넷 사이버 언어의 등장과 대책, leewongu.byus.net/spboard/board.cgi?id=leewongu_1&action=download&gul=87

재정경제부 최근 우리나라 주류 소비량 분석, http://www.designet.co.kr/2006/downadd.asp?wp_id=50.

20, 30대 위스키 소비 시장 활성화를 위한 판매 촉진 전략, http://ref.daum.net/item/13999954, 2008년 01월 13일.

조종남, (2006). 한국 교회갱신과 성령운동의 방향(웨슬리의 갱신운동의 조명) http://sgti.kehc.org/data/person/wesley/11.htm

한국 자료

국민일보. 음란 사이트 6만 4천 개, 한국 세계 2번째. 2003년 7월 11일, p. 1.

국민일보. 어린이 음란물 노출 땐 나라 장래도 없죠. 2003년 7월 11일, p. 14.

김형태. (2006). 대한민국은 욕설왕국인가? 뉴스엔 조이, 2006년 5월 22일.
노컷뉴스, 아동 성폭력 사건 10건 중 3건, 가해자는 미성년자. 2007년 5월 16일.
동아 메이트 국어사전. (2002). 서울: 두산 동아.
동아일보, 돈에 무너진 인륜, 지성 – '교수 패륜'에 각계 개탄, 한숨. 1995년 3월 21일.
_____. 애 봐주는 비디오가 애 잡는다. 1999년 9월 7일.
_____. 만2세 미만 영유아 TV 시청, 정상적 뇌 발달 막을 우려. 2002년 5월 6일.
_____. 김일병 게임광… 현장 PC게임처럼 끔찍. 2005년 6월 20일.
_____. 대구 초등교 2월 자체조사 '40여명 음란 행위'. 2008년 5월 1일.
데지마 유로. (1988). 유대인의 사고방식. 고계영, 이시준 역, 도서출판 남성.
머니투데이, 올해 주목해야 할 7대 블루슈머. 2008년 4월 29일.
문화일보. "나는 인터넷 중독." 2003년 7월 28일, p. 23.
_____. 한국 평균출산율 '세계 꼴찌'. 2008년 5월 21일.
머니투데이. 휴대폰 중독 심각. 207년 4월 20일.
_____. 올해 주목해야 할 7대 블루슈머. 2008년 4월 29일.
미주 복음신문. 메아리 칼럼 연재. 1994년 12월 11일.
미주 크리스천신문. 아이들 TV 너무 많이 본다. 1996년 12월 21일.
미주 크리스천신문. 이민 교회 성장 둔화 우려. 1995년, 1월 17일, p. 4.
_____, 세계 속 한인의 어제와 오늘을 조명한다. 1995년 10월 7일, p. 5.
박미영. 아이 기르기를 즐기는 이스라엘식 육아법을 아세요? 라벨르(labelle), 1995년 8월호, pp. 381-393.
_____. (1995). 유대인 부모는 이렇게 가르친다. 서울: 생각하는 백성.
박수현. 게임세대 '어른들은 우릴 몰라요.' 중앙일보, 2006년 6월 3일.

박우희. 현대교육의 문제점. 중앙일보, 1994년 10월 14일.
박윤선. (1980). 성경주석, 창세기 출애굽기. 서울: 영음사.
_____. (1980). 성경주석, 레위기 민수기 신명기. 서울: 영음사.
박태수(Thomas Park, MD). (1994). 미국은 과연 어디로 가고 있는가? 서울: 하나의 학사
박형룡. (1988). 박형룡 박사 저작전집 I. 서론, 교의신학. 서울: 한국기독교교육연구소.
박희민. (1996). 'IQ는 아버지 EQ는 어머니 몫이다.' 서평에서. 1997년 10월 26일.

변태섭. (1994). 한국사 통론. 서울: 도서출판 삼영사.
세계일보. 안양 초등생 살해범 정씨, '음란·폭력' 동영상 영향 받아. 2008년 4월 11일.
성경: (1984). 현대인의 성경. 생명의 말씀사.
성경: (1956). 한글판 개혁. 대한성서공회.
스포츠서울. 청소년 16% 책 안 읽는다. 1994년 5월 23일.
CBS, 한국인 자살 하루 평균 36.4명. 2005년 9월 18일.
엣센스 국어사전. (1983). 서울: 민중서림.
연합뉴스. (2005). 총기 난사 김동민 일병 수감. 6월 22일.
_____. (2007). 초·중·고교생 4명 중 1명꼴로 정신장애. 4월 15일.
월간중앙. K대 교수인 아버지를 살해한 S대생. 2002년 7월호.
유의영. 2세의 눈에 비친 1세의 모습. 한국일보 미주판, 1991년 9월 8일.
윤종호. 망국 백성의 슬픈 노래. 크리스천 포스트, 1995년 8월 12일.
이기백. (1983). 한국사 신론. 서울: 일조각.
이상근. (1990). 갈. 히브리 주석(8). 서울: 성등사.
_____. (1989). 창세기 주석. 서울: 성등사.
_____. (1990). 출애굽기 주석. 서울: 성등사.
_____. (1990). 레위기 주석(상). 서울: 성등사.
_____. (1994). 잠언·전도·아가서 주석. 서울: 성등사.
이야기 신한국사. (1994). 신한국사연구회, 서울: 태을출판사.
이원설. 한국인의 병리 현상. 총신목회신학원 특강, 1995년 1월 9-20일, 서울: 한강호텔.
이진. (2004). 한국식 인사와 미국식 인사. 중앙일보, 12월 18일.
이회창. 정치가 법을 만들지만 법치는 정치의 위에 있다. 월간 조선, 1995년 1월호.
일간스포츠. 휴대폰 사용 고교생 70% '중독증세'. 2005년 12월 16일.
일요신문. 사랑 못 받으면 세포 손상. 1997년 11월 8일, p. 8.
전인철. 책읽기 운동이 생활로 바뀌어야. 크리스천 신문(USA), 1995년 8월 19일, p. 12.
정수잔. (2001). 엄마 옛날 얘기해 주세요. 크리스천헤럴드, 9월 23일.
정훈택. (1993). 열매로 알리라. 서울: 총신대학 출판부.
조선일보. 이혼시 편부 부양 증가. 1996년 11월 19일, p. 32.
_____. 살아보고 결혼해도 이혼율 더 높아. 2002년 7월 26일.
_____. 복지부, 초고속 이혼 방지 추진. 2003년 11월 23일.

_____. 이인식의 '멋진 과학', 종교는 왜 존재하는가. 2007년 10월 5일.
조종남, (2006). 한국 교회갱신과 성령운동의 방향(웨슬리의 갱신운동의 조명). http://sgti.kehc.org/data/person/wesley/11.htm
중앙일보. 박한상 군 부모 살해 및 방화. 1994년 5월 19일.
_____. '뒤집힌 윤리' 꼬리 물어. 1994년 11월 2일.
_____. TV가 범죄꾼 만든다. 1994년 12월 15일. 미주판.
_____. 한인 대학생 미국 직장 취업 미국 학생 절반 수준. 1995년 2월 9일. 미주판.
_____. 국립 서울대학교 수재 뽑아 범재 만드는 교육 실상. 대학촌. 1995년 3월 20일.
_____. 제2 박한상, 교수인 아들이 범행. 1995년 3월 20일.
_____. 잇단 친부 살해 사건 이후. 1995년 3월 20일, p. 3.
_____. 서강대 신입생 조사. 1995년 3월 24일.
_____. 박석태 전 제일은행 상무 자살. 1995년 4월 29일, pp. 1, 3, 21.
_____. 1천만 명이 전과자였다니. 1995년, 8월 14일.
_____. 지존파 살인. 1995년 9월 19일.
_____. '남편 외도' 앞질러… 작년 52%. 1996년 2월 9일.
_____. 20대 흑인 40%가 전과자. 1996년 2월 13일. 미주판.
_____. 미국의 정직도 이젠 옛말. 1996년 2월 24일. 미주판.
_____. 메넨데스 형제 유죄 평결. 1996년 3월 21일. 미주판.
_____. '슈퍼맨' 흉내 어린이 2명 사망. 1996년 3월 26일.
_____. '한 유대인 어머니.' 전서영 칼럼. 1996년 4월 29일. 미주판.
_____. 여성 46%, 남성 28% 종교 집회 참석. 1996년 5월 9일.
_____. 세대차 세계 최고. 1996년 10월 4일.
_____. 미국에도 3대 부자 드물다. 1996년 10월 22일.
_____. 올브라이트 美국무 유대인이란 사실, 이스라엘 2년간 숨겼다. 1996년 12월 31일.
_____. 한인 2세 여성 71%, 타인종과 결혼. 1997년 2월 14일.
_____. 중년 離婚 10년새 2倍. 1997년 2월 21일.
_____. 세탁기 교체 주기 비교해 보니… 한국 6년 美선 13년 사용. 1997년 12월 2일.
_____. 먼저 용서하니 기쁨이 충만. 1998년 2월 13일. 미주판
_____. 나이 들수록 남자 뇌 여자보다 더 축소. 1998년 2월 13일. 미주판.

_____. 여성들 4년이면 사랑 식어. 1999년 11월 29일. 미주판.
_____. 여섯 살 학생이 총격 교실서 친구 살해. 2000년 3월 1일. 미주판.
_____. 한국문화 홍보는 한국인들의 몫. 2001년 10월 29일. 미주판.
_____. 老스승 용기가 피해 줄였다. 2002년 4월 29일.
_____. TV, 어린이 독해력에 방해. 2003년 10월 29일. 미주판.
_____. TV를 끄고 인생을 켜라! 2004년 4월 24일.
_____. TV 리모콘을 치워라. 2005년 7월 11일. 미주판.
_____. "TV 끄면 불안해질까봐" 美과학지 TV중독 분석. 2004년 4월 8일.
_____. 한국식 인사와 미국식 인사. 이진. 2004년 12월 18일.
_____. 게임세대 '어른들은 우릴 몰라요'. 박수현, 2006년 6월 3일.
_____. '콜럼바인'은 끝나지 않았다'. 2007년 4월 21일. 미주판.
_____. 미국 최악 조승희 총기 참사. 2007년 4월 18일.
_____. 부자 되려면 'I am sorry' 써라, 빈곤층에 비해 2배나 더 사용. 2007년 8월 29일. (미주판).
차호원. 텔레비전과 자녀교육. 중앙일보, 1999년 9월 14일. 미주판.
최찬영. 이민 목회와 21세기 기독교 선교의 방향. 크리스천 헤럴드, 1995년 9월 29일. USA.
최홍섭. 유대인과 노벨상. 조선일보, 2006년 10월 19일.
피종진. 한국 교회의 미래. 나성영락교회 대예배 설교에서 발췌. 1995년 2월 26일.
크리스천 뉴스위크. 학교폭력 가장 큰 피해자는 중학교 남학생. 2002년 4월 13일. 한국.
_____. 미국내 유대인은 계속 줄고 있다. 2003년 9월 23일. USA.
_____. 교회가 정직해지면 사회도 정직해진다. 2003년 4월 5일. USA.
크리스천 신문. 아이들 TV 너무 많이 본다. 1996년 12월 21일.
크리스천 투데이. 인본주의 교육의 특징. 1998년 2월 20일.
_____. 신앙이 부의 수준 '좌우', 유대계 미국인 일반인보다 3배 누려. 2003년 10월 15일.
_____. 이스라엘 유대인 44% "종교와 무관". 2006년 5월 10일.
크리스천 포스트. Single Mother의 문제들. 헨리 홍. 1993년 2월 16일.
크리스천 헤럴드. USA. 장로 교단이 집계한 교세 현황. 1995년 9월 29일, p. 11.
_____. 상하의원 개신교 293, 가톨릭 151, 유대교 35명. 1997년 2월 2일.

_____. 엄마 옛날 얘기해 주세요. 수잔 정. 2001년 9월 23일.
한국일보. 흑인 20대 초반 절반이 갱. 1992년 5월 22일. 미주판.
_____. 강도 모의 중 갈등 태이군 유인 살해. 1993년 1월 7일. 미주판.
_____. 섹스 미디어 범람 가장 큰 요인. 1993년 3월 23일. 미주판.
_____. 남녀 성격 유전적으로 다르다. 1993년 5월 11일. 미주판.
_____. 친부모와 사는 미성년자, 백인 56.4, 흑인 25.9%. 1994년 8월 30일. 미주판.
_____. 문자·게임…학습부진 주범. 2006년 1월 30일.
한승홍. (1991). 한국신학 사상의 흐름. 서울: 한국신학사상 연구원.
현용수. (1993, 2007). 문화와 종교교육. 서울: 쉐마.
_____. (2007). 문화와 종교교육. 서울: 쉐마.
_____. (1996, 1999, 2005). *IQ는 아버지 EQ는 어머니 몫이다*. 제1권, 서울: 쉐마.
_____. (1996, 1999, 2005). *IQ는 아버지 EQ는 어머니 몫이다*. 제2권, 서울: 쉐마.
_____. (1996, 1999, 2005). *IQ는 아버지 EQ는 어머니 몫이다*. 제3권, 서울: 쉐마.
_____. (2002, 2005). 부모여 자녀를 제자 삼아라. 제1권, 서울: 쉐마.
_____. (2002, 2005). 부모여 자녀를 제자 삼아라. 제2권, 서울: 쉐마.
_____. (2006). 잃어버린 지상명령 쉐마. 제1권, 서울: 쉐마.
_____. (2006). 잃어버린 지상명령 쉐마. 제2권, 서울: 쉐마.
_____. (2006). 유대인 아버지의 4차원 영재교육(아버지 신학). 제1권, 서울: 동아일보.
_____. (2007). 자녀들아, 돈은 이렇게 벌고 이렇게 써라: 유대인 아버지의 경제교육(아버지 신학). 제2권, 서울: 동아일보.
_____. (2007). 쉐마교육을 아십니까? 서울: 쉐마.
혼비 영영한 사전(Oxford Advanced Learner's Dictionary of Current English as Hornby). (1987). 서울: 범문사.

이 책에 사용한 사진의 출처

Canon Institute 조한용 선생 제공 ⓒ, 미국 Los Angeles, CA. Tel. (213) 382-9229 USA(각 사진에 출처가 표기돼 있음).
Shema Christian Education Institute, ⓒ Yong-Soo Hyun, 3446 Barry Ave

Los Angeles, CA 90066 USA. (각 사진에 출처가 표기 안된 모든 사진들)

Solomon, Victor M. ⓒ (1992). Secret of Jewish Survival. Translated into Korean by Myung-ja Kim, Seoul: Jong-ro Books(각 사진에 출처가 표기돼 있음).

Wiesenthal Center Museum of Tolerance, ⓒ Jim Mendenhall, 9786 West Pico Blvd. , Los Angeles, CA USA. 90035-4792 Tel. (310)553-8403 제공 (각 사진에 출처가 표기돼 있음)

Yad Vashem, P.O. Box 3477, Jerusalem, Israel. Tel. 751611 (각 사진에 출처가 표기돼 있음)

교육학 교과서(고등학교, 서울시 교육감 인정): 교학사(1998).

참고 사항

1. 이 책에 사용된 사진의 불법 복사 및 사용을 금합니다.
2. 만약 독자가 이 책에 포함된 사진을 사용하기를 원할 때에는 반드시 사진작가의 허가를 받아야 합니다.
3. 이 책의 저자 이외의 사진은 저자가 권한을 갖고 있지 않으므로 위의 주소로 직접 연락하시기 바랍니다.

교육 혁명이 시작되었습니다!
- 가정교육 · 교회교육 · 교회성장 위기의 대안 -

자녀교육 + 교회성장 고민하지요?

Q1: 왜 현대 교육은 점점 발달하는 데 인성은 점점 더 파괴되는가?
Q2: 왜 자녀들이 부모와 코드가 맞지 않아 갈등을 빚는가?
Q3: 왜 대학을 졸업하면 10%만 교회에 남는가? 교회학교의 90% 실패 원인은?
Q4: 왜 해외 교포 자녀들이 남은 10%라도 부모교회를 섬기지 않는가?
Q5: 왜 현대인에게 전도하기가 힘든가?

근본 대안은 유대인의 인성교육과 쉐마교육에 있습니다

- 어떻게 유대인은 위의 문제를 4,000년간 지혜롭게 해결하고 세계를 지배하고 있는가?
- 어떻게 유대인은 아브라함 때부터 현재까지 세대차이 없이 자손 대대로 말씀을 전수하는데 성공했는가?

■ 쉐마교육연구원은 무슨 일을 하나?

1. **2세 종교교육 방향제시**
   혼돈 속에 있는 2세 종교교육의 방향을 성경적이고 과학적인 연구에 의해 옳은 방향으로 제시해 준다.

2. **성경적 기독교교육 재정립**
   유대인의 자녀교육과 기존 기독교교육 자료를 중심으로 백년대계를 세울 수 있도록 한국인에 맞는 기독교교육 방법을 재정립한다.

3. **한국인에 맞는 기독교교육 자료(내용) 개발**
   현 한국 및 전 세계 한국인 디아스포라를 위해 한국인의 자녀교육에 맞는 기독교교육 내용을 개발한다.

4. **해외 및 기독교교육 문제 연구**
   시대와 각 지역 문화의 변화에 대처하기 위해 계속 연구하고 대안을 제시한다.

5. **교회교육 지도자 연수교육**
   각 지교회에 새로운 교회교육 지도자를 양성 보충하며 기존 지도자의 필요를 충족시켜준다.

6. **청소년 선도 교육 실시**
   효과적인 청소년 교육 프로그램을 개발하여 선도교육을 실시한다.

7. **효과적 성서 연구 및 보급**
   성경을 교육학적으로 보다 깊이 연구하고 효과적인 전달 방법을 개발하여 이를 보급한다.

8. **세계 선교 교육**
   본 연구원의 교육 이념과 자료가 세계 선교로 이어지게 한다.

■ '쉐마지도자클리닉'이란 무엇인가?

쉐마교육연구원은 세계 최초로 현용수 교수에 의해 설립된, 인간의 인성과 성경적 쉐마교육을 가르치는 인성교육 전문 교육기관이다. 본 연구원에서 가르치는 핵심 교육의 내용 역시 현 교수가 하나님이 주신 지혜로 계발한 것들이며, 거의 모두가 세계 최초로 소개된 인성교육의 원리와 실제를 함께 가르치는 성경적 지혜교육이다. 본 연구원은 바른 인성교육 원리와 쉐마교육신학으로 가정교육·교회교육·교회성장 위기의 대안을 제시해 준다.

쉐마교육연구원에서 주관하는 '쉐마지도자클리닉'은 전체 3학기로 구성되어 있다. 1주 집중 강의로 3차에 걸쳐 제1학기는 '유대인을 모델로 한 인성교육 노하우', 제2학기는 '유대인의 쉐마교육'이 국내에서 진행된다. 제3학기는 '유대인의 인성 및 쉐마교육 미국 Field Trip'으로 미국에서 진행되며 현용수 교수의 강의는 물론 LA에 소재한 유대인 박물관, 정통파 유대인 회당 및 안식일 가정 절기 견학 등 그들의 성경적 삶의 현장을 견학하고, 정통파 유대인 랍비의 강의, 서기관 랍비의 양피지 토라 필사 현장 체험을 한 후 현지에서 졸업식으로 마친다.

3학기를 모두 마친 이수자에게는 졸업 후 쉐마를 가르칠 수 있는 'Teacher's Certificate'를 수여하여 자신이 섬기는 곳에서 쉐마교육을 가르칠 수 있도록 도와준다.

■ 누가 참석해야 하는가?

- 기존 교육에 한계를 느끼고 자녀교육과 교회학교 문제로 고민하시는 분.
- 한국 민족의 후대 교육을 고민하며 그 대안을 간절히 찾고자 하시는 분.
- 하나님의 말씀을 자손에게 물려줄 수 있는 비밀을 알고자 하시는 분.
- 유대인의 효도교육의 비밀과 천재교육+EQ교육의 방법을 알고자 하는 분.

미국 : 3446 Barry Ave. Los Angeles, California 90066 USA
  쉐마교육연구원 (310) 397-0067
한국 : 02)3662-6567, 070-4216-6567, Fax. 02)2659-6567
  www.shemaiqeq.org shemaiqeq@naver.com

IQ · EQ 박사 현용수의
유대인 자녀교육 총서

	인성교육론 시리즈	쉐마교육론 시리즈	탈무드 시리즈
1		인성교육론 + 쉐마교육론의 총론: IQ는 아버지 EQ는 어머니 몫이다 (쉐마) 전3권	탈무드 1 : 탈무드의 지혜 (원저 마빈 토카이어, 편저 현용수, 동아일보사)
2	현용수의 인성교육 노하우 1 - 인성교육이란 무엇인가 - (동아일보)	부모여, 자녀를 제자 삼아라 (쉐마) 전2권 - 유대인 자녀교육이 필요한 이유 -	탈무드 2 : 탈무드와 모세오경 (이하 동)
3	현용수의 인성교육 노하우 2 - 인성교육의 본질과 원리 - (동아일보)	잃어버린 구약의 지상명령 쉐마 (쉐마) 전3권 - 교육신학의 본질 -	탈무드 3 : 탈무드의 처세술 (이하 동)
4	현용수의 인성교육 노하우 3 - 인성교육과 EQ + 예절 교육 - (동아일보)	유대인 아버지의 4차원 영재교육 (동아일보) - 아버지 신학 -	탈무드 4 : 탈무드의 생명력 (이하 동)
5	현용수의 인성교육 노하우 4 - 다문화 속 인성 · 국가관 - (동아일보)	자녀들아, 돈은 이렇게 벌고 이렇게 써라 (쉐마) - 경제 신학 -	탈무드 5 : 탈무드 잠언집 (이하 동)
6	문화와 종교교육 (쉐마) - 박사 학위 논문을 편집한 책 -	자녀의 효도교육 이렇게 시켜라 (쉐마) 전3권 - 효신학 -	탈무드 6 : 탈무드의 웃음 (이하 동)
7	IQ · EQ박사 현용수의 쉐마교육 개척기 (쉐마) - 자서전 -	신앙명가 이렇게 시켜라 (쉐마) 전2권 - 가정 신학 -	옷을 팔아 책을 사라 (원저 빅터 솔로몬, 편저 현용수, 쉐마)
8	가정해체로 인한 인성교육 실종 대재앙을 막는 길 (쉐마) - 논문 -	성경이 말하는 남과 여 한 몸의 비밀 (쉐마) - 부부 · 성 신학 -	
9		성경이 말하는 어머니의 EQ 교육 (쉐마) 전2권 - 어머니신학 -	
10		한국형 주일가정식탁예배 예식서, 순서지 (쉐마) - 가정예배 -	
11		하나님의 독수리 자녀교육 (쉐마) - 고난교육신학 1 -	
12		유대인의 고난의 역사교육 (쉐마) - 고난교육신학 2 -	

이런 순서로 읽으세요 (전 36권)

인성교육론과 쉐마교육론

- 전체 유대인 자녀교육에 대한 개론을 알려면
  - 《IQ는 아버지 EQ는 어머니 몫이다》(전3권)
- 유대인을 모델로 한 인성교육의 원리를 이해하려면
  - 《현용수의 인성교육 노하우》(전4권)
- 인성교육론이 나오게 된 학문적 배경을 이해하려면
  - 《문화와 종교교육》(현용수의 박사 학위 논문)
  - 《IQ·EQ 박사 현용수의 쉐마교육 개척기》(현용수 박사의 자서전)
- 왜 기독교교육에 유대인의 선민교육이 필요한지를 알려면
  - 《부모여 자녀를 제자 삼아라》(전2권)
- 쉐마교육론(교육신학)이 나오게 된 성경의 기본 원리를 알려면
  - 《잃어버린 구약의 지상명령 쉐마》(전3권)
    (쉐마와 자녀신학이 포함됨)
- 가정 해체와 인성교육과의 관계를 알려면
  - 《가정 해체로 인한 인성교육 실종 대재앙을 막는 길》

각 쉐마교육론을 더 깊이 연구하려면 다음 책들을 읽으세요

- 아버지 신학 《유대인 아버지의 4차원 영재교육》
- 경제 신학 《자녀들아, 돈은 이렇게 벌고 이렇게 써라》
- 효 신학 《자녀의 효도교육 이렇게 시켜라》(전3권)
- 가정 신학 《신앙명가 이렇게 세워라》(전2권)
- 부부·성 신학 《성경이 말하는 남과 여 한 몸의 비밀》
- 어머니 신학 《성경이 말하는 어머니의 EQ 교육》(전2권)
- 가정예배 《한국형 주일가정식탁예배 예식서》(별책부록: 순서지)
- 고난교육신학 1 《하나님의 독수리 자녀교육》
- 고난교육신학 2 《유대인의 고난의 역사교육》

앞으로 더 많은 교육 교재가 발간될 예정입니다. 계속 기도해 주세요.